ピラミッドを探る

クルト・メンデルスゾーン 著
酒井 傳六 訳

法政大学出版局

Kurt Mendelssohn
THE RIDDLE OF THE PYRAMIDS

First published by Thames and Hudson Ltd., London.
Japanese translation rights arranged
with Thames and Hudson Ltd.
through Tuttle-Mori Agency, Inc., Tokyo.

序文

奇妙で予想できなかった出来事が入りくんだために、本書は長期の負債の支払いとみなされてよい。三〇年代の初期に難民としてイギリスへ来たとき、私は低温物理学の研究をつづける便宜を与えられた。しかし、当時、然るべき学問上のポストが得られなかったために、私は補助金に依存して生活しなければならなかった。補助金の一つは英国学士院会員(FRS)である故ロバート・モンド卿によって与えられた。卿はエジプトで発掘という特定用途を示されている金を寛大にも私に与えてくださった。ロバート卿は著名な化学者であり、氏の晩年の関心はエジプト学に移っていた。エジプト学は氏の学者らしい研究と気前のよさから多くの益を受けた。聖ミカエルと聖ジョージの会の会員であるブリティシュ・ミュゼアムのI・E・S・エドワーズ博士、故ウォルター・エマリ教授、ボストン美術館のダウズ・ダンハム氏は多くの助言を私に与えてくれ、また多くの時間を私のために割いてくださった。グリフィス研究所のスタッフ、とりわけJ・マレク博士はエジプト学文献の迷路の中を引きまわしてくれることで測り知れない助けをしてくださった。加うるに、R・コー教授とR・F・ハイザー教授からはメキシコ考古学について私は恩恵をうけている。最後に、しかし小さいことではないのだが、私は古美術協会会員(FSA)であるピーター・クレイトン氏に対する謝意を記したい。なぜなら、本書の準備と図版の選択について多くの効果のある検討と絶えざる援助を氏は私に与えてくださったからだ。

クラレンドン研究所撮影部のシリル・バンド、R・ボウル、J・バーレジ嬢は私のカラー・スライドをハーフトーンの図版に反転するという著しく煩わしい仕事をなしとげ、N・イオンド氏は私の粗雑なスケッチを親切に職業的な線図に変えてくれた。

クルト・メンデルスゾーン

ピラミッドを探る　目次

ピラミッドを探る

序章

本書は科学上の発見に関するものである。職業的科学者として生きてきた私は、まさしく他の発見の場合にそうしたであろうと同じように、本書を書いた。科学者としての訓練はある制限を強いるものであり、その制限を一般の小説家《ストーリー・ライター》は知らない。とりわけ、科学者は、あらかじめ用意された理論によって主題に迫り、ついでその理論が正しいことを証明しはじめるという不断の危険に対して、警戒をしなければならない。幸いに、こんどの場合には、この危険はなかった。簡単な理由によってである。私はこの主題に対して理論なるものを毛頭もっていなかったのである。いかなる理論をももたないということは私にとって大して難かしいことではなかった。なぜなら、当時、私はこの主題についてよく知っていなかったからだ。

科学上の探求の場合によく起こることなのであるが、すべては偶発的な観察からはじまった。その観察はそれ自体で興味ふかく刺戟的であったとはいえ、ある限られた重要性より以上のものはもっていないようにみえた。私は、ピラミッドによって提出されている大いなる謎、すなわち、なぜこの壮大な建造物が五〇〇〇年前につくられたかという問題を十分に意識してはいたが、私の偶発的な観察がそれに対して鍵を与えることになるなどとは、その時点ではまったく思っていなかった。また、たぶん問題の解決に私が寄与するかもしれない、というような思いも、まったくなかった。しかしながら、非常に多くの人が想像するのとちがって、科学上の発見は、突然の直観の閃きによって真理のすべてが輝かしい一瞬の間に明らかになるというようなものでは、普通はない。百の場合のうち九十九の場合は、科学上の発見はゆるやかな、しばしば苦心の多い経過をとるのであり、多くの鍵が忍耐づよく集められ、多くの誤った主役を排除する推理小説に非常に似ている。

まさしく推理小説の場合と同じように、科学者が最終結果を得るまでの経過は、その結果自体と同じように、科学者の興味をそそるのである。もちろん、結果は最終目的でありつづけるにちがいない。しかし、達成の歓びの多くは結果に至るまでの道中に与えられる。それゆえに、ピラミッド問題に関する私の報告では、解決に至るまでの種々の段階を年代順に示すことに私は基本的に配慮した。それは科学者としての私にとって、すぐれて心昂らせる仕事であった。読者が私と共にしていただきたいのは、この昂奮の歓びであり、その他のいかなるものでもない。

年代順に出来事を記すのには、もう一つの理由がある。自分は議論においても結論においても踏みはずさなかったと科学者がいかに確信をもとうとも、自分の演繹法が無謬であると思うほど自惚れはしないであろう。それゆえに、あらゆる段階で検証を受けるために、仕事の全体についての報告を提示することが必須のこととなるのである。

本書で示される理論は極度に単純なものである。エジプトのピラミッドは非常に壮大であり、非常に古いものであり、一般的な合意によれば、極度に無益なものである。この異様な人工の山々は全体で二五〇〇万トンの切りだされた石材をふくみ、その中には非常にわずかの空間しかないのであるが、それらの山々は一世紀とちょっとの間につくられた。しかし、それらの山々がわれわれにとっていかに無益にみえようとも、古代エジプト人は極度に有益なものとみなしたにちがいない。なぜなら、彼らはそれらの山々を築くためにほとんど信じがたい量の労力を費したからだ。歴史の流れの中で、ピラミッドの役割を、天文台として、倉庫として、洪水からの避難所として、神意による予言の集成として、あるいは他の遊星からの来訪者による作品として、説明する試みがいろいろとなされた。

しかしながら、考古学上の証拠は、ピラミッドが初期のファラオ(王)のための葬祭建造物として役割を果したことに何の疑いもないことを示している。多くの人が信ずるようにピラミッドが実際の埋葬所であるか、あるいは単に記念碑であるかは、あとで論じよう。いずれにせよ、それはわれわれ自身の考察にとっては二義的重要性をもつにすぎない問題である。すべての考古学上ならびに文辞上の発見物は、ピラミッドと関連して葬祭儀礼と葬祭祭司の大群のあったことを証明するという事実が残っている。逃れることのできない結論を基礎として仮定しなければならなかったことは、この初期の文明は巨大な王墓に他ならぬものをつくるために、すべての手段を動員し、すべての労働力を傾けた、ということである。この仮定は、大きなピラミッドの区域が割合いにせまいという事実、数世紀前にも数世紀後にもファラオは豪華さの少ない形態で埋葬されたという事実、確実にずっと安価な経費で埋葬されたという事実によって維持困難になっている。

一般的に受けいれられている結論、すなわち大きなピラミッドは王墓以上のものではないとする結論は巧妙な論理的誤謬の上に成りたっているかもしれない、というのがわれわれの命題である。ピラミッドは王廟の役を果したということは容易に認められているとはいえ、そのことは、それがピラミッド建造の唯一の目的であったことを必ずしも意味しない。実際、たぶんそれは主目的でさえもなかったのである。この主目的の発見が本書で語られる物語である。

いかなる発見もそれ自体で決して成りたつものではない。発見はつねに既存の集積された知識の総体の上に成りたつのであり、発見はその知識の総体に適応し、独創的寄与をするものでなければならない。われわれの場合、集積された知識の総体はエジプト学の分野である。一世紀以上にわたって職業的エジプト学者がエジプトの墓と神殿を発掘し、壁面とパピルスの文辞を解読し翻訳し、考古学と文辞の証拠を相関させ、その結果、数千年前に死んだ一つの文明のきわめて首尾一貫した姿をつくりあげた。彼らの苦労の多い研究と結論は今日では約二万冊に及ぶ書物と製本された定期刊行物に詰めこまれている。この厖大な量の知識の宝庫のおかげで、私は私自身のピラミッド研究のための背景を学ぶことができた。エジプト学者によって集積されたこの厖大な量の事実がなかったなら、私自身の考察は目的も意味ももつことができなかったであろう。

本書の著述にとりかかったとき、ただ一つのいささか異様な例外はあったものの、エジプト学者が門外漢の侵入に憤慨しないのを発見して私はうれしく思った。憤慨するどころか、彼らは変ることなく大きな援助を与えてくれ、彼らの仕事の然るべき特徴を忍耐づよく説明してくれ、エジプト学の刊行物の迷路の中を案内してくれた。真の学者、献身的な学者の態度である彼らのその態度は、科学者を歓迎し、科学者のいうことを聞き、科学者が彼らの分野で何らかの寄与をするかもしれぬという希望をもつことであった。私の努力に対する彼らの評価と私の仕事に対する彼らの熱意あふれる激励がなかったならば、本書は決して書かれなかったであろう。私は彼らに感謝する。単に彼らの援助に関してのみならず、美しく昂奮させるこの研究分野をかくも寛大に私に対して開いてくれたことについても、である。

エジプト学者の基礎的業績を参照することなしには、ピラミッドについて適切に書くことも、この主題に何らかの寄与をしようと冒険することも、明らかに不可能である。それゆえ最初の三章は、問題に接近し最後に解決する(正しく、と私は考える)に至る状況記述にほとんどを費した。われわれはエジプト史の最初の数世紀だけに関与しているのであるから、この時代はスペースを割いてよい唯一の時代である。そうであるとしても、この時代は深奥に入って扱うことのできないものであった。われわれとしては王墓史に直接に関係をもつ側面に限定しなければならなかった。歴史に関する各章で使われた事実のほとんどはエジプト学の文献から抜きだされた。そうでないものは、ある結論と推論、ならびに同時代のアフリカの風習への言及であり、これらはいずれも私自身の個人的責任に属する。

エジプトのピラミッドを扱うとき、中央アメリカで築かれた他の大型ピラミッドにもまた思いが及ぶということは避けがたいことである。まことに奇妙なことに、メキシコのピラミッドの発展の型はエジプトの場合に似ている。ここでもまた、われわれは割合いに短かくて早い時代に壮大なピラミッドが築かれたこと、それより前と後は質素な建造物が築かれたことを知る。われわれの結論はエジプトの場合に得られたのと同じような理由をこれらの壮大なピラミッドに関して見ようとするであろう。そのちがいは、第一に、エジプトのピラミッドの明白な目的は墓であるのに対し、メキシコの場合には人間の犠牲が明白な目的であったこと、第二に、両ピラミッドが二五〇〇年という時間によって距てられていることである。幸いに私は、エジプトのピラミッドを見る前に、メキシコ渓谷とユカタンでピラミッドを研究する数回のチャンスに恵まれた。中央アメリカのピラミッドおよびそれとわれわれの一般命題との関係についての一章が、それゆえに追加された。

多くの推理小説と同じように、この物語はあるエキゾチックな休日とともにはじまる。一九六四年から六五年にかけての冬の一部をガーナのクマシ大学ですごしたのち、妻と私は、蒸気のたちのぼる西アフリカのジャングルからイギリスの冬へ赴く変化を、カイロでのわずかな休日が和らげるだろうと感じた。それより数年前にわれわれはエジプトを旅行したことがあり、実見したすべての宝物、訪問したすべての遺跡のうち、ピラミッドが私を特別に魅惑したのであった。私の興味をそそったのはその大きさではなく、その古さでもなく、その両者の混合であった。ここに、われわれの文明のほとんど曙の時に、人間が一連のかくも巨大な建造物を築いたのであり、文化的軌道でその大きさにおずおずと迫ろうとするいかなる試みも、そのあと二度となされなかったのである。突然、私は、ここで、ナイルに臨む砂漠の高台で、人間が最初の大規模な技術的冒険に打ちこんだことを知った。類型的な努力は他に存在しなかったのであるから、作業の組織はこのおどろくべき成功を達成し得るほど優秀であったにちがいない。何が一体そのうしろにあったのか。全体の構図はいかにして設計されたのか。私はエジプトへもう一度帰り、ピラミッドをもっと近くから見たいと思っている自分を感じた。

アフリカからの帰国の旅は申し分のない機会であった。いっぽう私は、イギリスを出発する前に、オクスフォードのエジプト学教授ヤロスラヴ・チェルニ氏からカイロ考古局長宛に親切な紹介をしてもらっていた。考古局長は私を親切に迎え、印象的な外観を呈しているアラブ語文書を私に手わたした。私はアラブ語を読むことはできなかったが、やがて理解したところによれば、その文書は古代建造物の管理者に対して、私の求めるかもしれぬ援助をすべて与えるよう勧告しているのであった。遠く離れたところにあるピラミッドの管理人は、多くの場合、ベドウィンの夫婦であることがわかった。彼らは公式腕章をつけ、二人のあいだに二梃のライフルを置いていていた。

言葉の障碍を乗りこえるために、われわれは斡旋事務所から、たぶん、問題の建造物に精通している一人のガイドをやとった。彼の名はアリといい、名刺に記されている資格はカイロ博物館の管理官補佐の有資格者であったことを示していた。彼の仕事は信頼すべき車を持っている、信頼すべき運転手をみつけることであった。彼が遠出のために黒いスーツを身につけ、白いカラーと針模様の縞のネクタイをつけてあらわれたとき、われわれは不意討ちをくった感じであった。彼はダハシュルのピラミッド群までわれわれを申し分なく案内した。しかし彼は、われわれがこれらの建造物にのぼろうとしはじめていると知ったとき、おどろきあきれた。彼はすでに、例の文書をちらつかせてこの仕事における彼の重要性を強調することによって、ベドウィンの群をおさえていた。こんどは彼は、ベドウィンに対してわれわれをピラミッドの中へ案内するように命令した。しかしベドウィンは、アリの仕事がこれらの重要な外国人の世話をするということである以上、外国人の希望がいかにばかげたものであろうともつねに外国人のそばにいなければならないといって、アリに報復した。彼らは、屈折ピラミッドの入口まで通じている危っかしくみえる木製の十二メートルの梯子を、親切にさし示した。アリは肥っており、黒いスーツに包まれていて暑く、明らかに目まいを感じそうであった。しかし彼は行かねばならない！　ピラミッド内部はもっと悪く、もっと暑く、暗かった。唯一の光りはわれわれの懐中電灯の光りであった。その上、もう一本の梯子があった。それは大して丈夫ではない。また、またしても十二メートルの高さの梯子であり、上部の室に通じていた。アリはその梯子にへばりついたので、私は上るために彼を押しあげなくてはならなかった。帰りのときは、ベドウィンが私の妻を助けておりた。しかし頂上で疲れと目まいと、たぶん迷信のために震えているアリを私が指さすと、ベドウィンは肩をすくめただけで立ち去った。結局、私が彼の気を安らげておろすことに成功した。しかし相互の同意によって、アリをつきそいとするのは、これが最初にして最後の旅となった。

私の主要目的の一つはメイドムのピラミッドを訪ねることであった。それは私が最初の旅のときに見なかった唯一の大型ピラミッドであった。このピラミッドはサッカラの南五〇キロ以上のところに、他の大型ピラミッドからはむしろ孤立している。その印象的な大きさは著しく損壊した状態によって奇妙に誇張されている。方形の核は、まわりの瓦礫の中から、高さ四〇メートル、角度七〇度の塔のように、けわしくそそり立っている。ピートリとボルヒャルトはこの崩壊を、石盗人の行為によるものとして説明した。フリンダーズ・ピートリはその著作物の一つのなかで、農夫は石灰岩を運ぶためにロバをつれてきたと述べている。これは、われわれがピラミッドの崩壊状態の真の性質を論ずるときに、あとでふたたび帰ってゆかねばならない問題である。

私自身の反応は、何かが、どこかで間違っているということであった。しかしそれが何であるかについては何の考えもなかった。石はすべてのピラミッドから持ち去られた。とくに、安価で耐久力のある建築材が求められたカイロの近くのピラミッドの場合に、そうであった。そうであったとしても、ギザのピラミッドはどれ一つとしてその基本形態を失わなかった。ところが、付近に大都市を一度として持ったことのないここメイドムの荒野では、一個の大ピラミッドが比較にならないほど烈しく損壊した。何かが不調和だった。しかしこの矛盾の存することについて鍵がないので、私はこのような場合に科学者の用いる、時間の名誉をうけている方法に訴えることにした。それはデータをとるということである。それは、カメラをまったく無差別に使うこと、そのうちの何枚かが有益になる（いつか将来）ことを期待して考えられるすべてのものを記録すること、であった。その将来の有益性がいつくるか、どんな内容のものとなるかについて、明らかな考えはまったくなかった。結局のところ、私は休暇中であり、故国へ帰ったとき多くの問題を処理しなければならないことを知っていた。それらの問題の中には、一つとしてピラミッドあるいはピラミッド問題と関係のあるものはなかった。

ついで、一九六六年十月、ウェールズの小さな鉱山村アバファンで災害が発生し、世界をおどろかせた。豪雨のあとで、広い鉱山の頂上部がすべりだし、数分の間に一つの学校と一一六人の児童を埋めてしまったのである。突然、私は、メイドムで私が見失っていたものが何であるかを知った。私の写真のストックの中から記録をとりだす時が、そしてそれをきわめて近くで見る時が、今やきたのであった。

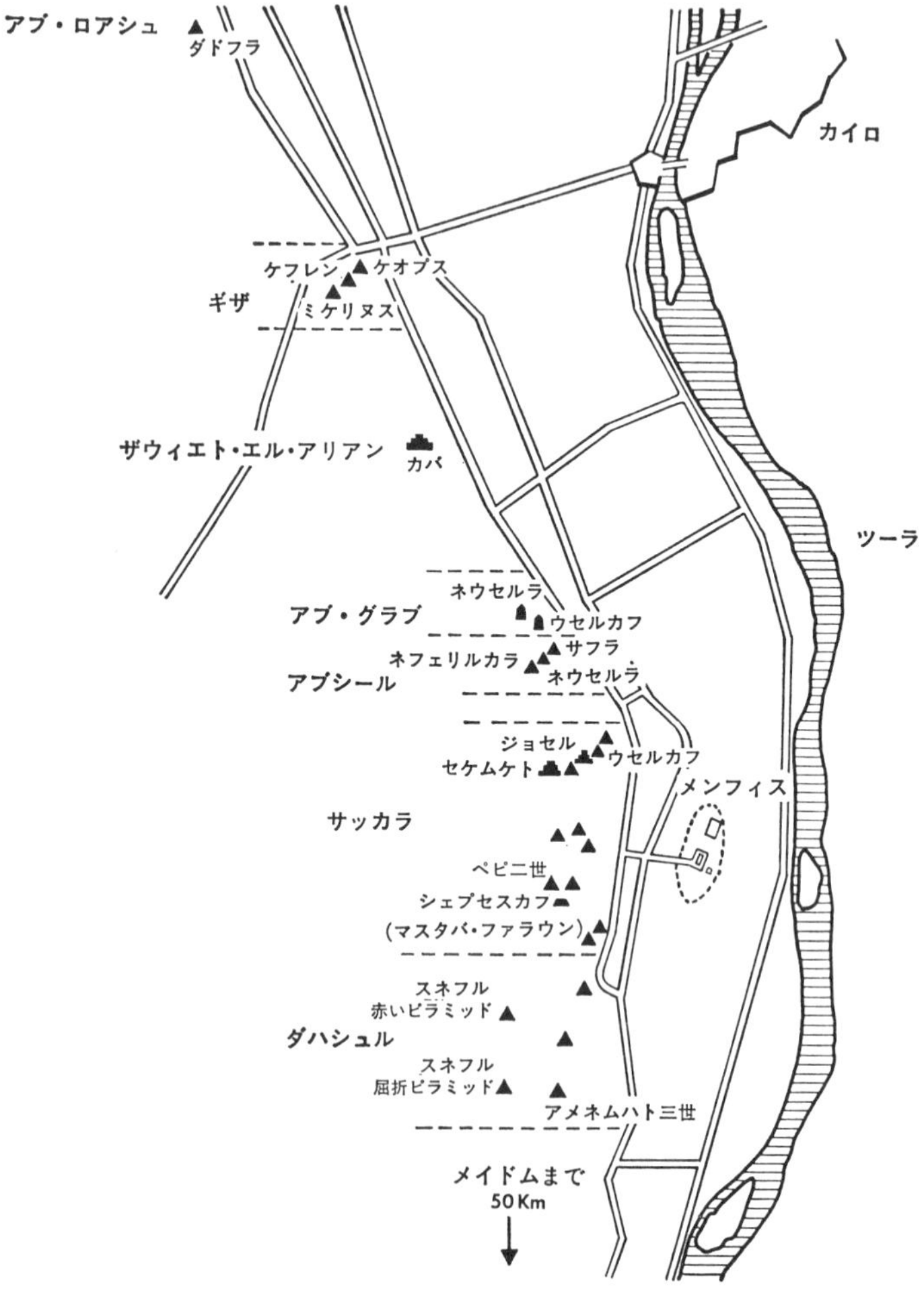

本書で扱われたピラミッドの位置図

第一章　ピラミッドへのプレリュード

エジプトの地はナイルの子である。河口から四〇〇〇マイルの上流で白ナイルが熱帯アフリカの沼地と湖に発生する。それがコースの半分をこえたのち、スーダンで青ナイルがそれに合流する。次の二〇〇マイルを流れたのち、その大きな流れは最後の支流アトバラを受けいれる。大きな曲折をして、ナイルはこんどは五つの急流をこえて進む。最北端の急流は古代のシエネに当るアスワンにある。ここからエジプトがはじまり、ナイルの谷は砂漠を貫くエメラルド色のせまい植物の帯となる。そして最後に、八〇〇マイルの下流で水はデルタに奔流する。

一万年ないし二万年前に、サハラの増大する不毛性が移動狩猟人をナイルの谷とデルタへ追いこみ、そこで彼らは農業と耕作を発達させた。作物は小麦と大麦であった。彼らは羊と長角種の牛を家畜化した。初期の住民は部族に区分されており、各部族は固有の地方神をもっていた。地方神はしばしば、ライオン、河馬、ヒヒ、イビス、その他多くのものをふくむトーテム動物によって表現されていた。のちに、これらすべての神々はエジプトの地方すなわち当時の呼称によればノモスの標章となった。時が進むに歴史時代には、四十二のノモスがあり、そのうち二〇は谷に、二十二はデルタにあった。

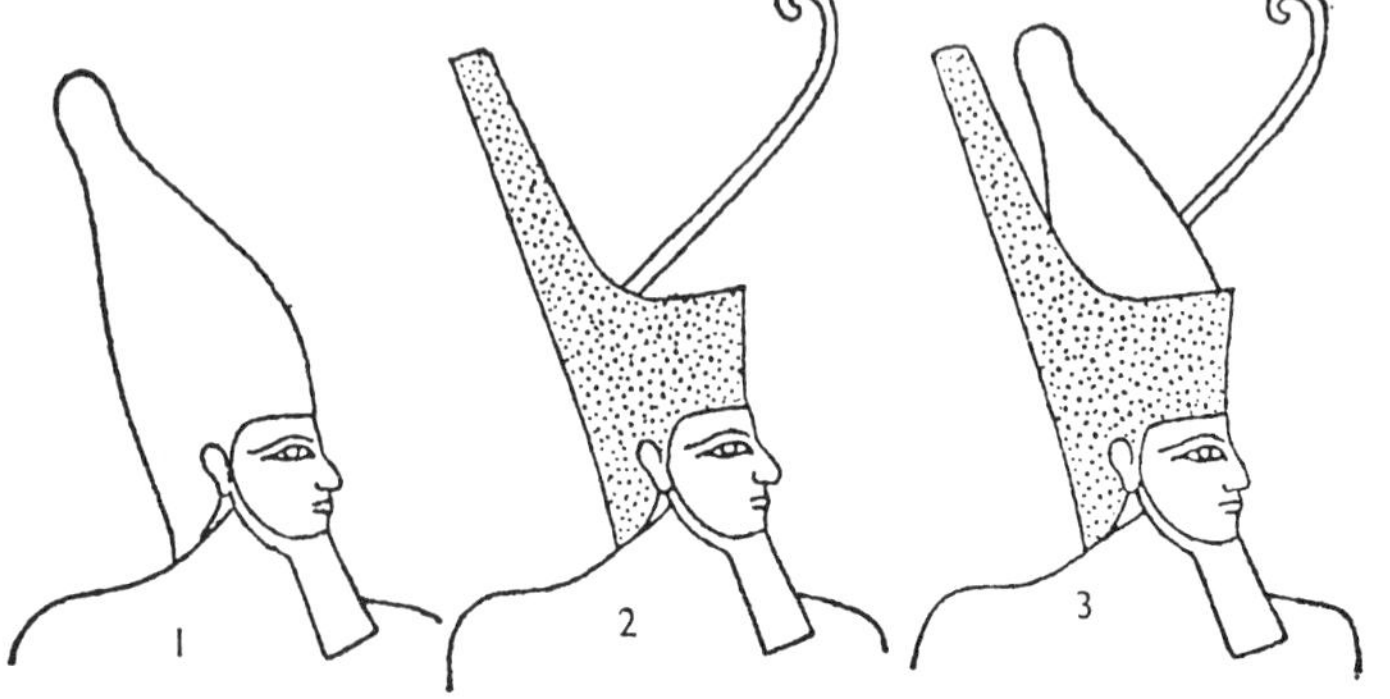

上エジプトの白い王冠(1)　下エジプトの赤い王冠(2)　統一王国の複合王冠(3)

つれて、部族の中のあるものはグループをつくった。こうして約六〇〇〇年前には、それらのグループは結合して二つの王国となった。谷の王国は上エジプトであり、デルタの王国は下エジプトであった。この二つの王国のあいだの物理的・経済的相違がこの分轄の原因であり、その相違は三〇〇〇年のエジプト史を通じて重要なものでありつづけた。上エジプトの王は白い王冠をつけ、その王冠にはトーテム動物であるハヤブサの頭部がつけられていた。下エジプトの王冠は赤く、コブラの頭部をつけていた。結局この両王国が統一されたとき、王冠は合成され、ハヤブサとコブラの頭部がならんでつけられた。エジプトの力の最後の崩壊に至るまで、この統一は王の記念建造物の上に記録され、両王国の神であるセトとホルスが上エジプトの百合と下エジプトのパピルスを一緒にしばっている様が、紋章的な姿勢で描かれた。

エジプト史に関するわれわれの知識の最古の資料は紀元前三世紀にマネトによって編年体でつくられた王名表である。たぶんマネトはヘリオポリスの古代神殿の祭司であった。彼はプトレマイオス二世の求めによってギリシャ語でこの王名表をつくった。マネトの作品の原稿は残らなかった。そのためわれわれは、初期キリスト教時代にヨセフス、アフリカヌス、エウセビウスによってつくられた後世の写本に頼らねばならない。シャンポリオンがヒエログリフ(聖刻文字)を解読したのち別の歴史資料が神殿壁面の碑文とパピルスから得られるようになった。これらの初期の資料はとくに価値の高いものである。なぜならそれらの資料はマネトの使ったギリシャ化された形によってではなくヒエログリフの形で王名を示しているからだ。最後にわれわれは『パレルモ石』と呼ばれる初期の碑板の断片を持っている。それが『パレルモ石』と呼ばれるのは、知られているかぎり最大である断片がその市の博物館に保有されているからである。パレルモ石の王名表はマネトより二〇〇〇年以上も古いものであり、ピラミッド時代の出来事がまだ祭司たちにとって新鮮であるころに編纂された。エジプト学者の出会う困難の一つは、王がそれぞれ五つを下らない名をもっていたこと、それぞれの名が特定目的のために使われたこと、その名の選択法をわれわれが十分に理解できないこと、である。こうして、いくつものちがった名の人物に帰せられている出来事が実は同一の王

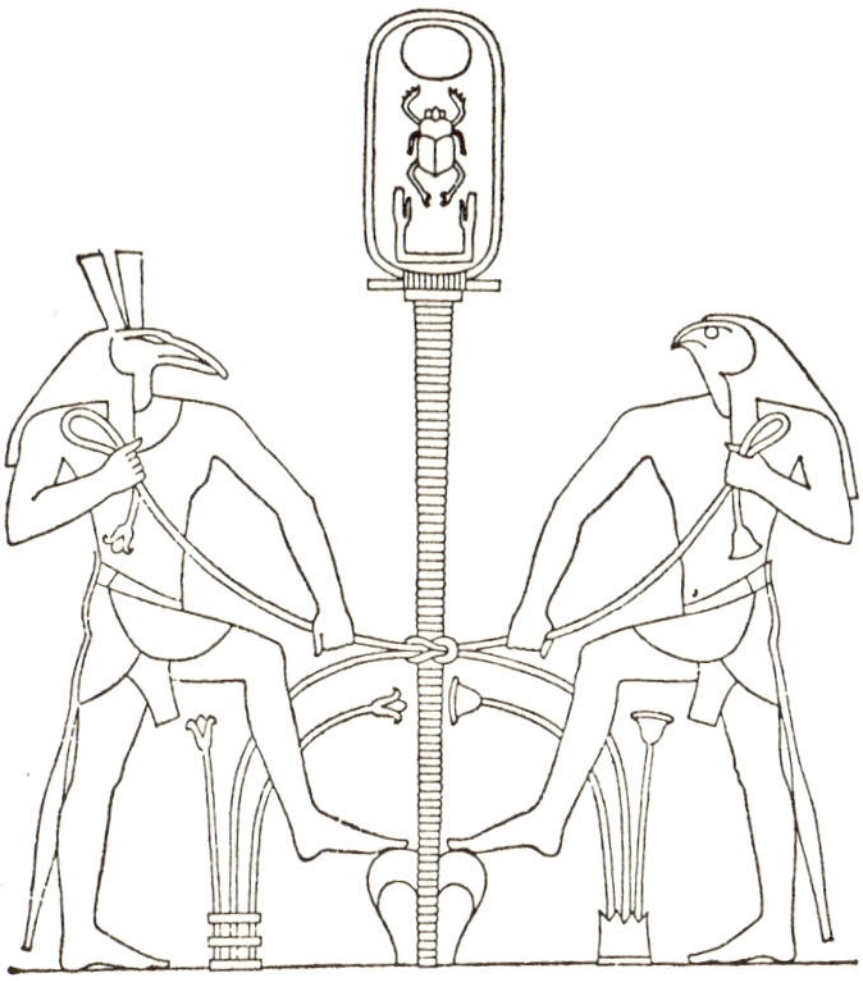

セト神(左)とホルス神(右)が上エジプトの百合と下エジプトのパピルスをともにしばっている.

について記したものであるということが、頻繁におこった。

いくつもの統治期間と王朝に対して実際の年代を与えようと試みるときに出会う困難は、もっと大きなものであった。エジプト帝国は、初期には本質的に孤立の中で発展した。したがって、相関的な年代を引きだすことのできる他の文明との接触を歴史家に提供しない。わずか数十年前に、初期の王の一人に関する個々のエジプト学者の見解が数世紀の差をしばしばみせていた。しかしながら、放射性炭素による年代決定法のような方法のおかげで、また特に、苦労の多い全データの相関研究によって、エジプト史三〇〇〇年の著しく信頼できる表が今ではつくられている。

マネトは王名表を、彼がメネスと呼ぶ王による上下エジプトの統一によって開始している。この統一は一般にエジプト史の開始としてとらえれており、今日では約紀元前三二〇〇年と年代比定されている。それから、三〇を下らない一連の王朝がつづき、そのほとんどは他の資料に記録されている王のグループと無理なく一致するようにみえる。三〇〇〇年にわたるこの厖大な王名リストを、表1に示すようないくつかの歴史的期間に分轄することは習慣化している。

古王国と中王国のあいだ、および中王国と新王国のあいだの二つの中間期はそれぞれエジプト史の流れの中で中断を示している。第二の中断は外国人の侵入によって生じたものであった。この外国人はヒクソスあるいは牧人王であるが、われわれは彼らについて比較的わずかなことしか知らない。古王国を終らせた第一中間期の場合にはこのような侵入はなかったようにみえる。そのかわり、五世紀以上にわたる強力な中央統治ののち国が地域割拠主義におちいり、大激変と明らかに内戦を招いたようにみえる。この時代の全般的な不安定と無法の状態は古王国からの、とりわけピラミッドからの多くの重要な証拠を破壊した。なぜなら、すべてのピラミッドはすべてこの時代に掠奪にあったからだ。

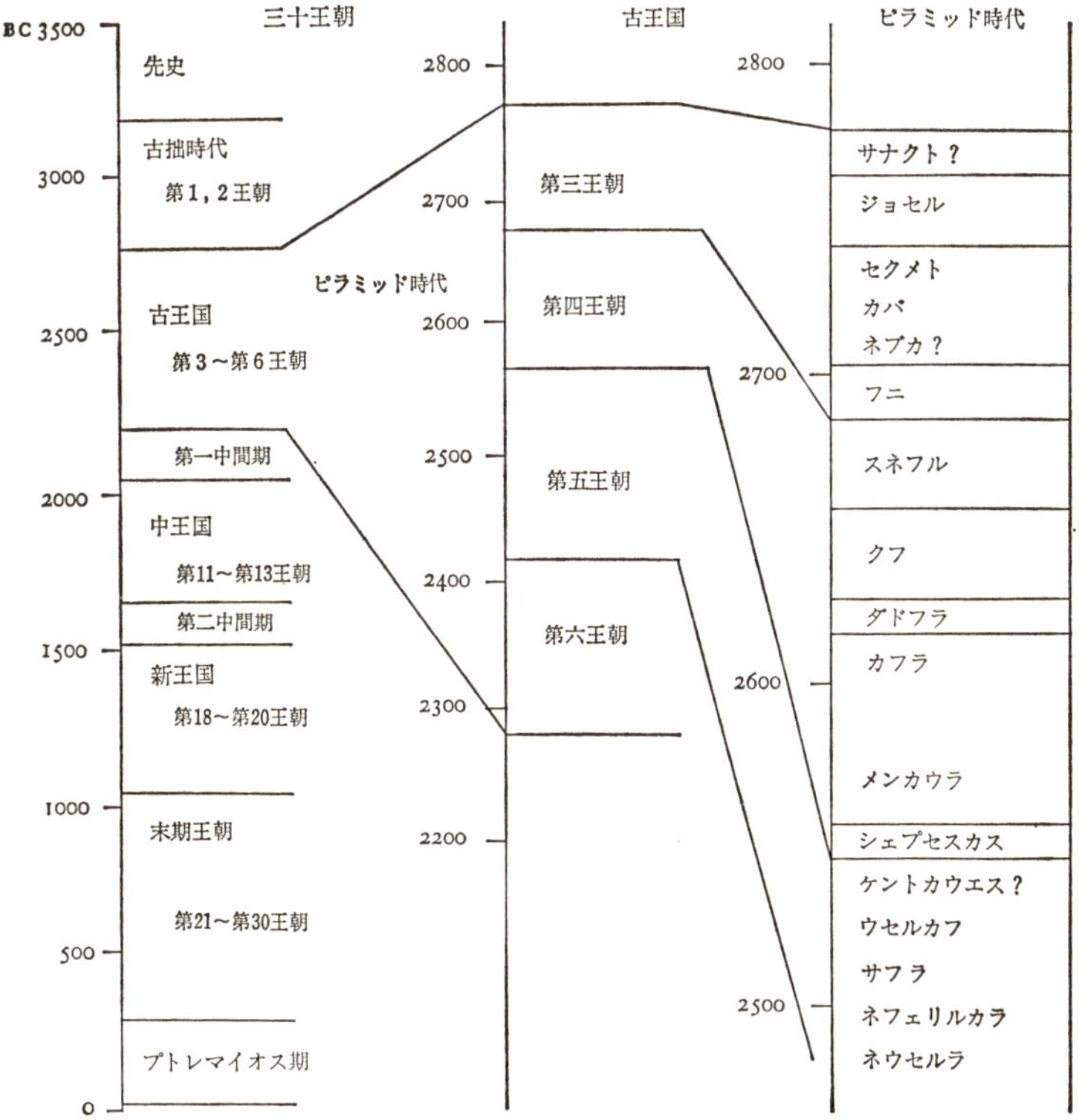

表1　エジプト史年代概要

この表は、ピラミッド建造がエジプト史の非常に初期の特徴であること、いわゆる「ピラミッド時代」は大して永くつづかなかったことを示している。実際、五つの最も大きいピラミッドはわずか一世紀のあいだに築造されたのである。ピラミッドが次の一〇〇〇年にわたって建てられたというのは真実であるが、それらのピラミッドははるかに小さいものであり、やがてはるか

ナルメルの化粧盤（パレット）

に見かけだおしのものとなっている。泥煉瓦が石灰岩にとってかわったのであり、形のない崩れた煉瓦の灰色の盛りあがりが、それらのピラミッドの今日残っている姿のすべてである。他方、初期の印象的なピラミッド時代の石の建造物は、ただ一つの例外をおいて、本質部では五〇〇〇年前に建てられたのと同じ形で残っている。例外といったのはメイドムの崩れたピラミッドのことであり、それはわれわれの考察の基礎を与えてくれるであろう。

しかし、ピラミッド時代そのものに移るまえに、みごとな古王国の達成のための足場を築いた先行する数世紀について報告がなされなくてはならない。第三王朝の初期に最初のピラミッドが階段ピラミッドとしてサッカラにジョセル王のために築かれたとき、すでにそれより四〇〇〇年昔から王は上下エジプトの複合王冠をつけていた。マネトの時代より三〇〇〇年の昔に二つの国がメネスという名の王によって統一されたというマネトの主張は、初期のヒエログリフの王名表によって支持されている。考古学上の発見物、とりわけ眼の化粧のためのいくつかの化粧盤(パレット)は確実に歴史上の実景であるものを描いている。これらのパレットの中の一つは、たぶん呪術あるいは儀式の目的に用いられたのであり、エジプト統一と同時代のものであるが、それは上エジプトの王冠をつけた勝利の王が敵を打ちたたく図を示し、他の面では下エジプトの王冠をつけた同じ王を示している。彼の名はナルメルと記されている。彼あるいはたぶんその後継者ホルアハがマネトのいうメネスに一致するかもしれない。さきに述べたように、王の用いられた多くの名が認定をしばしば冒険的なものとするのである。

初期の考古学上の発見物は、エジプト統一時よりずっと前に、いくつかの密接した関係をもつ文化が長いあいだナイルの谷で開花していたことを示している。ついで、ナルメルより約一世紀前に、突然の変化がエジプト全土を襲ったようにみえる。埋葬の習慣はちがった形をとり、墓は記念碑的な建築を示し、とりわけ、ヒエログリフという文字がはじめてあらわれた。最初の書かれた記録の文字が、すでに単なる絵文字の段階をこえていること、文字がすでに音価をもっていることを示しているのは、意味ふかいことである。いいかえれば、知られている最古のエジプトのヒエログリフは明確にシラビック・ランゲージ(音節言語)をあらわしているのである。したがって、鳥、トカゲ、あるいは睡蓮の絵が結合されて類似音をもつ単語となった古い段階(中国文明が一度としてとったことのないステップ)があったにちがいない。

このよく発達した文字形体が突然にあらわれたことは、それがたぶん他所からエジプトへ導入されたことを示している。多くのエジプト学者は紀元前約三四〇〇年に大規模のエジプト侵略があったと考える傾向にある。侵略者はどこから来たのか。それは分っていない。埋葬の習慣とある建築上の特徴は初期のメソポタミア文明と似ている。しかし顕著な相違は、メソポタミアが侵略の起源ではありそうにないことを示している。エジプトの統治者とメソポタミアの統治者が共通の先祖をもっていて、そこから類似の特徴を受けついだ、というのがもっとありそうなことのように思われる。この先祖はだれであり得たか。それは未解決の問題である。わずかに漠然たる示唆が、彼らの信仰の、ある断面によって与えられている。その断面はやがてわれわれが見ることとなるように、確実にアフリカの性格をもっている。

ファラオのエジプト文明の先導者となる侵入王朝は彼ら自身をホルスの従者と呼んでいた。ホルスは天空の神であり、そのトーテム動物はハヤブサであった。ハヤブサはナルメルのパレットにあらわれており、捕虜となった敵をつかんでいる。ハヤブサはまた初期の王の墓に建てられた記念碑板で王の名の上に位置している。さらにハヤブサはたとえばホルアハの場合のように王名自体の中にはいっており、ハヤブサ神はピラミッド時代にはいっても王の称号として維持されている。このように、ホルスは王の神聖な王権と密接に結びついており、個々の地方を代表する地方神のトーテム動物の上に高く位置している。彼の唯一の重要な競争者はオンボスのセト神であったように見える。セト神のトーテム動物は、四つ足の動物で、アリクイの頭部をもち、頂上部の切れている大きな耳をそなえ、尾を直立させている複合動物である。ホルスが本来デルタと結びついているのに対し、セトはたぶん上エジプトを本拠とする土着住民の神であった。たぶん、侵入者がはじめてエジプトへはいったのはデルタを経由してであり、彼らはデルタからナイルの谷のセトの国を征服したのであった。これらの出来事がエジプト先王朝時代にまでさかのぼるとしても、セトとホルスは上エジプトと下エジプトをそれぞれ代表するものとしてエジプト史全体を通じて表現作品に示されている。

セトとホルスの敵対関係はオシリス伝説の中で別の形をとって表現されている。たぶんそれは古拙《アルカイツク》時代から由来してきたものであり、ずっとのちになってやっと一般的な宗教的重要性に達した。神話は、善神オシリスがいかにして邪神の弟セトによって殺されたかを語っている。セトはオシリスの身体を粉々にして国じゅうにばらまいた。粉々の身体は妻イシスによって集められ埋葬される。ついで、セトはオシリスとイシスの子ホルスによって打ちまかされる。この伝承の起源は征服王朝の種族すなわちホルスの従者と土着のホルス崇拝者との間の戦いに端を発しているかもしれない。われわれの考えによれば、この伝承の重要性は、オシリスが死せる王と同一視されていること、オシリスの肉体が回復され死後に新しい形で生きつづけることに存する。このようにして、肉体を強い良い「永遠の家」で神聖に保存することはエジプト文明の第一課題の一つとなったのである。

実際、古代エジプトの生活に関するわれわれの現実の知識のすべてが出ているのは、墓からである。ナイルの谷に臨む砂漠の端の死者の町で、サハラから来る乾いた暑い空気が死者とその所有物の存続を助けたのである。この空気はまた黄色い砂丘で墓をおおい、入口をかくし、現代の発掘者のシャベルが来るまで死者の安息をまもったのである。不幸にも、好奇心にみちた彼らが来るより数千年前に、貪欲な者どももまた彼らの仕事を立派すぎるほどにやってのけた。ほとんど至るところで、彼らは死者から富を奪い、無価値とみえるものはこわし、踏みちらし、遺骸と墓の内容品を崩壊するままに放置した。歴史をさかのぼればさかのぼるほど、墓盗人は破壊をなしとげるための時間と機会をもっていた。ピラミッド時代に来ると、人間社会の最初の開花であるこのはるかな時代から残っているものはわずかな品である。建造物の石さえも、町の防壁と回教寺院をつくるために奪われた。ピラミッド自体だけが壮大な容積と強さによって猛襲に耐えて残り、ピラミッドの時代についての物語を（われわれがそれを読み得るとしてであるが）われわれに提供している。

人間の発達過程で、死が発見されたのはかなり遅れてからであった。動物は死を認識しない。母猿は自分の子が死んだのちも通常の仕種でその子をもち運ぶ。それは子が完全に崩れるときまでつづく。まだ一〇〇年にもならない前に、中央アフリカの原住民は自然死が不可避であることをまだ承認していなかった。彼らの中の一人が病気または老齢のため死ぬと、彼らはその男が呪術によって死んだと確信し、殺人犯を探しだすために呪術に訴えた。殺人犯が発見されると、死者は他の暴力あるいはまたしても呪術によって復讐をとげるのであった。法廷の役人と他の名士もまた自らの意思による死を選ぶことができたのに対し、召使または奴隷はそうではなく、強制力によって片づけられるべきものであった。この犠牲死に対する恐怖は根ぶかく染みこんだため、一九七〇年にアシャンティの王プレンペ二世が死去したとき、大学のわれわれの召使のだれ一人として、夜になると外出するのを承知しなかった。アシャンティの都クマシの通りはすべて無人となり、ついに現地新聞は全段抜きの大見出しでこう告げなければならなかった。「アサンテヘネの葬儀に関連してただ一人の死もアシャンティで報告されていない。」

これらの事実に言及したのは、あとで述べるように色々の面で今日のアカン部族の風俗習慣と古代エジプトのそれとの間に奇妙な類似が存するからである。アシャンティはほんの数百年前に西アフリカに移住してきた。その時まで彼らはスーダンで暮していた。それは古代エジプトの伝統が一五〇〇年前まで無傷で保存されていた唯一の場所である。紀元前六六〇年にファラオ・タヌタメンがアッシリア人の侵入より前に逃げなければならなくなったとき、彼は先祖の出身地である南のかたエジプト領スーダンに向った。彼の後継者は移住をつづけ、結局アトバラ川の河口の上流にあるメロエに首都を開いた。彼らはそこにエジプトの習慣をもつファラオの宮廷を再現した。彼らは埋葬のために小さなピラミッドを建造することまでした。それはアビシニア人によって駆逐されるときまでつづいた。人間の犠牲をふくめて、エジプトの伝統とアフリカの習慣の混合が彼らの遺産となり、それはほとんど今日にまで、スーダンの部族生活の中で生きつづけた。事実上の孤立状態の中にある村落社会は、

幸福な死後．サッカラの宰相メルルカの墓のレリーフは，音楽家とダンサーを示している．

長い時間にわたって、大して変化しないで文化の型を保持しつづける傾向をもっている。さいきん発掘された村落墓地はエジプトの護符から現代のマンチェスターの屑ものに至るまで、完全な副葬品のセットを示した。今日にまで維持されているアフリカの習慣と数千年前に栄えた文明との類似に過度に依存するのは、もちろん危険である。他方、疑う余地なく存在している類似を無視するのもまた非現実的である。他に何もないならば、アフリカに生きのこった習慣と信仰の中のいくつかを、われわれにとっては失われたものとなっている古代エジプトの人々の思想と動機に対する可能な指標と見なすことができる。本章の後段でわれわれはこの類似の問題に帰ることとなるが、その類似の多くは推測の段階にとどまらねばならぬという条件をもってつねに論ぜられるであろう。

人間の犠牲という習慣は、エジプトでは初期王朝時代に廃止されたようにみえる。ピラミッド時代になると、人間の犠牲についての痕跡は何ひとつ残っていない。活動力を失ったときに神聖王を儀式として殺すということさえもセド祭による力の更新という儀式に取りかえられた。セド祭はやがて統治期間中の三十年祭の性格をおびるにいたった。宮廷人と血縁者は王の墓の近くに安息する特権をつづけて与えられた。彼らの墓はギザのピラミッドのわきに、きちんとした長い列をなして立っている。しかし、彼らはもはや直ちに神に随伴してゆく必要はなく、自分のもっともよいときに自分の永遠の家にはいったのであった。

われわれは主としてピラミッドの設計・建造・機能の問題に関与してゆくつもりであるので、ピラミッドに先行する初期二王朝の王墓はとくに興味ふかい。メネスは二つの国の統一行為を証明するために、新王国の首都を開いたと信じられている。彼はその場所を、上下エジプトの出会うところに選んだ。すなわち、長く狭いナイルの谷が堆積泥の豊かな平野にはいって扇形にひろがるデルタの頂点に選んだ。彼は新しい都を「白い壁」と呼び（そのことは首都もまた本来は城砦であったことを示している）新しい都に広い土地を与えるために、川の流れをかえたといわれている。われわれにはその都はギリシャ語名のメンフィスによって知られている。それは、わずかな中断を除けば、一五〇〇年にわたってファラオの政府の所在地でありつづけた。中世の初期に、その都の誕生から四〇〇〇年ののちも、メンフィスはなおも壮大な都であった。しかしそのあと、その都の重要性は低下し、北のかた二〇マイルのアラブの町カイロがそれにとってかわった。

今日、メンフィスのものとして残っているものはほとんど皆無である。わずかに、メンフィスの地方神プタの大神殿の区域を跡づけることができるだけである。泥煉瓦と木でつくられた宮殿と住宅は、はるか昔に崩れ去り、泥の農耕地の中に沈んでしまった。古代メンフィスの敷地の西がわの部分に、砂漠の縁と接して、アラブの村サッカラがある。その上の砂漠の高台には、ナイルを見おろして、数マイルにわたって古代の墓地がひろがっている。それはエジプトにおける最も重要な考古学遺跡の一つである。そこに君臨しているのは、長いあいだ最古の王墓とみなされていた階段ピラミッドである。

一九一二年、すでにそれより二十年前に上エジプトの先王朝の「サソリ王」についていくつかの重要な発見をしたE・キベルは活動をサッカラに移した。墓地の北部区域を掘った彼は、いくつかの大きな古拙時代の墓の存在を確証した。不幸なことに、作業は第一次世界大戦によって中断され、発見についての関心はそのあと直ちにひろまったわけではなかった。ついに、一九三〇年代の初期に、ハーヴァードのG・A・ライスナーがエジプトの墓の発達に関する厖大な著作の執筆にのりだし、この区域における発掘がなさるべきであるとエジプト考古局に進言した。作業は考古局の首席監督官であるセシル・ファースによって進められた。しかしそれもまたファースの不時の死によって中断された。一九三六年、発掘はウォルター・エマリに任された。彼は第二次世界大戦の中断を除けば、サッカラ墓地の調査を一九七一年の死のときまでつづけた。この長期にわたる作業によってなされた彼の重要な発見は、ピラミッド時代の直前のエジプトにおける生活と状況についてわれわれの知識を大いに豊かなものとした。

キベルとファースの仕事によってなされた先導の後を追いながら、エマリは彼らがはじめて記録した大構造物に注意を向けた。彼の入念にして広大な発掘は、新首都で統治した最初の王メネスの後継者の墓とみえるものを出現させた。墓はそれぞれ泥煉瓦の上部構造をもち、その上部構造は下の岩の中に掘られた竪坑の上にかぶさっていた。竪坑は明らかに埋葬室と副葬品・供物の貯蔵庫をもっていた。まことに上エジプトの他の地域におけると同じように、サッカラの墓の多くは火によって（たぶんすでに初期王朝時代に）破壊された。その上、古代にすべてが盗人に荒されたようにみえる。実際、埋葬の実物は一つとしてそれらの墓の中から発見されなかった。こうして、墓の主を決定することは、王名をもつ壺の封印や木と象牙の切れ端（それらは本来副葬品であった）に全面的に依存している。不幸なことに、同一のファラオの名が彼自身の墓の中だけでなしに、彼の死後に後継者が完成したかもしれぬ墓の中にもあらわれていることが時どきある。さらにまた、王の宰相のような貴人の名が時として見られる。そのとき、発掘された墓が真にファラオ自身のものであるのか、それともだれか高位の名士に属するのか、という問題がおきる。ほとんどの場合、証拠は、墓を特定王に帰属させるに十分なほど強力である。とはいえ、わずかな不確定要素がつねに存するということは認めておかねばならない。

しかし、このことがどうであるにしても、墓の築造の形式とその発達はエマリの発掘によって明確に証明された。砂が取りのぞかれたとき、その極端な古さと泥煉瓦の脆さにもかかわらず、ほとんどの墓の上部構造が高さ数フィートのところまで無傷で残っていることが明らかとなった。実際、黄色い砂によって与えられた保護は完全であり、そのおかげで墓の中の彩色された壁は立派に保存されたのである。これらの装飾の形式は、裸の壁を美化するための壁紙として用いられた装飾材料であり、このことは、墓が、一筋の跡も残さずにはるか昔に消え去ったメンフィスの王宮の複製であることを示している。死せる王の宮殿が王の存命中に暮した宮殿と同じ形で設計されたという考えは、本質的に居住の場所である建物の構造によって支持されている。これらの墓の外壁は階段ピラミッドの周壁に見られる凹みパネルと同じであることを、エマリは発見した。この形式の建築はたぶん古代の城砦をモデルにしたものである。同じ凹みパネルがメソポタミアでもまた見られるという事実は基本型が非常に古い時代にはじまったものであることを示唆している。

　エマリの仕事は墓のレイアウトに関して疑問を残さず、詳しい地表プランをわれわれに提供したのである

最初の二王朝の典型的な墓のプランと断面図.
中央のマウンド(1)と地下室(2)を示している(エドワーズによる).

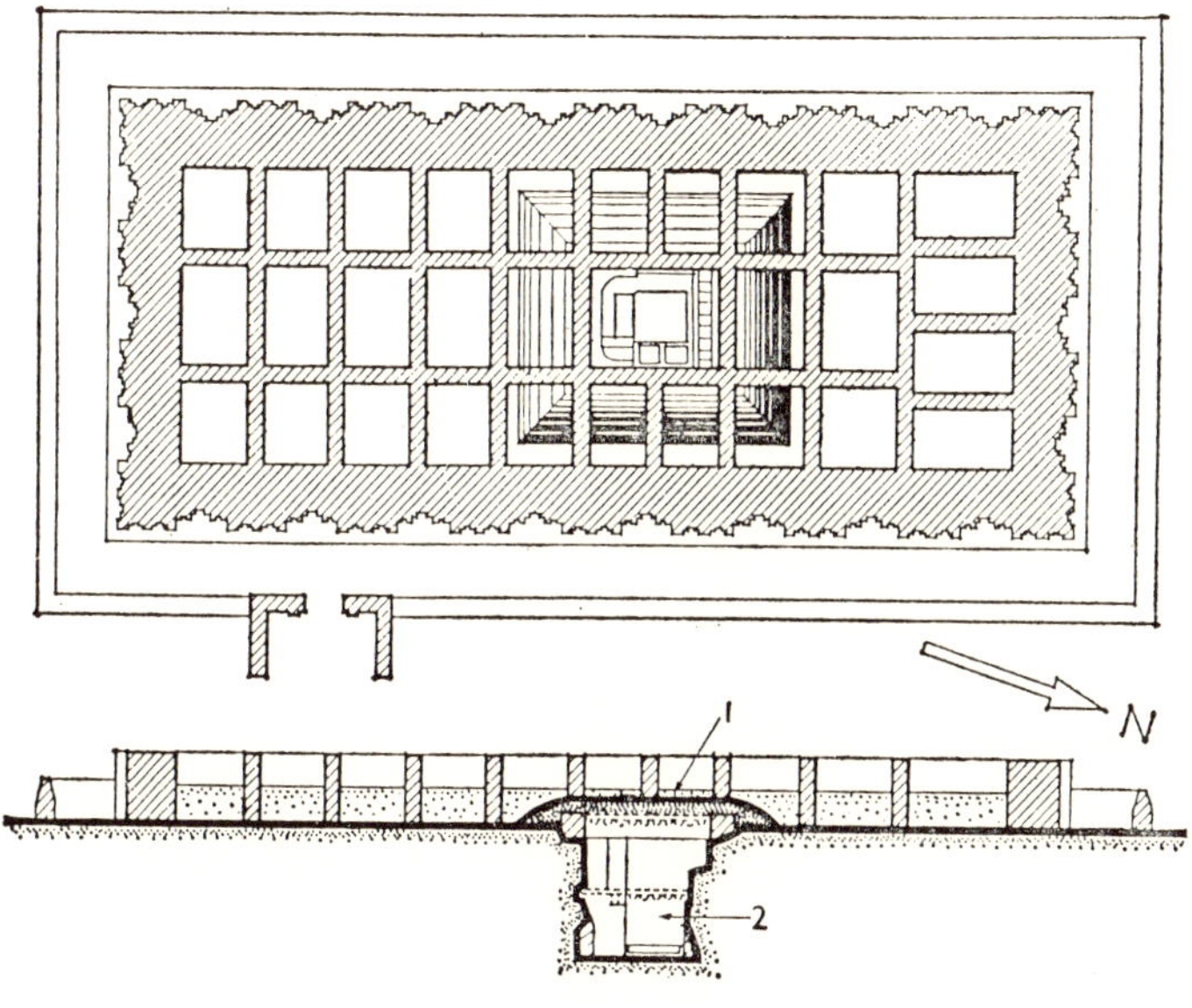

が、これらの建造物の本来の高さについては、われわれは何も語ることができない。壁の厚さは、建造物が三メートル以上の高さをもっていたかもしれないことを示している。一般にそれらの建造物は浅い彎曲屋根でおおわれていたと想像されている。この再構成は、これまた王宮の小さな模型であったと思われる初期の石棺の形を基礎としている。彎曲屋根は墓の狭いほうの両端で、垂直の保持壁となって終っていた。サッカラの墓は相当に大きい規模のものである。それらは平均して長さが五〇メートルないし六〇メートルであり、幅はその半分である。それらは一般に低い台の上に立っている。その台は時どき彫刻された実物大の牛頭の列をそなえており、牛頭には本物の角がつけられていた。

構造物の内部は、実際の王宮のように、壁によって多くの室に分轄されている。しかし、それらの室のあいだに扉はない。なぜなら、たぶん死者の精神は妨害されないで壁を通ることができるであろうからだ。中央の室は明らかに埋葬室であり、いっぽう、外がわの室は副葬品と食糧を収蔵した。これらの外がわの室で、エマリは大量の石の壺と水鉢ならびに陶器の壺と容器を発見した。後期の墓では、埋葬室といくつかの特別貯蔵室は地表レヴェルより下に置かれ、木の屋根をつけていた。次第に、これらの地下の室はもっと深い穴の中に置かれた。墓盗人に対する考慮は大型石板の設置に明瞭にあらわれている。その石板は、通路に落し格子として落すことができた。全体の葬祭宮殿は囲いによって囲まれ、墓自身の前には二枚の碑板が立ち、王の名と称号を示していた。

さらにまた、墓のそなえている特徴は非常に目立たないものであり、それゆえ初めは見落されるのであったが、実は来るべきピラミッド時代を準備する大きな重要性をもつものであった。上部構造の内部に、地下埋葬室の真上にあたる所で、小さなマウンド（土塚）があり、そのマウンドは時どき石板で保護されていた。マウンドは明らかに、先王朝時代の墓が示していた小さな砂のマウンドの名残りである。エジプト人が極端な保守主義の中で、このマウンドを埋葬の中心部として、埋葬の最重要の個性として維持したということは、ありそうなことである。後期の埋葬宮殿では、このマウンドは階段状構造物によって、もっと入念に保護された。これらの階段は死せる王が天に昇るための手段を象徴した、ということが可能である。この墓の中央マウンドが第三王朝にいたって、死せる王のための巨大な階段を意味する階段ピラミッドとなって発展した、ということは信ずべき理由のあることである。

統一後の最初の王ホルアハの墓の北端に、いくつかの見せかけの建物（それらは王の三十年祭を祝うための所有地あるいは中庭である）と一本の長方形の穴がある。この穴は船の形をしており、ファラオが次の世界への旅のために使う船をそこにおさめていたことに疑問の余地はない。いくつかの船の穴がギザのピラミッド群の近くで発見されている。その中には、一九五四年になって発見され、長さ四十三メートルの一隻の船をおさめていた巨大な穴もふくまれている。

最初の二王朝のファラオの埋葬所に関する報告をここで終るならば、それは次のピラミッド時代への直線的なプレリュードを示すことになるだろう。残念ながら、事はそう簡単ではない。なぜなら、サッカラでエマリが発見したのと同じ時代の王たちの墓の、別の一組（少なくとも）が三〇〇マイル南の上エジプトで発見されているからだ。一八九六年に、エジプト考古局長ジャック・ド・モルガンはルクソルに近いナガダで、のちにエマリがサッカラで発見することとなるものと同じ規模と構造の墓を一基、発見した。はじめそれはホルアハ王に属するものと考えられた。しかしさらに精密な調査をした結果、墓の主はホルアハの母ニトホテプ王妃であることが明らかとなった。一年後、アメリノはアビドスでいくつかの大型の墓を発見した。しかし残念なことに、彼はもっぱら収集家の目的のために掘ることに関心をもっていた。そのため、彼は作業経過中に、上部構造の復原を可能にしたかもしれぬ証拠の多くを破壊した。フリンダーズ・ピートリは今世紀のはじめに、これらの発掘を引きついだ。彼はこれらの墓は最初の二王朝に属するものであることを、証明することができた。はじめ、その上部構造はサッカラの上部構造よりずっと小さいと信じられた。しかし、最近の調査は、アビドスに同じ規模の葬祭宮殿が存在したことを証明した。

ピートリの仕事は、アビドスの墓が初期の王に帰せられてよいということについてほとんど疑問を残さなかった。いっぽう、あるエジプト学者たちは、サッカラの墓の場合ではそうではないとの意見をもっている。彼らの主たる立論は、同じファラオが二か所に埋葬されたということはあり得ない、またアビドスの墓についての主張はよりよく証明されている、ということである。他のエジプト学者たちの意見は、アビドスとサッカラの墓は王の埋葬用建造物であるがただ一組みだけが真の埋葬所であって他はすべて単に記念碑としての役を果したにすぎない、というものである。まことに、これを説明するためには多くのことをいわねばならない。メンフィスは二つの王国の首都となり王の居所となっていた。したがって、彼らの墓が都を臨むサッカラの墓地にあるということはまことに自然であろう。じっさい、サッカラの埋葬所は砂漠の高台の縁にそって並んでおり、人々は谷から埋葬所を見ることができた。他方、統一エジプトの統治者は南から来たのであり、彼らの子孫はたぶんアビドスの聖オシリス埋葬地に埋葬された。こうして、アビドスで初期二王朝のファラオを記憶することには、やむを得ない強制的な理由があったのである。

初期の王の多くが持った二つの墓は上下エジプトのそれぞれの統治者として王をあらわしている、ということがしばしば主張される。エマリをふくめて、あるエジプト学者たちは、これらのファラオはそれぞれが二つの埋葬所だけでなく三つの埋葬所をもった、とまで説いた。彼らのいう三つの埋葬所とは、上エジプトのアビドスの墓、下エジプトのブトの墓、ならびにサッカラの墓である。ブトはデルタの古い都であったが、古代建造物はほとんど残っていない。それらははるかの昔にナイルの氾濫の泥の中にまきこまれたのであり、後期の三つの大きなマウンドが残っているにすぎない。したがって、サッカラの墓は主たる墓であったであろう。そして、たぶん王の遺骸をおさめていたであろう。いずれにしても、われわれ自身の考察にとっては、埋葬用建造物としてのすべての装飾をそなえていながら実際には埋葬物をおさめていないという墓が存在した、ということが重要である。これらの多くの墓に、だれが、あるいは何が埋葬されたか、ということは推測の域にとまらざるを得ない。

初期二王朝のまたがる四〇〇年のあいだに一連のファラオが統治し、それぞれのファラオが上下エジプトの複合王冠をいただいていたとはいえ、この時代は着実な凝固の様相をほとんど示していない。さまざまの原因から生じた緊張と矛盾が非常にいり乱れたため、今日ではそれらを解きほぐすことはほとんど不可能である。まず第一に、統一は明らかに南による北の征服を基礎とした。ナルメルのパレットに、首をはねられた（北の）敵の死体を検閲する王が示され、いっぽう、ハヤブサのホルスはデルタの部族を捕虜として運んでいる。別の初期表現物の鎚矛《つちほこ》では、タゲリの部族が南のノモスのトーテム軍旗に紐で首を吊られているのが見られる。しかし勝者も敗者もともに、「ホルスの従者」によって、すなわち王朝種族のメンバーによって統治されている。統一以前の時代にまでさかのぼる別種の対決は、侵入するホルスの従者とオンボスのセト神を崇拝する土着民とのあいだに存在した。この場合は、ずっと古い地域的な争いがデルタのホルスと上エジプトのセトのあいだに存在したにちがいない。

左はセケミブ王のセレク(王宮模写板). セケミブはのちにホルス名をセト名のペリブセン(中央)に変えた. 右はカセケムのセレクで二つの神をあわせ持っている.

この二番目の争いは、たぶん宗教上のもつれの故に、より深いところに根をもつ争いであったようにみえる。明らかにそれは第二王朝の中期の、セケミブという名の王の時代まで燻《くすぶ》っていた。このファラオは自己の神ホルスを自ら捨てたか、あるいは強制されて捨てた。こうして、彼は名をペリブセンと変え、王名の上のハヤブサのかわりにセトの動物を置いた。彼の治世中の混乱のしるしは、初期の墓のほとんどが焼かれていることである。これは土着民が侵入者に対して行なった復讐であったかもしれない。次の三代の治世中におきたことについては、いかなる記録もまだ発見されていない。しかしペリブセンのあと四番目の王カセケムは再びハヤブサを自らの名の上に置いている。にもかかわらず、内戦は彼の治世中にまでつづいてきたにちがいない。そのことは残っている彼の二つの彫像に示されている。彫像は三十年祭の礼服で坐しているカセケムを示し、いっぽう、基底部は一連の死者あるいは瀕死の者でかこまれていて「北の敵四万七二〇九人」という刻文を伴っている。叛乱は明らかに鎮圧されたものの、結局は、征服というよりは妥協が両王国にとっての解決法だったようにみえる。次の王すなわち第二王朝の最後の王の名カセケムイは、二つの神は彼において平和である、という意味をもっている。さらに、その名の上には、ホルスとセトの動物がともに位置している。

両王国の最終的統一はカセケムイ王によって達成されたようにみえる。このことは彼が下エジプトの王女ネマトハプと結婚したことによって示されている。同じような結婚がそれより四〇〇〇年前に、征服したナルメルが北の王妃ニトホテプと結婚したときに、統一のはじまりを示した。ニトホテプは死後に、壮大な墓によって栄誉を与えられた。この墓は上エジプトのナガダでモルガンによって発見されている。

しかし、ニトホテプ王妃とネマトハプ王妃による結婚は、十六世紀と十七世紀のヨーロッパの君主政略結婚の場合よりも遥かに大きい意味をもっていた。エジプトの社会は母系社会であった。それは王位の継承をふくめて継承がすべて女性の系統を通じておこなわれたことを意味する。王子は、王の息子であるということでファラオになることはできなかった。彼は妻の夫でなければならなかった。王のハレムの中にはつねに一人の「大王妃」がいた。彼女はその出自の価値によって王権を授ける力をもっていた。ツタンカーメンが死んだとき、帝国の運命をにぎるのは、彼の若い未亡人アンケセナーメンであった。彼女はアケナトンと大王妃ネフェルチチの娘である。奇妙な幸運によって、彼女の宮廷の外交文書がわれわれの時代にまで残った。彼女はヒッタイトの王に手紙を書いた。「夫は死にました。私には息子がありません。あなたの息子を一人、私にください。彼は私の夫となり、エジプトの国の王となるでありましょう」。実際、これよりさきツタンカーメンがファラオとなったのは、この「神の娘」と結婚することによってなのであった。

母系の王位継承と遺産相続は、エジプトの王家におけるおびただしい数の血族結婚の理由であった。王位を得るために、普通ファラオの息子は彼自身の妹（または姉）と結婚しなければならなかった。なぜなら、彼女だけが有効な継承に進むことができるからだ。他に理由がないならば、母系の椅子にあって王冠を授ける力をもつかもしれぬ潜在的大王妃を未婚のままに残しておくことが（彼女が政治的冒険の餌食とならぬかぎり）、慎重な措置として要求されていた。兄妹（弟姉）結婚のほかに、ファラオは時どき自分の娘と結婚した。たとえば、アメンホテプ三世は妻チイとの間にもうけた娘シタメンと結婚している。シタメンが大王妃の系列の二番目に位置しているからだった。アンケセンナーメンはツタンカーメンと結婚するまえに父の未亡人となっていたということ、その親子結婚からアンケセンパーテン・タシェリという名の娘が生れたということもまた、説かれたことがある。

エジプトの君主制にとってこれほど重要となった母系相続の観念はきわめて古い観念であり、われわれにとっては明瞭である父と子の関係についての観念よりはずっと先のものである。要するに、頻繁な性交渉と時たまの出産との間の関係、長い妊娠期間によって複雑となっているその関係、それは原始人にとっては明らかなことであるはずはなかった。オーストラリアの原住民の女性は、胎児の最初の動きから妊娠を起算するのが常であり、彼女がその動きを感じた場所のトーテムがそのとき母の体内にはいったと考えられた。このきわめてもっともらしい考え方は、父に対して何らの地位も与えていない。最も近い男性の血縁者は子の母方の叔父であるだろう。なぜなら、彼と母の系統は同じ女性すなわち母方の祖母にたどってゆくことができるからだ。

エジプト人にとって、父はもちろんよく知られていた。しかし古代の母系社会の構造は、その実際の起源がはるか昔に忘れ去られていたにもかかわらず、保守的に維持された。このことは世界の他の地域でもまたおきた。われわれがすでに言及したアフリカのアカン部族は今日に至るまで母系相続の法を保持してきている。アシャンティでは、兄妹（弟姉）結婚が許されなくなっていらい、王が先王の息子であることはあり得ない。王は通常、先王の妹（あるいは姉）の息子である。もちろんこのことは、女王である母の高い地位を説明するものであり、エジプトの場合とまったく同様に、王の死のときに王位の保護の役は彼女に帰属するのである。

エジプト人が墓に傾けた努力と時間と費用は、彼らが死のあとの生に夢中になっていたことを疑問の余地なく示している。これまでわれわれは、いかに彼らが永遠に生きることを期待したかについて一言も述べなかった。唯一の理由は、われわれがある程度の確かさをもってそれを知っているのではない、ということにある。エジプト語は個人の肉体の部分に属さない特性に関して多くの単語をもっている。彼の名と影はその実例であり、霊的な意味がこの両者に付与されている。しばしば言及されるのに残念ながら名と影のようには容易に理解することのできない最重要の二つの属性はカアとバアであった。両者のいずれも、今に至るも十分に理解されていない。普通バアは死のときに肉体から解放され、しかし全面的に去るわけではない「魂」であると信じられている。それは人間の頭をもつ鳥となって肉体のまわりを舞う。それゆえ、簡略に、アカン族の類似の信仰に言及することは少なくともあるヒントを与えるかもしれない。

エジプト人と同じように、アシャンティは肉体についていくつかの霊的属性を区別している。その中の二つ、すなわちクラとスンスムは父から伝達されたものである。一つは妊娠時に、他は誕生時に伝達されたものであり、両者は人間の死のあとに肉体を去る。クラは活潑な生命の特質であり、いっぽう、スンスムは人間の個人的特徴のほうに結びついている。スンスムは人間の睡眠中に人間の肉体を離れ、夢の中を旅する。これらの属性はたぶんエジプトのバアに対応するかもしれない。バアは時どき、活力を失った肉体のそばに鳥として表現されている。

これらの変りやすい属性と対照的に、アシャンティのアブスアすなわち血の霊は恒久性をもっている。それは、実際、個人が生れるより前に存在していた。それはまた、個人の死のあとも存在しつづける。その存在は永遠である。しかしそれは母を通じて子の生ける肉体の中に化身する。それは母の部族と決定的に結びついている。それゆえアブスアはエジプトのカアと結びつくある特質をもっているようにみえる。この対応は奇妙な類似によって強められている。生産力を高めるために、アシャンティ族は女性の背にアクア・バアという人形を結びつける。この人形は通常のアフリカの彫刻とは非常にちがっており、厳格に様式化された円筒形の体軀、切りのこしの腕、円盤形の円い頭からできている。その形はヒエログリフで「生命」をあらわす古代エジプトのアンクと同一である。この対応をわれわれが受けいれるなら、古代エジプトのカアは母系相続の観念と密接に結びついていること、古

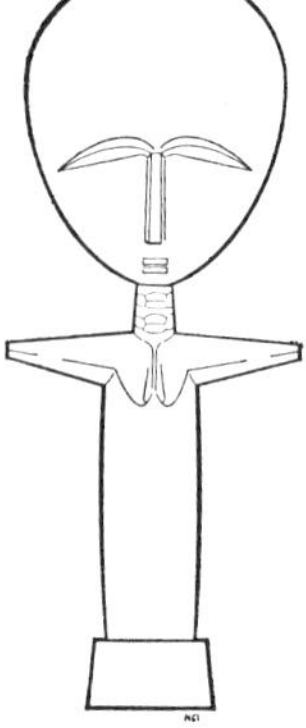

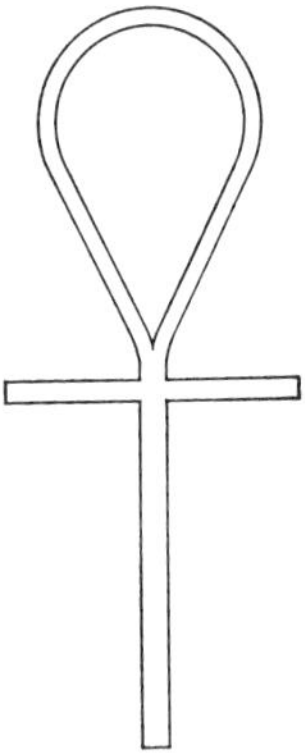

20世紀の西アフリカのアシャンティ部族の使う「アクア・バア」人形.「生命」を意味するエジプトのヒエログリフ「アンク」（下）との強い類似を示している.

代エジプトのカアは母を通じて祖先を運ぶものであることを、われわれは期待してよいであろう。それはまた、女性の血の系統における再化身という観念と結びつけてよいかもしれない。このことについて、これまでほとんど注意は払われなかった。さらにまた、アシャンティ族は、王家において従兄妹同士の結婚が望ましいのは血の純潔を保存し「偉大な名を保持する」必要からであると説明している。

この種の考察は単に推測的なものとみなすべきであるという考えを、以前のように余りにつよくいうことはできない。安定した結論は、カアの可能な意味の兆候を提供するという目的にだけ役立つ考え方を基礎としたものでなければならない。研究が進んでカアと母系相続との関連を証明することができるならば、なぜ大王妃がエジプト王権の真の、そして唯一の保護者とみなされていたかを確実に示すであろう。パレルモ石の記録にファラオの名だけでなく彼らの母の名もまた記されているということは意味ふかい。エジプト人が母系相続をいかほど拡大したかは、エマリのまさに最後の発見によって示されている。一八五一年にマリエットはサッカラでセラペオンを発見した。それは聖牛アピスの石棺をおさめた巨大な地下墓所であった。一二〇年後に、エマリは類似の墓を近くで発見した。それはこれらの動物の同様に神聖である母の遺骸をおさめていたのである。

第二章　ピラミッド時代

王女ネマトハプは明らかにデルタの娘であって、第二王朝の一貫した統治者である南の王族のメンバーではなかった。カセケムイとの結婚によって彼女は南の女子継承者にとって代ったにちがいない。彼女が大王妃となったことは疑問の余地がない。彼女の公式印章は「王を生む母」という称号をそなえており、彼女は第三王朝の承認された創始者として尊敬された。彼女の生んだ王はマネトによってジョセルと名づけられた。彼は後代には一般にこの名によって呼ばれた。同時代の記念物は彼のホルス名である「ネテルケト」によって彼を示している。これはかなりのあいだ学者を困惑させた。

ジョセルが実際に第三王朝の初代のファラオであったというのは、大して確かなことではない。なぜなら、ある史料は「ホルス・サナクト」に優先順位を与えているからだ。ホルス・サナクトはジョセルの兄であったかもしれない。もしそうであるならば、ホルス・サナクトは明らかに早く死に、サッカラに記念物を残さなかった。第三王朝の大建築の達成がはじまったのは疑いなくジョセルの治世中のことであった。それは、彼の祖先の治世中には明らかに欠けていた新しい統一目的の証拠であった。カセケムイとネマトハプの結婚ならびにホルスとセトの和解によって、国は突然に内戦の荒廃から解放され、創造的な力を平和的活動に自由に傾けることができるようになったのである。

過去の混乱を思いださせる最後のものの一つが近年になってやっと発見された。階段ピラミッドの基底部を調査したとき、考古学者たちは深さ三十三メートルの穴に踏みいった。それはジョセルの時いらい妨害されないままできた穴であった。その末端部は長い通廊となっており、通廊はアラバスターと硬石でつくられた約三万五〇〇〇個の壺と皿の断片でみたされていた(うち八〇〇〇個がそのあと復原された)。これらの断片の上に、先行した二王朝のすべてのファラオの印章がみられた。注目される例外は異端のペリブセン王であった。これらの断片は叛逆者に荒されて焼かれた王墓から救いだされ、敬虔に再埋葬されたのかもしれない。穴の入口はジョセルの墓の拡張部でおおわれていた。墓の拡張部のせいで、階段ピラミッドは、埋葬された不幸な過去に対する巨大な封印の形となったのであった。

ジョセルの生涯についてはきわめてわずかのことしか知られていないのであるが、彼はエジプト史における最も有名なファラオの一人となった。この名声はサッカラの壮大な葬祭建造物複合の、とりわけその中心をなす巨大な階段ピラミッドのせいである。おずおずであろうと、規模と豪華さにおいてこれらの建造物に近づくものは、一つとして人間によってつくられなかった。それを眺めるとき、われわれは、ほとんど五〇〇〇年前に人類が突如として新しい時代にはいったことを実感せざるを得ない。この発達の最も驚くべき特徴は、いかなる予備段階もないということである。一世代のあいだに、エジプトは半ば部族的な状態から高度に組織された社会に上り、驚きあきれるほどの共同体の努力をなし得るようになったのである。

もっと驚かされるのは、ピラミッド建造に必要とする壮大な技術上の前進が技術革命によるのでないことを知るときである。建築材として石を使う方法、使用された金属と石の道具は第二王朝時によく知られていた。ジョセルの時に新しくあらわれたものは、これらの活動が突如として達した程度の高さである。ピラミッド建造は人類史において里程標となった。なぜなら、それは大規模テクノロジーの最初の真の実施であったからだ。現代にまで及ぶ後世のすべての技術上の努力と同様に、ピラミッド建造は、すでによく知られていながらその潜在能力がまだ認識されていない道具と方法に依存した。問題の鍵は人力と組織にあった。人力は平和な統一された国によって供給され、いっぽう、組織については一人のユニークな天才が必要であった。彼の名はイムホテプであり、エジプト人はその名を三〇〇〇年以上にわたって愛し、ついで崇拝した。

　イムホテプはついに伝説的人物となり、ギリシャ人はアスクレピオスの名で彼を崇拝することになったが、彼の偉大さは彼の在世中に十分に認識されていた。階段ピラミッドの儀式用中庭に、彫像の台座が立っていた。彫像は消え去っているが台座にはイムホテプの名にちなんで次のような刻文がある。「下エジプトの王の宰相、上エジプトの王の次にある第一の者、ヘリオポリスの高等祭司、首席建築家、首席彫刻家、首席壺製作者」。イムホテプは明らかに王子ではなかった。後世の刻文の述べるところによれば、彼の父カネフェルは上下エジプトの土木局長であった。このことは、古代エジプトにおいてさえテクノロジーは職業的な専門家によって管理されていたという興味ふかい知識を与える。イムホテプは上エジプトから来たといわれているが、彼はたぶんサッカラで、ジョセルから遠くないところに埋葬されたであろう。考古学者は長いあいだ彼の墓を探し求めた。しかし今までのところ成果をあげていない。数年前に、エマリが、イムホテプに捧げられた鳥獣のミイラをおさめた通廊を発見したとき、大きな希望が生れた。人々は大建築家の墓は遠くにあるはずはないと感じた。ついで、作業はエマリの死によって中断された。イムホテプの墓は、砂漠の砂がサッカラでなおも保持している多くの秘密の一つとして残っている。

エジプト人の記憶の中で、イムホテプは数学者、物理学者ならびに石造建築の創始者として生きつづけた。この最後の形容は本質的に真実である。もっとも、石は時として初期二王朝の墓で使われ、主として落し格子と床張りのために使われた。このことは、石切りの方法と石の造作がいくらか早い時代に発達したことを示している。とはいえ、第二王朝の王墓のために石が切りだされ、運ばれ、立てられた程度は、ジョセルの葬祭用建造物のために必要とした努力とは無関係である。第一の場合には、石の量は数トンの石灰岩であったが、階段ピラミッドの複合建造物は少なくとも一〇〇万トンの石をふくんでいる。わずか一世代のあいだに、いかにしてこのような生産力の増大が達成されたかを想像するのは、ほとんど不可能である。各ファラオのために一基の、あるいは二基であってさえも、泥煉瓦の墓をつくる労働力は調達可能であった。しかし、一つのピラミッドを建てるために必要とした厖大な数の人間の場合には、明らかに事は同じではない。実際、この労働者の大軍の規模、組織、とりわけ彼らを使う経済的側面は、ピラミッド建造の意味を理解するための決定的問題の一つである。われわれは後の章でこの問題に再び帰ることとなろう。ともあれ、これらの問題を討議するよりまえに、われわれはまずピラミッド自体の叙述を示さねばならない。

ここでわれわれは二つの側面を考察しなければならないであろう。第一はピラミッドの構造であり、第二は墓室の中の通廊である。あとで明らかとなってくるように、これら二つの特徴はこれまで一般に考えられてきたほど密接に結びついてはいないかもしれない。実際、それらは非常に異なった目的に奉仕したかもしれない。とはいえ、二つのピラミッドが同じ形であり内部構造が同じであるということは決してない。簡明を主旨とするために、われわれは各ピラミッドについて外部・内部の特徴を、それらの建造された歴史的年代の順で示すことにしよう。

サッカラのジョセルのピラミッドは、先行する二王朝の王墓とは、規模においても観念においても著しく違っているものの、それらの名残りをなおもいくらかとどめている。墓室は地下構造であり、直径七メートル、深さ二十八メートルの方形の穴の底に沈んでいる。この室は二つの区分された室から成っており、一つが他方の上に乗るという形で配置され、ピンク色の花崗岩でつくられた。下のほうの室への通路は、天井部で直径一メートル以下の円形の穴である。この穴は瓶の栓のような形をした重さ三トンの花崗岩の栓で閉されていた。穴自体は長さ約三メートル、幅約一・七メートル、高さ約一・七メートルである。明らかにそれは古代において掠奪にあった。しかし王の遺骸はおさめたままだったかもしれない。ミイラ化された人間の足がそこで発見された。上のほうの室には栓が保管されてあったが、他には今日では何も残っていない。穴はもともと屋根の上まで来ていて、そこで粗石によっておおわれていた。この粗石は上の室の屋根とともに、たぶん紀元前六世紀に第二十六王朝の時に取り外された。墓室への通路は、穴の北がわの岩を貫いて掘られた傾斜トンネルであった。穴の底から外がわに向って錯綜した通路と通廊が出ていた。それらは本来は副葬品をおさめていたかもしれない。通廊の中のいくつかは未完のままで残り、いっぽう、他の通廊の壁面は青いタイルと浅浮彫でおおわれていた。後者の中のいくつかは明らかに実際の儀式行為を示している。

穴の頂上部は、粗石によって蓋をされたのち、本来は六十三メートル平方、高さ八メートルの堅固な石の構造物によっておおわれた。この構造物は、わずかに彎曲した屋根をたぶん備えていた。この形式の上部構造は、この時代の貴人の墓をおおった煉瓦の建物に似ている。これらの建物は普通「マ

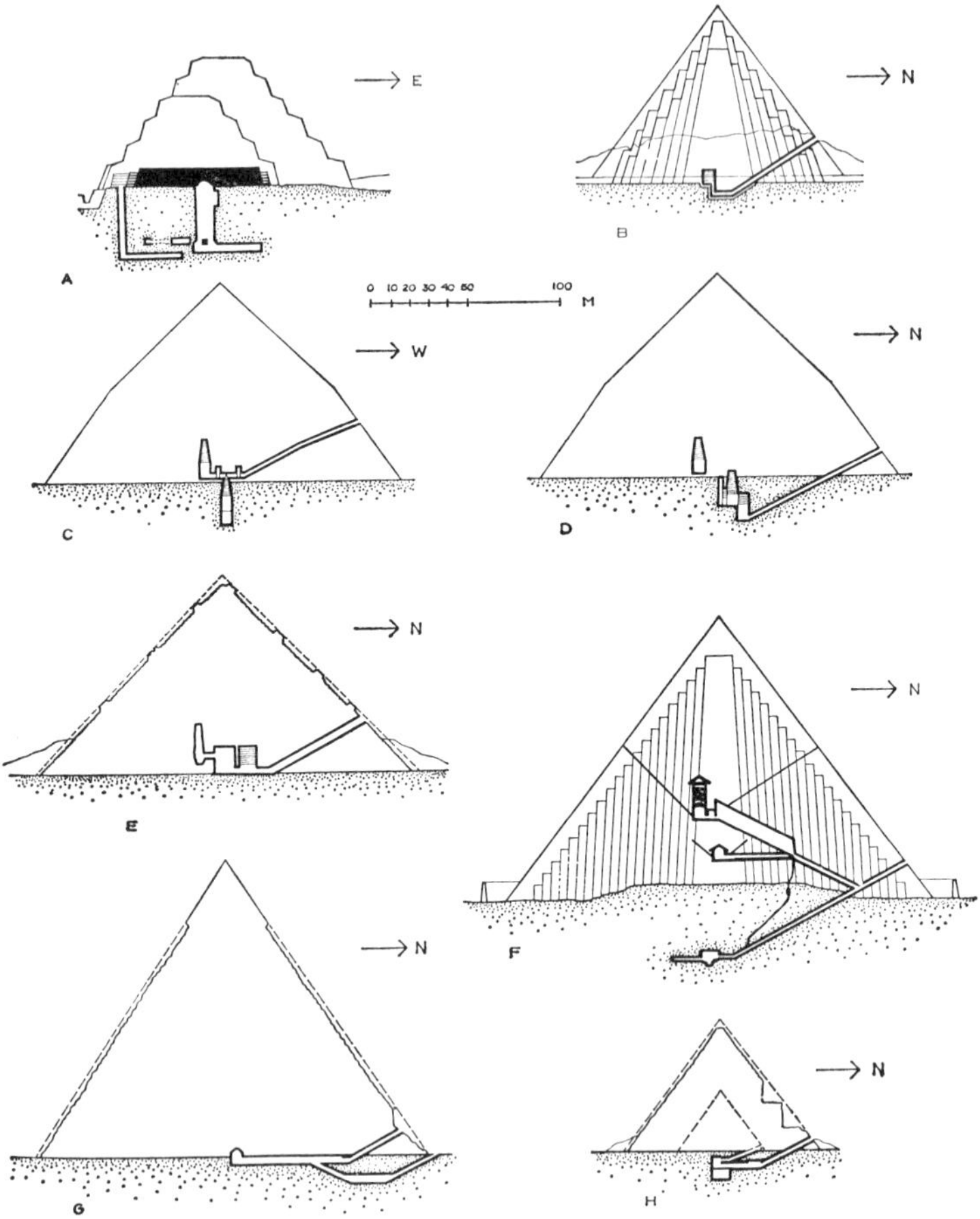

古王国の七基の大型ピラミッドの断面図．同一規準に基づいて作成．Ⓐサッカラのジョセルの階段ピラミッド．連続建築の段階を示している（第9図を参照のこと）．Ⓑ崩壊したメイドムのピラミッド．ピートリによる三建築段階の復原図を示している（第16図を参照のこと）．Ⓒと Ⓓダハシュルの「屈折」(南の) ピラミッド．Ⓔダハシュルの「赤い」(北の) ピラミッド．Ⓕギザのクフのピラミッド．ボルヒャルトの推測による内面控え壁の図．Ⓖギザのカフラのピラミッド．Ⓗギザのメンカウラのピラミッド．

スタバ」と呼ばれている。マスタバとはアラブ人が家の前に置くベンチを指すアラブ語である。ジョセルのマスタバは、初めて建てられた大きな石の構造物であり、幅五四五メートル、奥行き二七七メートルの広い長方形の、大ざっぱに南北の軸線をもつ中庭の中央に立っていた。中庭は高さ十・五メートルの石灰岩の壁にかこまれていた。壁は、先行する二王朝の埋葬宮殿の正面と似て、凹みパネルをそなえていた。したがって、そこには初期王墓との類似が存在する。ジョセルのマスタバは古代の埋葬マウンドに代るものであり、いっぽうその囲壁はパネルをつけた墓の壁をたぶん想い出させるものである。

ピラミッド複合の中心的特性であるマスタバは五回を下らない変更を経験した。それぞれの変更は原計画を拡大することであり、結局、われわれが今日見るように六段のピラミッドという形で頂点に達した。これらの設計変更は石盗人の侵入によってわれわれに明らかにされている。なぜなら、石盗人は内部構造の一部を、とりわけ隅と最低段で露出したままに残したからだ。しばらくの間、最初のマスタバは記念建造物の最終形態とみなされたにちがいない。なぜなら、ツーラの上質石灰岩でできたその壁は入念に立てられ、配列されているからだ。最初の変更は、すべての方向に三メートルずつ規模を大きくすることであった。これに次の拡張がつづき、東がわだけが八・五メートル拡張された。これより前に、深さ三十三メートルの十一本の穴が岩の中に掘られ、それぞれの穴の底に長い水平の通廊がつくられた。ピラミッドの下で岩の中にのびている通廊はたぶんジョセルの血縁者の墓であった。しかし、全部とはいえないにせよ、ほとんどは古代において盗人に荒された。通廊の一つで、二つのアラバスター製の石棺が発見された。一つは子供のミイラをおさめており、他は空っぽであった。マス初期二王朝の大量の石製容器が発見されたのは、これらの深い地下通廊の中においてであった。

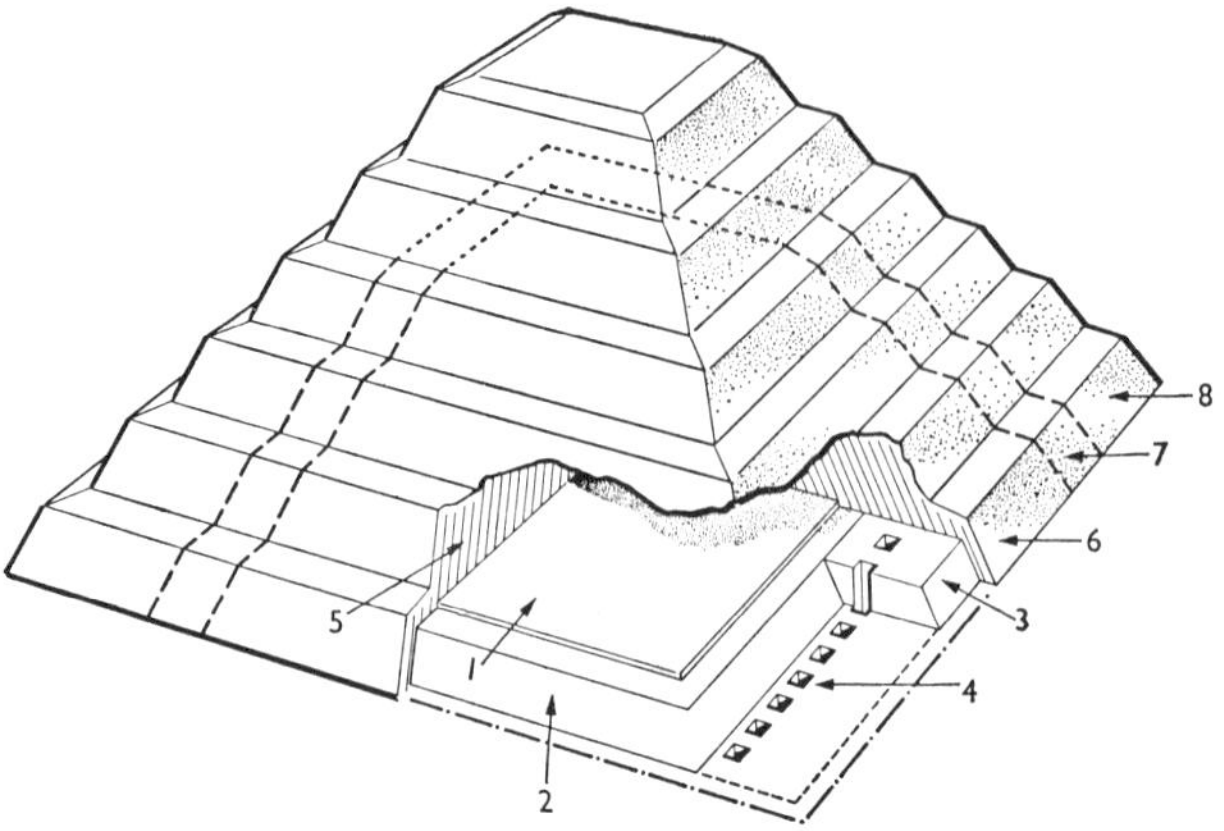

ジョセルのピラミッドの等角断面図．最初のマスタバの三建築階段(1,2,3)，副次墓に通ずる竪坑(4)，上乗せされたピラミッド構造物の内部控え壁(5)を示す．四段の最初のピラミッド(6)は，まず北と西に拡張され(7)，ついで六段の高さにまで(8)拡張され，増高された．

タバが東に拡張されたことによって、これらの穴の口は閉された。したがってこの拡張の意図は、これらの従属的な墓を区分するマスタバをつくることであったかもしれない。こうして穴が接近不能となったのち、狭い階段と地下連絡路が墓に通ずるようにつくられた。しかし、これがジョセルの時代になされたか、後代の侵入者によってなされたかは、明らかでない。

とはいえ、新たな拡張用石材がすべて仕上げられないうち、次の変更がはじめられた。長く延ばされたマスタバはまずすべての方向に、さらに三メートルのばされた。そのとき、まったく新しい型の構造物が新しい基礎の上にできあがった。それは四段から成るピラミッドであり、その高さは約四〇メートルに達した。それは囲壁をこえて外部を見わたし、全メンフィスの中でそびえ立つ極めて壮大な建造物であった。とはいえ、そのあとなおも加わってゆくものがあった。次の動きは四段のピラミッドを北と西に向って拡張することであり、ついにピラミッドは幅一二五メートル、奥行き一一〇メートルの面積をおおった。この拡張は単に中間的建築段階であり、高さ六〇メートルの六段ピラミッドという最終形態に向っての準備であった。四段のピラミッドを六段のピラミッドに改変することによって、使用石材量は二〇万トンから八十五万トンに上った。実際、最初の小さな変更のあと、イムホテプの計画の一つ一つは前よりも野心的なものとなっていったのである。作業が進むにつれて、彼は手段を使い果すどころか、つねに増大する労働力を指揮することができた。ジョセルのピラミッドはまるで、上が下より小さい六個のマスタバを積み重ねたようにみえる。階段ピラミッドの様相が一般に与える印象はまさにこのようなものであるが、その建築はまったく異なった建築上の原理に基づいていた。最初のマスタバは平らな石細工ででききているが、階段ピラミッドは急角度の控え壁という付加物から成りたっており、その角度は内がわに向って七十五度である。これらの控え壁の高さはピラミッドの外がわで次々と減っているので、全体の構造を階段状の外観としている。この基本設計は明らかにそのあとのすべてのピラミッドで繰返されているのであるが、この基本設計に初めて気づいたのは一八三七年に階段ピラミッドを調査したペリングであった。彼は階段ピラミッドに上って、この建造形式を発見したのである。しかし彼の図形にも彼のあとの図形にも、建造物の内部の核もまた同じ方式で建てなければならなかったという明白な結論は示されていなかった。この設計のもたらす安定した効果はあとで詳しく論ずることにしよう。その安定した効果は、高くして同時に安全な建物をつくりあげたイムホテプの天才を証明するのである。

周囲の庭はいくつかの大きな建物をおさめている。とはいえ、それらはすべて堅固な見せかけであり、たぶんファラオが在世中に住んだ宮殿の写しである。それらはホルアハよりずっと前に確立された習慣（すでにわれわれはそれを見た）に明らかに従っている。囲壁内の他の構造物は王が三十年祭すなわちヘブセドの祭りを祝うために使った儀式用中庭であるようにみえる。北がわでピラミッドに接しているのは葬祭神殿である。今では著しく損壊しているが、この神殿のセルダブ（アラブ語で地下室の意）から有名な石灰岩のジョセル像が発見された。王は経帷子のような外衣をまとい、手と足だけを出し、腰かけた姿で示されている。この外衣は、ヘブセドの儀式のさいに儀式としての死のためにまとった衣服であったかもしれない。とはいえ、最も神秘的な特徴は囲壁の南端の大きなマスタバである。それは、岩の中に掘られた深さ三〇メートル以上の穴の底にある二番目の墓をおおっている。その設計は、傾斜トンネルの道をもふくめて、ピラミッドの下の墓に非常に似ている。ここでもまた、通廊は墓室につながっており、ジョセルを示すレリーフと青いタイルでおおわれた壁もまたそこにある。この南室もまた古代に荒されたのであるが、盗人は主要な穴の場合ほどには損害を与えなかった。とりわけ、埋葬室は無傷で発見され、そこには、下の墓への入口を塞ぐことのできる大きな花崗岩の栓もあった。この墓はまたしても紅花崗岩の室であり空っぽであったが、おどろきを与えた。それは長さわずか一・六メートルであり、伸びた形の人体をおさめることはできなかったはずである。さらに、その人体は幅八〇センチ、高さ四〇センチの穴を通して運びこまねばならなかったはずである。もし何かがこの室に埋葬されたとしても、それが何であるかということは推測の問題である。しかしそれはたぶん王の内臓をおさめていたであろう。

ピラミッド複合の全建造物は近くで切りだされた現地の石灰岩でつくられている。しかし、外装はナイルの対岸ツーラから切りだした上質白色石灰岩でできている。石灰岩の外装石材は設計されなく

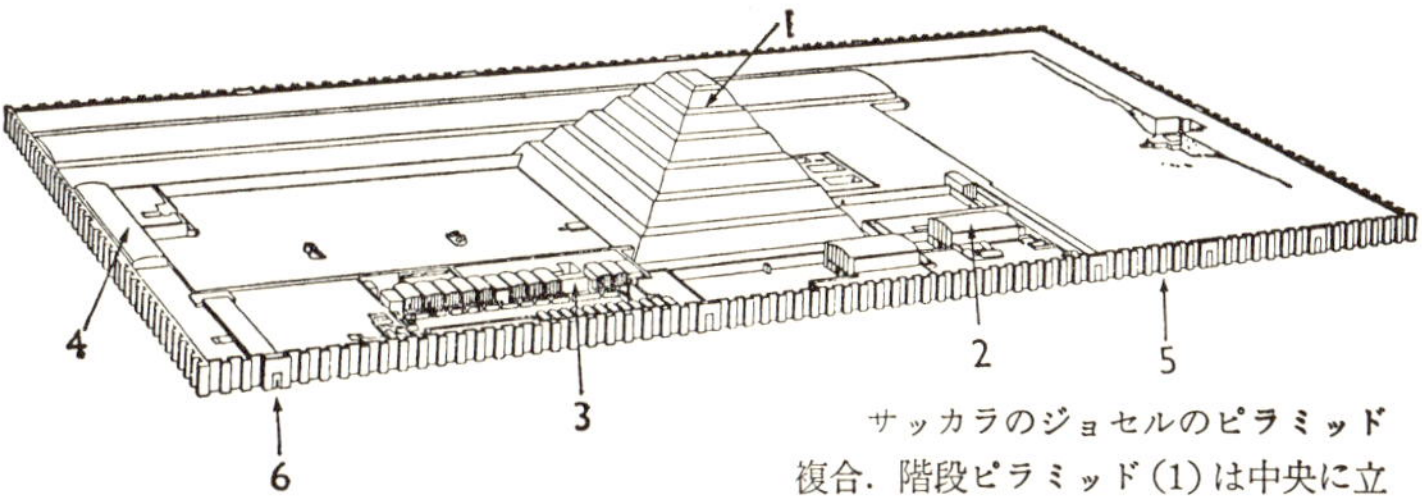

サッカラのジョセルのピラミッド複合．階段ピラミッド(1)は中央に立ち，東には見せかけの王宮建造物(2)とヘブセドの庭がある．南の墓(4)は神域囲壁(5)に接しており，その門はただ一つ(6)を除いて，これまた見せかけである．

てはならないだけではなく、入念に接合しなければならなかった。このようにして処理しなければならない面積が七万平方メートルに達したことを思えば、それはおどろくべき仕事であった。この古代の物語の多くはさいきん数十年のあいだにC・M・ファース、J・E・キベル、とりわけJ・P・ロエールによって復原された。彼らはエジプト考古局のためにジョセルの階段ピラミッド複合の多くを調査し復原した。

　多くの年月のあいだ、主として空中写真を通じて、ジョセルのものに似た囲壁をもつ別の区域が階段ピラミッド付近の砂の下に埋まったままであることが知られていた。一九五一年、考古局はこの区域の発掘の課題をサッカラ地区管理官ザカリア・ゴネイムに与えた。彼の作業はパネル形式の囲壁の存在を証明したばかりではなく、その中央に階段ピラミッドの残りがあることもまた証明した。石盗人だけではなく、後のピラミッド時代の建築家たちもまたこれらの構造物の中に荒っぽい侵入をしたようにみえる。他方、エジプト学者はこの種の掠奪が大建造物に与えた損害を過大に見積もる傾向にあった。簡単な数字的見積りをするだけで、ピラミッドの石材を再使用するためにピラミッド全体を奪うことはほとんど不可能であることがわかる。

ゴネイムによって発見されたようなピラミッドの場合、五〇万トン以上の石を移動したことになろう。これらの石を使って建てたはずの別の大建造物が近くに発見されないかぎり、石盗みということは説得力をもたない説明となる。ピラミッドは一度として完成されなかった、ということのほうが、よりありそうなことである。

このことは、いま話しているピラミッドの場合にはまぎれもなく正しい。ピラミッド区域で砂が清掃されたとき、一二〇平方メートルの、しかし高さはわずか七メートルの、構造物が発見されたのである。実際、ピラミッドが非常な高さまで建てられたことはありそうにないことにみえる。他方、建造物の未完の状態は設計と建造法についての深い洞察力を物語っている。中央マスタバについてのしるしは何ひとつない。建造物全体は、ジョセルの建造物の後の段階に似て、同一中心に対する控え壁をもつ階段ピラミッドとして最初から建てられた。これほど初期の建造でさえも、すべての控え壁が存在するという事実は、ピラミッドを外がわから作り、同時に全体の構造を次第に高めていったのであって、段階的に控え壁の増加をしたのでないことを示している。いいかえれば、建造中に、建物はつねに水平頂上をもつ、切り縮めた形のピラミッドの様相を呈したにちがいない。発掘者はまた作業区域に通ずる広い建築用斜面を発見した。その基底部の規模は、たぶん七段の、高さ約七〇メートルのピラミッドが意図されたことを示唆する。下部構造は、穴がないということで、ジョセルの場合とはちがっている。そのかわり、ピラミッドの中心の下に、岩の中の深さ約三〇メートルのところにつくられた墓がある。通路は傾斜トンネルであり、トンネルの入口はピラミッドの北にある。

下部構造から発見された壺の封印から、ファラオの名はセケムケトであるとゴネイムは決定した。このファラオは明らかにジョセルの後継者であり、アビドスの聖刻文字の王名表が六年の在位期間を

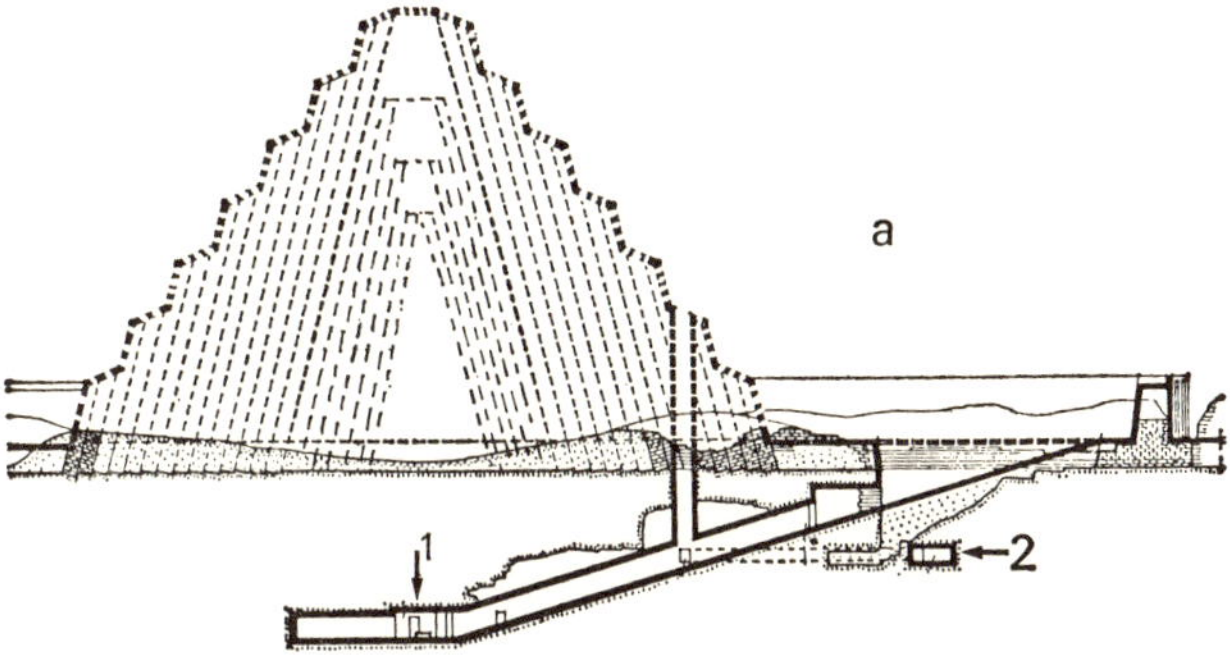

サッカラのセケムケトの未完成ピラミッドの断面図(a)と平面図(b).
(a)の点線は設計された構造として考えられる形を示す．墓室（1）は封印があって空っぽの石棺をおさめていた．墓室は広い倉庫（2）と同様に岩盤の中に掘られた．墓室の基底部は約120平方メートルで，高さは約7メートルであった．（エドワーズによる）

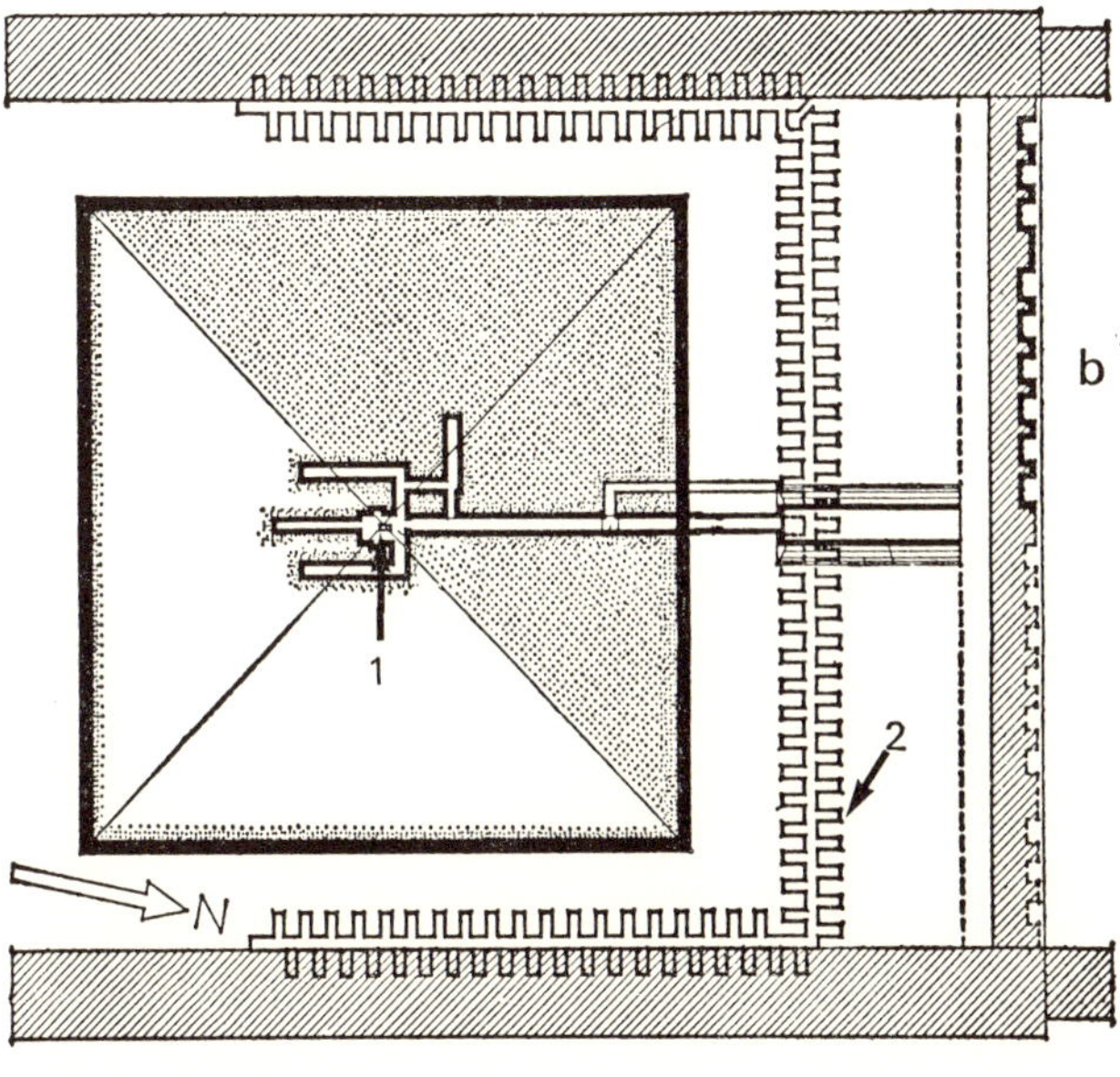

与えているジョセルテティという名の王と同一であるかもしれない。垂直の穴によってトンネルに落す落し格子のしるしはなかったが、ゴネイムは、トンネルが古代の石細工によって閉されていて、そのまま残っているのを発見した。この石細工を取り除くと、粗雑につくられた墓室が異例の設計の石棺をおさめているのがわかった。それはただ一個のアラバスターに掘ってつくられた石棺であり、蓋のかわりに一方の端に開閉口があった。開閉口は、これまたアラバスター製の辷り扉で塞がれ、接着剤で封印してあり、開かれた跡はなかった。一九五四年五月にこの辷り扉がもちあげられるときの昂奮は大きかった。しかしそれは失望に変ったにすぎなかった。なぜなら、石棺は完全に空っぽである

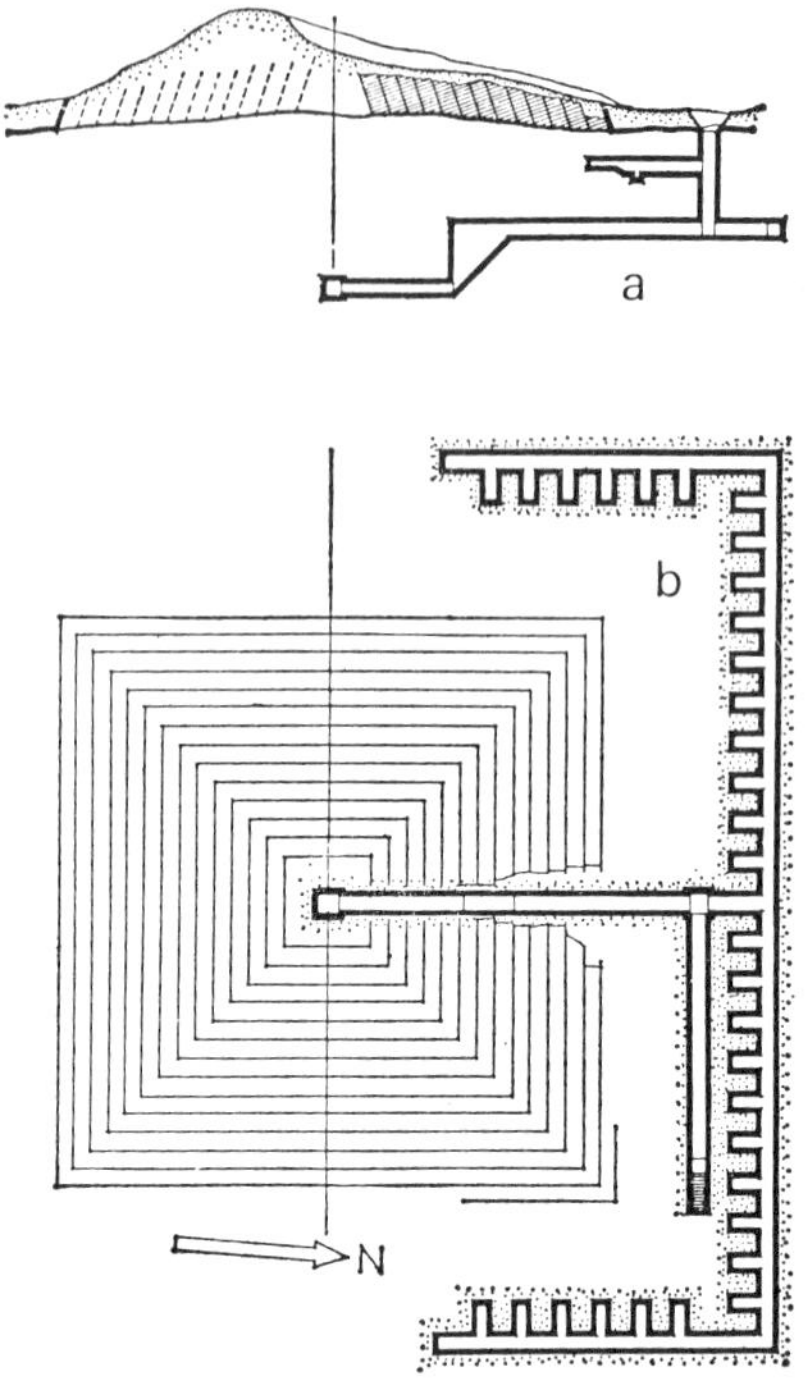

ザウィエト・エル・アリアンのカバの未完成ピラミッドの断面と平面図.
地下墓室は空っぽで発見された. 基底部は約83平方メートルである.
(エドワーズによる)

ことが明らかになったからだ。

墓室からいくつかの通路が出ていたが、いずれもこれまた未完であり空っぽであった。しかし、少量の金の装身具が入口の通路で発見された。傾斜トンネルの中ほどのところで、一本の通路が長いU型の回廊につながっていて、回廊には扉のない一三二の小室倉庫があった。その中のいくつかは石の器をおさめていた。

第三のピラミッドは一八四〇年にレプシウスによって、そこから三〇マイル北の、ザウィエト・エル・アリアンで発見された。その遺跡は一九〇〇年にバルサンチによって考古局のために発掘されたことがあり、ついで十年後に再びライスナーによってボストン美術館のために発掘されている。このピラミッドの建造は明らかに初期の段階で放棄されたのであるが、ピラミッドはあらゆる点でセケムケトのピラミッドに似ている。とはいえ、このピラミッドのほうが小さく、わずか八十三メートル平方にすぎない。建造者は岩の中に入口通路と倉庫と墓室を掘った。しかし墓室は石棺をおさめていなかった。周囲のマスタバ墳墓の証拠の示すところによれば、ピラミッドはアビドス王名表でカバと呼ばれている王のものであった。この王はセケムケトの後継者であり、彼もまたわずか六年間しか在位しなかった。

個々のピラミッドの位置について大して注意は払われなかった。サッカラにあるジョセルとその後継者セケムケトのピラミッドは説明を要しない。それらは首都メンフィスの隣接地に建てられ、西の地平線を飾った。同じことは、二〇マイル北のカバの建造物についてはほとんどいえない。また、同じことは、メンフィスの上流ほとんど四〇マイルのメイドムに位置する次のピラミッドについては、もちろんいえない。ピラミッドはすべて王の宮殿の近くに建てられ、王はその永遠の家の拡大してゆくのを監督し、歓びをもって眺めることができた、というのが一般的な考え方である。まことに、それはそうであったかもしれない。他方、いかなる大型ピラミッドの建造地点においても、五〇〇〇人ないし一万人の恒常的な石工の労働力と五万人ないしそれ以上の未熟練の季節的労働力があったこと、彼らの正常な新陳代謝は衛生上の問題を生じたにちがいないことを、想起しなければならない。実際、メンフィスでそのあと大型ピラミッドが建てられなかったこと、大型ピラミッドはすべて首都からずっと離れたところに建てられたことは、興味ふかい。

メイドムにある次のピラミッドはジョセルのピラミッドより大きい。今日それは、大量の瓦礫の中にそびえる方形の大きな塔の様相を呈している。著しく損壊しているのはこのピラミッドだけであり、これを初めて調査したフリンダーズ・ピートリはこの惨状を石盗人のせいにした。本書でやがて論じられる全問題の鍵を提供するのは、このピラミッドである。ここでは、このピラミッドはドイツのエジプト学者ボルヒャルトがみごとに分析したように三段階の連続建築を経験した、ということを述べるにとどめよう。第一段階はジョセルのピラミッドのような階段ピラミッドであり、たぶん七段の、高さ約六〇メートルのものであった。その上に、たぶん八段をもつ第二の階段ピラミッドが上乗せされた。こうしてピラミッドの高さは八〇メートルになった。これらの段階のそれぞれは、しばらくのあいだ、最終形態として意図された。なぜなら各段階の外壁は、設計され、仕上げられたツーラの石灰岩でつくられているからだ。建築の第三段階で全構造物は滑らかな外装でおおわれた。それは建物を最初の純正ピラミッドに変えるためであった。建造物の基礎部で瓦礫を発掘した結果、この外装の下部が今もなお残っていることが明らかになった。そのピラミッドは五十二度の勾配をもっており、この角度はそのあとのほとんどすべてのピラミッドで繰り返される。

いくつかの重要な点でメイドゥムのピラミッドはそれ以前のピラミッドとはちがっている。墓室は穴の底にではなくて、ピラミッド自体の基底部に位置している。ピラミッドへの入口通路は、ピラミッド本体の中を二十八度の角度で、望遠鏡のように天の極点を指している低く狭い通路である。この特徴がすでに建造の第一段階で具体化されたということ、それが建造物の形を純正ピラミッドに変えるよりずっと前のことであるということは、意味ふかい。小さな墓室は上からの重さに耐えるための持出しの屋根をそなえている。その墓室に石棺はなかった。囲壁もまたそれ以前の型とはちがっていて、ずっと小さく、いかなる中庭をも囲んではいない。囲壁の区域内に、主建造物の近くに、今では非常に損壊した小さな従属ピラミッドが立っている。そのピラミッドの東がわに接して小さな死者神殿があり、そこから長い道がナイルに通じている。その低い末端に、河岸建造物が立っていたのであるが、今日では泥の中に沈んで消えた。この河岸建造物は、船によってピラミッド複合に参入することを、少なくとも氾濫期のあいだ可能とした。極点を指向する参入路、小さな囲壁、河に通ずる道をもつ死者神殿という形式は、そのあとのすべての大型ピラミッドにおいて繰り返えされた。それらの大型ピラミッドは、方位に非常に正確に沿っている点でメイドゥムのピラミッドと共通している。

建物の激烈な形状変化と、全ピラミッド複合の配置と性格の基礎にある同様に新しい観念とは、ファラオの死後の世界に関する信仰にある深い変化が生じたことを示唆している。どの程度まで、これらの変化が王の果たす宗教・政治上の役割を反映しているかは、推測の域にとどまる。ブリティシュ・ミュゼアムのI・E・S・エドワーズ博士はエジプトのピラミッドに関する最大権威の一人であるが、その彼は建物の形状は太陽光線によってつくりだされる顕著な光景と結びついているかもしれないと説いた。それは、珍しい豪雨ののちに雲を破って来る太陽光線が巨大な天空ピラミッドをつくる

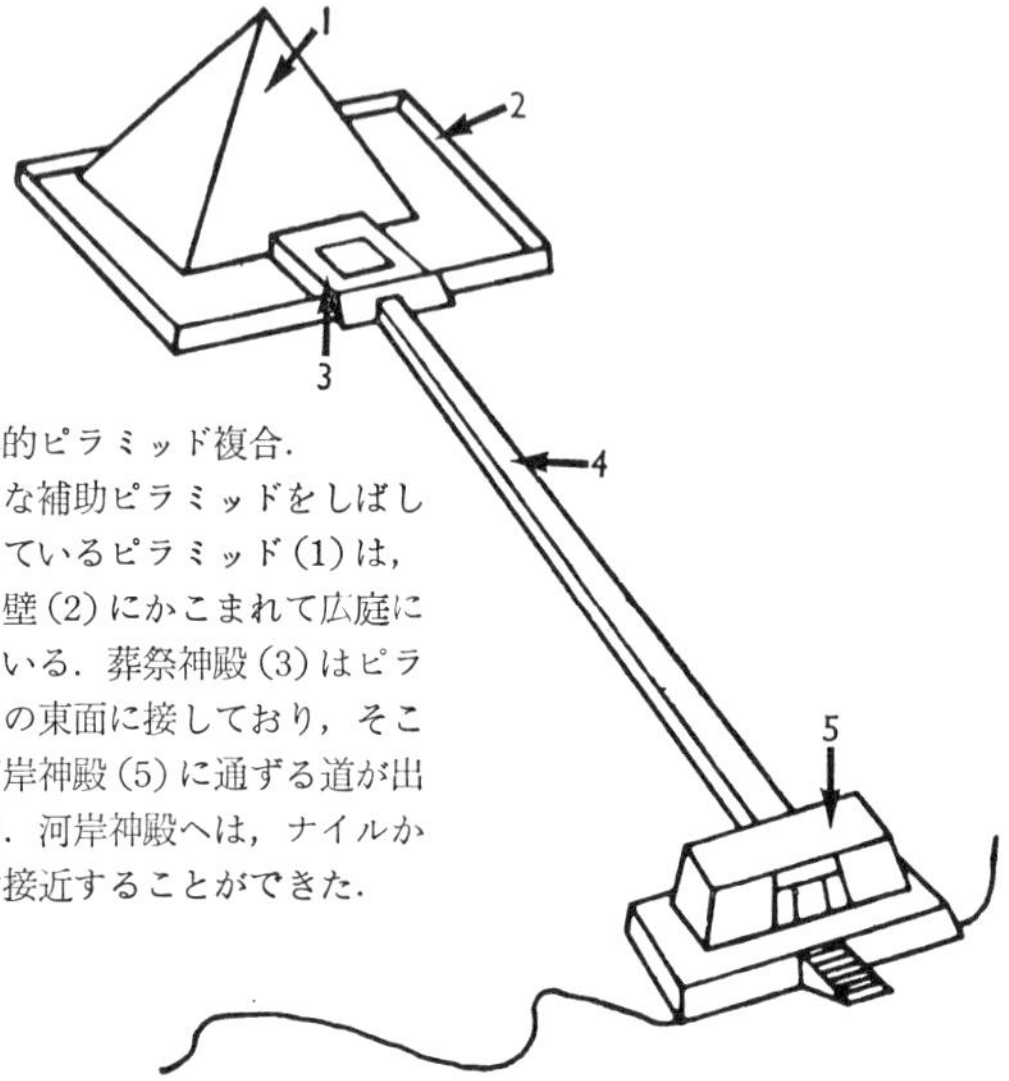

古典的ピラミッド複合.
小さな補助ピラミッドをしばしば伴っているピラミッド(1)は，神域囲壁(2)にかこまれて広庭に立っている．葬祭神殿(3)はピラミッドの東面に接しており，そこから河岸神殿(5)に通ずる道が出ている．河岸神殿へは，ナイルから船で接近することができた．

ときに生ずる、と彼は説いた。実際、この現象は、ヘリオポリスの太陽神殿で崇拝された聖円錐柱「ベンベン」の起源であるかもしれない。変化はまたヘリオポリスの祭司がエジプトにおいて主要政治勢力として優位をもったことと一致して始まったようにみえる。彼らがファラオの力をおさえる支配力を確定的にもつこととなったのは第五王朝の時代においてである。すでに第四王朝の時代に、死せるファラオは太陽神の同伴者とみなされていた。ファラオは天空をわたる日々の旅で太陽に同伴するのであった。同様に、決して沈むことのない極星とファラオとの結びつきは、墓の入口通廊の方向によって強調された。その方向は極星と墓をつなぐのであった。

大型ピラミッドは他にメイドムで築かれなかった。次の二つの石造ピラミッドはサッカラの南数マイルのダハシュルにある。

二つのうち南のほうのピラミッドがはじめに築かれたことは、今日知られている。一九〇メートル平方の面積をおおうこのピラミッドは、ジョセルのピラミッドよりも、メイドムのピラミッドよりも、はるかに大きい。下部は約五十四度の角度であるが、意図された高さの三分の一のところで角度は減らされて四十三度半となった。この菱形の形状（それゆえにこのピラミッドは「屈折ピラミッド」という名を得た）は意図された本来の高さ一三五メートルをわずか一〇一メートルに減らしている。多くの点で、屈折ピラミッドの形状はピラミッド建造の目的に関するわれわれの研究の本質的部分を形成している。それゆえ、われわれはしばらくのあいだ説明を留保しなければ

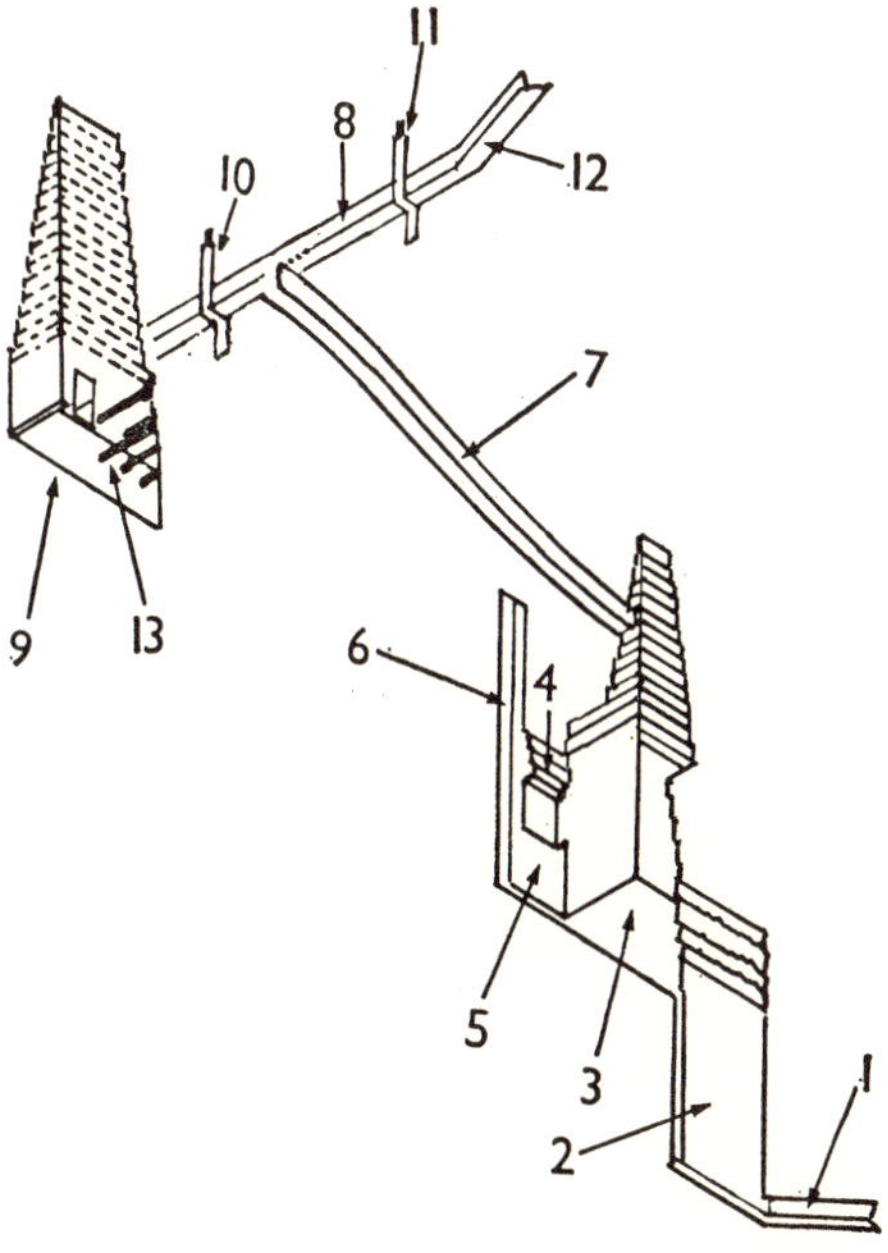

屈折ピラミッドの室と通廊を示す等角断面図。
極指向の参入通廊（ここには示されていない）から水平通廊(1)が始まって狭く高い参入室(2)に達する。参入室は直接に下部の室(3)と結びついている。二本の通廊（4と5）は行止まりの竪坑(6)に通じている。下部の室の上から曲った上昇通廊があり、水平通廊(8)につながっている。水平通廊の末端は上部の室(9)に結びついている。水平通廊は二個の落し格子(10と11)でさえぎられているが、その他方の末端は曲って西の参入通廊(12)にはいっている。参入通廊(2)と同じような上部の室の屋根はいくつかの杉桁をおさめている。五十頁参照のこと。

ならない。

屈折ピラミッドについて多くのことがすでにペリングによって記された。しかしさらに多くの研究が最近数年間にわたってアハメド・ファクリによってなされた。エジプト考古局のための彼の調査はいくつかの価値ある新発見をもたらした。極星を指す参入通廊は持出しの屋根をもつ二つの内部の室に、廊下と落し格子の奇妙な方法によって結びついている。この方法は二つの室のどちらかを、まだ他の室があいているときでも、永久に閉じることができることを示唆する。さらにまた、下の室にはいる極星指向の通廊がある一方で、別の通廊は上の室とピラミッド西面の高所を結びつけている。このユニークな特徴についていかなる説明も今までなされていない。しかし、人はそれがジョセルの二つの墓に似ていないかどうかを問うかもしれない。ジョセルの場合、一つは北向きの通廊をもつピラミッド下の墓であり、南のマスタバの中の墓は西を向いている。屈折ピラミッドのいずれの室からも石棺は発見されなかった。しかし、上の室は、今なおよい保存状態の五枚の水平の杉桁をおさめている。ピラミッドの大きさは初期のピラミッドと比べてみると印象的な前進をしている。サッカラのピラミッドの一〇〇万トンの石、メイドムのピラミッドの一五〇万トンの石と比べてみると、屈折ピラミッドの場合は三五〇万トンの石なのである。

メイドムのピラミッドのように、屈折ピラミッドは東面に小さな死者神殿をもっている。一本の道が、ファクリによって発掘された河岸建造物に通じている。河岸建造物が非常に美しいレリーフのフリーズで飾られているのを、彼は発見した。描かれている人物はさまざまのノモスをあらわす供物奉持女である。

次に建てられたピラミッドは屈折ピラミッドの北方一マイル以下のところに立っている。その高さは大ざっぱにいって屈折ピラミッドと同じであるが、全体は四十三度半の勾配で、すなわち屈折ピラミッドの上部の角度で建てられた。もちろんこのことは、それの占めた面積すなわち二二〇メートル平方とその容積がいくらか屈折ピラミッドを越えていることを示す。完全なピラミッド形状で保存されているものとして、それは最古のものである。しかし、浅い角度で高くなっているために、それはむしろずんぐりしたものにみえ、もっとよく知られているギザの後続ピラミッドよりも印象度は弱い。そのむしろ穏《おだ》やかな勾配のせいで、石盗人はより容易にこのピラミッドに接近することができた。表装のすべての石灰岩は消え去り、南の隣接ピラミッドよりも濃い色を示している。そのため、このピラミッドは「赤いピラミッド」という名を得ている。考古学者はこのピラミッドに対して、他のいかなるピラミッドに対するよりも少ない関心を示した。こうして存在するかもしれない従属建造物と道は砂の下に今もなお埋まったままである。

他方、このピラミッドの内部の構造はよく知られている。最初の叙述者はペリングである。ついで、フリンダーズ・ピートリは、その入口通廊に這ってはいり、内部に野獣の巣窟のしるしを発見したとき調査の意思を捨て、賢明にも引きあげた。しかし、一九四七年、ついにファクリが進入し清掃した。入口通廊はまたしても天の極点を指し、三つの連続する室に通じている。第三の室は最大であり、その長さは九メートル半、幅はわずかに四メートルをこえている。三つの室はすべて持出し屋根をそなえており、最大の屋根の高さは十五メートルに達している。屈折ピラミッドの下の室の場合と同じように、屋根をふく石材は入念に仕上げられ、切られている。

以上の三つのピラミッドに王の名をわれわれが付けなかった理由は、ピラミッドの主は過去において著しく疑問であったこと、現在でさえもなお明らかであるのとは程遠いことにある。アビドス王名表は第三王朝をフニという名の王で終っている。この王については、彼が先王セケムケトやカバよりもはるかに長く二十四年間にわたって在位したとみなされているということ以外には、何ひとつ知られていない。彼の後継王スネフルは次の王朝すなわち第四王朝の創始者として同じ王名表に記されている。この新しい王朝はクフ、カフラ、メンカウラというようなよく知られている王をふくんでいるのであるが、大型の石造ピラミッドはすべてこの王朝の時代に建造された。ついに来たこの王朝の衰退とともにピラミッド時代そのものもまた終末に来た。継承がつねに女性を通じてなされていたという事実のために、第四王朝の、あるいは他のいかなるエジプト王朝の家族の歴史も、われわれ自身の父系規準からすれば、いささか混みいった事柄である。それは、第二王妃または内縁から生れた息子の王位獲得への願望によって、さらに複雑になった。ライスナーとスミスは他の学者たちと同様に、この時代の系図を確定しようとしたとき、かなりの苦労をしなければならなかった。四〇〇〇年以上も後になっては、広大にして複雑な王家のハレムのすべての秘密を探し出すということは、もちろん不可能である。とりわけ、同じ女性の名が連続する世代にあらわれるからである。これらすべての不確定要素にもかかわらず、第四王朝の表を示すのは正当であるとわれわれは考える。なぜなら、それは、ピラミッド建造者が互いに位置しあっている関係状況を理解することで、読者を助けるかもしれないからだ。

フニはメイドムのピラミッドの建造者であったかもしれない。あるいは少なくとも、その初期の階段形状の建造者であったかもしれない。しかし彼の名はピラミッド内のいかなるところにも発見されなかった。他方、メイドムのピラミッドの死者神殿の後世の落書きは明瞭にこれをスネフルのものとしている。さらにまた、幾人かのスネフルの宮廷人がメイドムで埋葬された。「赤いピラミッド」のそばで発見された刻文は「スネフルの二つのピラミッド」について言及している。そこで、初めはスネフルの他のピラミッドはメイドムのピラミッドであるにちがいない、と考えられた。しかし、屈折ピラミッドにおける最近の研究は屈折ピラミッドもまた決定的にスネフルに属したことを示している。それゆえ、われわれはアラン・ガーディナー卿が言ったような「スネフルは三つのピラミッドを持ったという味のわるい結論」に直面することとなる。すべての第四王朝のピラミッドは極星指向の参入通廊によって顕著に特徴づけられているので、もしわれわれがフニをメイドムの初期段階の建造者として名指そうと望むならば、この極星指向の参入通廊という特徴がすでに最初の階段構造の中に具体化されているという付加的な難点に直面する。どの立場で問題を見るにせよ、われわれは、この時代に建造された大型ピラミッドの数がそれらを建造したはずのファラオの数よりも多いという事実から離れることはできない。

新しい王朝の出発は、系図表からみられるように、スネフルはフニの大王妃の息子ではなかったという事実に明らかに由来する。しかし、彼は明らかに大王妃の娘ヘテプヘレスと結婚することによって王位請求権を合法化した。ライスナーによって発見されたヘテプヘレスの副葬品の上に、彼女は「神の娘」ならびに「王の母」として叙述されている。そこにいう「王」とはクフであり、彼はヘロドトスのギリシャ化された呼称ケオプスによってよりよく知られている。クフの王位請求権は明らかに妹メリティエテスとの結婚によって確立された。メリティエテスは王家の血統者であり王権の継承者であった。クフはメンフィスの北方二〇マイルのところ、ギザに、全ピラミッド中の最大のものを建てた。

クフの建造物の最も顕著な特性は、その先輩であるダハシュルの赤いピラミッドと比べてみると、五十二度の勾配に戻ったという点にある。クフの建造物はまた二三〇メートル平方というより広大な面積を占め、大ざっぱにいって六五〇万トンの石灰岩からできている。ほとんど一五〇メートルの高さに達しているこの建造物は、そびえ立つ単純さによって印象を与える。それはつねに世界七不思議の筆頭とみなされてきた。この段階では、われわれはそれを建造するために要した作業にも、建造方法にも触れないであろう。それらは後で論ぜられなくてはならない。しかし、ここでわれわれは二つの興味ふかい特性に言及しておかねばならない。その一つは、建造物の幾何学的形状と関係するものであり、他の一つはその内部特徴のユニークな配置と関係している。

勾配五十二度（正確にいえば五十一度五十二分）のピラミッドには、その高さと基底四辺の長さの比は半径と円周の比に等しいというユニークな幾何学的特性がある。この比は$\frac{1}{2\pi}$であり、πは超越数三・一四一……である。クフのピラミッドは全ピラミッドのうち最も入念につくられている。基礎部の正確な実測は、比率が$\frac{1}{1000}$以下の誤差で正しく守られていることを証明した。確かにこれは偶然の一致として見過ごすのには余りに正確すぎる。そこで多くの理論が、しばしば神意をもち出して、このおどろくべき数字上の事実の上に組みたてられた。比較的簡単な一解答（次の章でこれに触れる）は竜頭蛇尾であるものを示し、そのことによってわれわれは、大ピラミッドを、基礎数学上の真実をあらわす巨大石造記念碑とみなす必要から免除される。

クフのピラミッドの通廊と墓室の配置は三つの段階を経てできたようにみえる。建造物北面の習慣的な極星指向入口通廊はまず石組みの中を通り、ついでピラミッド下の岩盤の中へつづいて進む。ピラミッド頂点直下の、岩盤の中に掘られた室で、通廊はおわっている。この室の不規則な形と粗雑な仕上げは、それが完成より前に捨てられたことを示している。そのかわり、本来の下降通廊は入口か

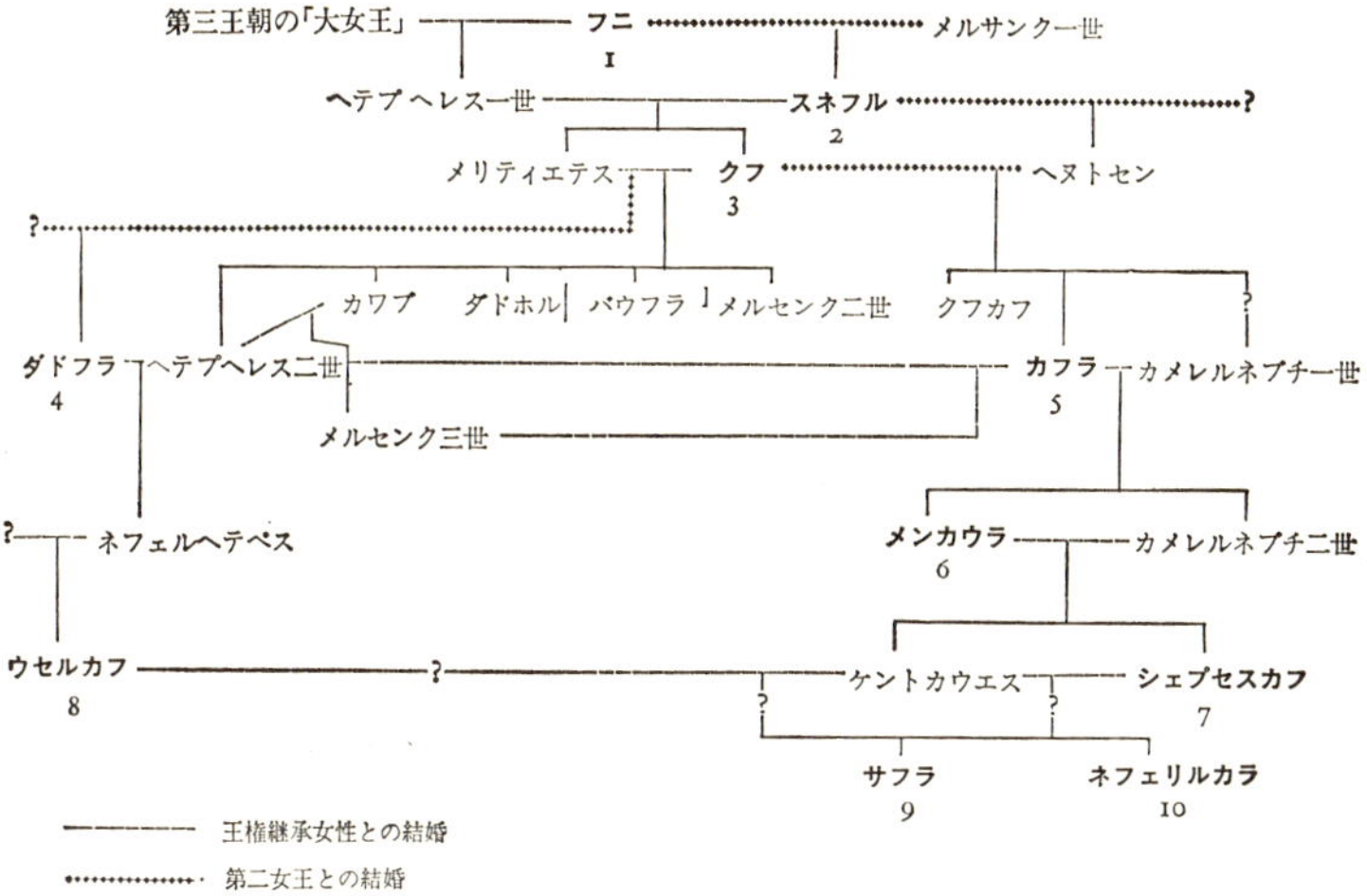

統治王の名は太字で示してある．数字は統治の順序を示す．

表2　第四王朝家系図（試案）

ら約二〇メートルのところでとまり、同じ角度で上昇する通廊がピラミッドの石組みの中を進んだ。約四〇メートルのところで、上昇通廊は水平通廊と変り、第二の墓室に通じている。これはまたしてもピラミッド頂点直下にあり、基礎部から三〇メートルの高さのところにある。この室は何の正当性もなしに「王妃の間」と呼ばれているのであるが、これまた未完成の印象を与える。これはたぶん一度として使われたことはなかった。ついで、上昇通廊は水平通廊開始地点をこえて、ずっと広い形となって、進められた。それは、こんどは、磨かれた石灰岩でつくられた長さ四十七メートル、高さ約九メートルの上昇通廊とかわる。その壁面はわずかに持ちだしとなっており、一枚一枚の屋根板は壁の刻み目によって保たれている。印象的に天井の高いこの通廊は一般に「大通廊」と呼ばれ、長いあいだ祭式上の目的に奉仕したものと信じられたが、ついにフリンダーズ・ピートリは、その目的は一連の巨大な石灰岩切石を保管する場所であったということを発見した。これらの切石は、墓室が封印されることとなったとき、上昇通廊に落されたのである。通廊には、実際に、それらの切石の中の三個が今もなお原位置にある。

大通廊の上端の墓室はさらにまた三つの落し格子でまもられたが侵入者によって取り外された。今日「王の間」として知られているこの室は横十・五メートル、縦五・三メートル、高さ五・八メートルであり、全面に花崗岩がならべられている。中には、飾りのない、蓋なしの、長方形の石棺がある。それは、ピラミッド建造の進行中にその場所に置かれたにちがいない。なぜなら、入口通廊を通ってくるのには、それは余りに大きいからだ。王の間の屋根は花崗岩の平板でつくられ、五つの重量拡散空間によって上部の重量から護られている。この墓室が初めて侵されたのがいつであるかは不明である。なぜなら、下降通廊の屋根板が落ちて上昇通廊を閉ざしたのは、カリフ・マムンの部下が九世紀にピラミッドに穴をあけてはいったときであるからだ。残念なことに、アラブ人の同時代の報告は余りに空想的であって有効な情報を提供することはできない。

クフのピラミッドはきれいなマスタバの列と三つの小ピラミッドにかこまれている。これらのマスタバと小ピラミッドの中に彼の血縁者と高官が埋葬されたのであった。ライスナーが第四王朝の王家の歴史を再構成したのは主としてこれらの埋葬所によってであった。大ピラミッドのまわりにはまた幾つかの穴がある。それらはすべてすでに盗みにあっている。それゆえ、一九五四年に大ピラミッドの南がわの砂を取り除く作業によって、それぞれが長さ五メートルの、四十一枚の広い石灰岩の厚板の列が発見されたとき、大きな昂奮がかきたてられた。厚板がもちあげられたとき、すでに前章で記したように、解体された大型船の各部があらわれた。一つないし二つの船室をもっていたこの船の保存と復原の作業は今なお進行中である。

ギザの丘の次のピラミッドはカフラのピラミッドである（ヘロドトスはこの王をケフレンと呼んでいる）。しかしカフラはクフの直後の継承者ではなかった。たぶん、クフの死後に王家の内部に紛争が生じた。彼の真の継承者は長子カワブであったはずであり、そのためにカワブはすでに王家の女子継承者ヘテプヘレス二世と結婚していた。カワブは一個のマスタバに埋葬されたにすぎないということから、われわれは、彼の死が父の死よりも早かったこと、ダドフラという名の王子が即位したことを推定してよい。ダドフラはクフが第二王妃によってもうけた息子であり、ケンテテンカという名の女性と結婚していた。彼女はたぶんヘヌトセン王妃の娘であった。ダドフラはもちろん簒奪者とみなされなければならない。なぜなら、クフの死の時に、王妃メリティィエテスによって生れたクフの幾人かの息子がなお存命であったからだ。にもかかわらず、ダドフラはカワブの未亡人ヘテプヘレス二世と結婚することによって自らの王権を適法化しようと企てた。なぜならヘテプヘレス二世はこの世代における継承権保有者であったからだ。正統の王子であったのはダドフホルとバウフラであったが、ダドフホルとバウフラが、ときどき言われたように、非業の死をとげたかどうかは確かでない。いずれにせよ、ダドフラは明らかに父に対して忠誠をまもった。なぜなら彼の名がクフの船の穴の天井板の一枚に発見されたからだ。しかし、ダドフラがギザの墓地を避け、五マイル北のアブロアシュにピラミッドを築いたのは意味ふかいかもしれない。彼は、ナイルの谷から一五〇メートルも高い、急な斜面の岩盤の上に、奇妙に孤立した場所を選んだ。そこへ接近する難かしさを克服するために、彼は巨大な建築用斜面をつくった。それは長さ一マイルで、場所によっては周囲の地面より十二メートルも高く盛りあがっていた。ピラミッド自体が完成されたかどうかは不明である。なぜなら、ピラミッドは現代に至るまでもっぱら採石場として使われたからだ。その基礎構図は比較的地味な九十七メートル平方という規模を示している。これはジョセルのピラミッドに比べてさえも小さい規模である。今日残っている上部構造は高さ十二メートルにすぎない。広い穴の底に墓室がつくられていることは第三王朝で使われた形式に戻ったことを示すようにみえる。遺跡の全体は第四王朝の伝統と断絶する形を示している。このような断絶があったとしても、それは短期のものであった。ダドフラはわずか八年間在位したにすぎない。ついで王位はクフの別の息子カフラに移った。

ピラミッド建造の位置と壮大さにおいて、カフラは密接にクフの先例にならった。そのために、ダドフラの王位保有は不運な幕間とみなされたという印象が強められる。カフラはたぶんクフの第二王妃ヘヌトセンの息子であり、自らの妹カメレルネブチ一世と結婚した。しかし、彼の適法継承権は、彼がのちにクフの本来の皇太子カワブの未亡人およびダドフラの未亡人で女性継承権者のヘテプヘレス二世と結婚したばかりではなくヘテプヘレスの娘と結婚することによって確かなものとなった。ヘテプヘレスの娘はメレサンク三世であり、彼女は母と同様に今やエジプトの王位を夫に渡す系列の第一権利者なのであった。

ギザのカフラのピラミッドはクフのピラミッドに接して立っており、その規模においてほとんど双子である。その一四〇メートルの高さはほとんど同じであり、実際には、わずかに高い地盤の上に建てられた効果によってクフのピラミッドをこえているようにみえる。さらに、クフのピラミッドは白いツーラの石灰岩でつくられた表装を完全に失なっているが、カフラのピラミッドの頂上部には表装が無傷で残っている。このピラミッドは二一六メートル平方を占めている。それは、建造物の勾配がやや急であって五十二度二〇分であることを示している。したがって、ここには大ピラミッドの場合のような$\frac{1}{2\pi}$という正確な比率はない。ダドフラのピラミッドの場合のように、最低段の表装は花崗岩でできている。

カフラのピラミッドの全体は、建造石材の寸法のちがいから明らかなように、きわめて入念に建造されたわけではない。他方、東面の死者神殿は印象的であり、道の端の河岸神殿は古王国からわれわれの時代にまで残っているもののうち最も壮大な構造物である。それは大きな石灰岩の石塊でできた大建造物であり、内部と外部の表面の全体は磨かれた紅花崗岩でおおわれている。中室はT字形をなしており、屋根は十六枚の飾りのない方形の花崗岩の柱で支えられている。床はアラバスターでできている。この河岸神殿を一八五三年に発掘したマリエットはその中にみごとな閃緑岩のファラオ彫像を発見した。それは今日カイロ博物館の最大の宝の一つである。別の大きなカフラ像はスフィンクスの頭部である。それはトルコの砲兵訓練の目的として奉仕したのち、今日でもなおファラオの特徴をとどめている。人面獅子身の表現はもっと早い時代に確立された型であったようにみえる。カフラの建築家は同じ目的のために巨大なスケールで岩の丘を使ったのである。

クフのピラミッドに比べると、カフラの内部構造は極度に簡単である。またしても極指向の入口通廊があり、その通廊は結局はピラミッド頂上の直下の基礎部で簡単な墓室に達している。唯一の複雑さは、第二の入口によってつくられている。この入口はピラミッドの外の地面の下でやや北にはみ出ている。ベルツォニは、墓室に一八一八年にはいったとき、床にはめこまれた美しい花崗岩製石棺を発見した。こわれた蓋がそのそばに横たわっていた。明らかに、古代においてそれは掠奪にあったのであり、中に遺骸はなかった。墓室の屋根は切妻の石灰岩石塊でできており、クフのピラミッドの王妃の間と入口通廊で用いられた建築法と同じである。

クフのピラミッドにおける上部通廊と上部室の存在が入口通廊における天井石の偶発的な落下によって初めて発見されていらい、同じ形式の存在がカフラのピラミッドについて推定されるのは自然であった。それは答えのない問いのようにみえた。広大な破壊的トンネルを掘ることを別とすれば……。しかし、建造物をX線撮影することによって、きわめて巧妙に問題は解決された。計画は一九七〇年に、カリフォルニア大学のノーベル賞受賞者ルイス・アルヴァレス教授のイニシアチヴと指揮のもとに宇宙線を使って実行された。起源不詳のこの放射線は外界のあらゆる方向から均等の強さで地球に突きあたる。それは今日まで発見されたもののうち最も貫通力の強い放射線であり、石灰岩のピラミッドの巨大な塊りを貫通することができる。もっとも、その貫通のあいだに強度は減少する。ちがったタイプの肉体繊維によるX線の吸収がわれわれの骨と内臓について情報を提供するのとまったく同じように、宇宙線はピラミッドの中央墓室の中に記録されて、建造物の本体の影の写真を提供するであろう。石積みの中で空間となっている隠された室は、そのとき「ネガチヴ」の影としてあらわれるであろう。実際の実験とその鑑定は非常に複雑な作業であり、大勢の作業者と高度に工夫された装備を必要とする。しかし、調査結果は否定的なものとなってあらわれ、結論的には上部の室はカフラのピラミッドには存在しないことを示した。

ギザ丘陵の第三の大型ピラミッドはメンカウラのピラミッドである。彼はヘロドトスがミケリヌスと呼ぶ王であり、カフラ王の息子であった。クフとカフラの巨大な一対のピラミッドに比べると、メンカウラの建造物はみじめなほどに小さい。基礎部一〇八メートル平方、高さ七〇メートルのこの建造物は二つの大ピラミッドのそれぞれの十分の一以下の石灰岩をふくんでいるにすぎない。いっぽう、それは真のピラミッドの終末をしるしづけている。第四王朝の残りのもう一人のファラオはサッカラにまったくちがった型の墓を築いた。次の王朝のピラミッドは、第四王朝の王によって築かれた壮大な建造物に比べると、小さくて非常に見かけだおしのものである。

非常に小さいという規模を別とすれば、メンカウラのピラミッドは本質的設計では先輩ピラミッドとちがっていない。外面角度は同じであり、天の北極を指向する参入通廊もある。ピラミッド頂上部の直下に、岩の中に三つの室が掘られている。上部から行きどまりの一本の通廊は、建築設計の変更を意味するものと解釈された。一八三七年にハワード・ヴァイス大佐が第二の室にはいったとき、彼は一個の玄武岩製石棺と一個の木製棺蓋と一体のミイラを発見した。あとの二者は今日ブリティシュ・ミュゼアムに陳列されている。石棺は残念なことに研究に利用することはできない。なぜなら、それは今日、地中海の底に眠っているからだ。船に積荷される前に描かれた石棺の絵は、古拙時代の王宮正面に似た外部装飾図を示している。それはメンカウラの遺骸をおさめていたと推定されている。しかし、メンカウラの名をもつ木製棺蓋は末期王朝時代のものであり、ミイラは放射性炭素の検査によって初期キリスト教時代のものと比定されている。

ピラミッドの表装の低部の十六段は紅花崗岩でできており、石塊のいくつかは仕上げ磨きなしのままである。それは建築が急いでなされたことを示している。石盗人によって持ち去られていない上部の段は、頂上部がツーラの石灰岩でおおわれていたことを示している。全建造物複合を急いで完成したことはまた、大きな石灰岩でつくられた大きな死者神殿と河岸神殿にも明瞭である。それらは粗雑な煉瓦と他の劣った材料によって完成されているのである。ライスナーが死者神殿で発見した碑文およびピラミッドの入口で発見された別の碑文は、建造物が全体としてメンカウラの息子シェプセスカフによって完成されたことを疑問の余地なく示している。

メンカウラはカメレルネブチ一世の息子であった、とライスナーは考えた。カメレルネブチ一世が彼女の息子の王位継承を保証したとすれば、彼女はカフラの妹（あるいは姉）であったにちがいない。他方、彼女の母は二度の未亡人となったヘテプヘレス二世またはこのひとの娘メルサンク三世（いずれも王家の血統者である）であったかもしれない。

メンカウラは妹（あるいは姉）カメレルネブチ二世と結婚した。河岸神殿でライスナーによって発見されたみごとな二彫像は、この夫妻の容貌上の酷似を疑問の余地なく示している。王妃の姿は女性の形のみごとな表現によって有名であり、夫の腰を抱いている彼女の右腕の位置は一般に妻としての愛情の表現とみなされている。しかし、左手を王の腕の上に置いている彼女の姿勢は深い儀式上の意味の一つである、ということのほうがよりありそうなことである。王家の血の継承者として、結婚によって兄（あるいは弟）に王権を与えた彼女は、兄（あるいは弟）を保護し紹介しているようにみえる。彫像の下部と背面は未完成のままに残された。これはエジプトの最後の大型ピラミッドの完成が急いで待たれたことの、別の証明である。

他のすべての証拠を別としても、ボストン博物館のアラバスター製のシェプセスカフ頭部は、まったくの家族的類似によって、彼がメンカウラとカメレルネブチ二世の息子であったことを示している。彼は第四王朝の最後のファラオであった。彼はたぶん妹（あるいは姉）ケントタウエスと結婚した。しかし、シェプセスカフは第四王朝の伝統と断絶し、ピラミッドを築くかわりにサッカラに自らの墓を築いた。アラブ人はこれにマスタバ・ファラウンという名を与えた。それは大きな石棺の形をしているが、ピラミッドのように堂々たるものではない。基底部はわずかに横一〇〇メートル、奥行き七十二メートルであり、高さは約二〇メートルである。墓室には極星指向通廊が通じており、東がわに質素な死者神殿があり、そこから未発掘の河岸神殿に至る参道がはじまっている。

別の少し小型の類似の墓が、王妃ケントカウエスのために、ギザのカフラの参道とメンカウラのピラミッドとの間に築かれた。ケントカウエスは王家の血の半分を第五王朝に運んだようにみえる。なぜなら、彼女は墓の中で「二人の王の母」として記されているからだ。しかしその二人の王を生ませた父については何の言及もない。ケントカウエスは第五王朝の創始者として同王朝の全期を通じて尊崇された。父がシェプセスカフでなかったことは明らかである。

エジプト史の一つの時代、われわれの文明史における意味ふかい時代と呼んでよい一つの時代は、メンカウラとともに幕を閉じた。百年未満のあいだに四つのピラミッドが築かれ、ほぼ十万人の人民が使われ、二〇〇〇万トンの石の切りだし、設計に応じた切断、運搬がなされたのであった。ピラミッド時代が、一治世から次の治世に至る間にこのようになぜ突然に終りを告げたのか。それはだれも知らない。しかし、一つの時代の終結の理由について推考するまえに、われわれはまず、いかにして、なぜ、この時代が生まれたかを知らねばならない。

第三章　未解決の問題

発掘、正確な実測、それらと碑文との関係はピラミッドについて大量の知識をもたらした。その要点は前章に記したとおりである。にもかかわらず、答えを与えられた多くの問いが、研究によって生じた少なくとも同数の多くの問いによって挑戦をうけている。ピラミッドの大いなる古さは、考古学者のシャベルの掘りだした証拠に対して非常に注意ぶかくあれと、われわれに教えた。ピラミッドはわれわれ自身の時代からほぼ五〇〇〇年の時間をもって距てられている。この間に多くのことがピラミッドにおきた。死活的な重要性をもつ証拠の多くが破壊され、あるいは取りかえしのつかない状況で失なわれた。しかし、同じように危険なものは、われわれがこれから見るように、追加された無縁の証拠である。

いく度もわれわれは「古代において盗まれた」という言葉を使わねばならなかった。実際、すべての大型ピラミッドは、ツタンカーメンが彼の墓の中に置かれるよりほぼ一〇〇〇年前に、侵入され、掠奪されたのであった。第四王朝のファラオは神聖な力の永遠性に対する堅固な信頼を巨大なピラミッドにおいて表現したのであるが、その信頼は彼らの死後三世紀以上はもたなかった。第六王朝末期の一人の王ペピ二世は九〇年を下らない歳月にわたって在位した。彼の長い生涯の最後の数十年間には、腐敗と地方割拠体制が、すでに衰退期の行政の上層部をとらえた。ペピの死後、王家の血統の女性ニトケルチ（ヘロドトス『歴史』にいう王妃ニトクリス）は王朝を救うために自らをファラオとして宣言した。しかし、彼女の努力は失敗した。こんどは種々の王名表が、非常に短期間に在位し、たぶん同時に在位した多くの王名をあげる。歴史記録は絶望的に不明瞭となる。なぜなら、国がエジプト学者の「第一中間期」と呼ぶ時代にはいったからだ。それは約二百年間にわたって続いた。それは明らかに共倒れの戦いの時代であり、全般的な無秩序の時代であった。この中間的時代をおおうマネトの四王朝の王名表にもかかわらず、いかなる中央権力もこの時代に機能しなかったということはほとんど確かである。

ライデンの中王国パピルス集に保存されている同時代の報告すなわちイプウェルという者の報告は、騒動と叛乱の状況を語る嘆きの長いリストである。「すべてが破滅であります」と彼は述べた。「男は兄弟を殺します。至るところに血が流れております。わずかな数の無法者が王国の領土を掠奪する冒険に走りました。裁判所の法は外に投げ捨てられております。役人は殺され、彼らの記録は持ち去られております。上エジプトと下エジプトの王の秘密は露出しております。ピラミッドがおさめていたものは空っぽとなり、王宮は破壊されております」。

第四王朝のファラオが行きどまりの通廊と落し格子によって墓の安全をはかったとき、彼らは、夜陰に乗じて忍びいる盗人に対して、また監視員を倒す武装盗賊団に対してさえも、ミイラと宝物は十分に守られると考えた。明らかに彼らは、地方の親分が持久的な大規模作戦を王墓に対して進める余裕をもつ長い無法時代について、思い及んでいなかった。この第一中間期に、ピラミッドだけでなく、事実上すべての王族、高官、富者の墓もまた掠奪にあった。いっぽう、墓室の秘密の位置についての知識は多くの場合、残っていた。いく度かの失敗ののち、ピートリとウェインライトがメイドムの巨大なマスタバ（第一七号）の本体の中に、隠されている墓室を発見したとき、彼らはその墓室が一度として入口をもったことがないことを発見した。埋葬後、墓室は完全に封印され、それから、その上にマスタバが築かれたのである。それにもかかわらず、墓は盗みにあい、ウェインライトが指摘したように、盗人は埋葬室がどこにあるかを正確に知っていたにちがいない。なぜなら、まっすぐにそれに向うトンネルを可能な最短距離の経路でつくっているからだ。

ウェインライトとピートリは墓を調査したのち再び閉じ、マスタバへはいるために掘った穴を埋めた。今日における唯一の道は、盗人が泥煉瓦の構造物の中につくった狭いトンネルを這ってゆくことである。これは閉所恐怖症を患う人には推薦できない。崩れ落ちて来る乾燥泥土はトンネルが崩れ落ちるかもしれぬとの思いをいだかせる不快な存在である。これはわれわれのガイドであるベドウィンがわれわれについて来なかった唯一の場所である。しかし訪問は十分にその値打ちをもっていた。小さい穴から人はT字型の室にはいる。それは滑らかに仕上げた石灰岩でつくられた室であり、碑文はない。内部に、大型の紅花崗岩製石棺が立っており、そのわきに、旋回しておろした蓋がある。蓋は四〇〇〇年前に盗人が残したままである。石棺は発見されたもののうち最古の花崗岩製石棺であり、完全に無装飾の本体ははなはだ印象的である。

同時代の他の墓の場合と同じようにここでも、石棺が開かれたのち被葬者は床の上に放りだされ、それを考古学者が発見した、ということは意味ふかい。盗人はただ宝物のみを求めていたのである。これらの初期の墓から発見された遺骸が一般に理解されている意味でのミイラでなかったということを指摘するのは興味ふかい。香油を塗る技術、すなわち後代に実施されたような、人体を全体として保存する技術は、もちろん第四王朝の時代にはまだ完成されていなかった。そのかわり、遺骸は肉を取り除かれ、骨は松脂に漬けたリンネルの包帯で結びつけられた。詰めものは五体の空洞部に押しこまれ、死者の姿はさらに包帯の使用によって復原された。このメイドムの遺骸から消えている二本の指は、リンネルを巻いたものが代用品となり、入念に定位置におかれた。骸骨のまわりに築きあげられた死者の像は細部に至るまで復原され、男性の性器と女性の胸と乳頭もつくられた。またしても、王の肉体から目を取り去り、ついで金の糸によって関節をつくる西アフリカの習慣と類似するものが、そこにある。

ピラミッドとすべての内容豊富な墓は二〇〇〇年にわたって組織的な掠奪にあい、王とその家族の埋葬に結びつくすべての証拠は事実上、われわれから奪われた。もちろんわれわれは、サッカラまたはギザの砂漠の下のどこかに、未盗掘の墓がなおも発見されるのを待っているかどうかを知らない。障碍は、新王国の入念に隠された岩窟墓とちがって古王国の墓とりわけピラミッドが顕示的であるように築かれたという点にある。しかし、いくつかの例外がある。ライスナーは、一九二五年にクフのピラミッドのまわりの砂を清掃したとき、漆喰で隠されているいくつかの鋪装石につき当った。それは深さ三十二フィートの、全面的に石を詰められている穴の口をおおっていることが明らかとなった。この穴の底に、アメリカの考古学者は女王ヘテプヘレス一世のアラバスター製石棺と副葬品をそなえた墓室を発見した。ヘテプヘレス一世はクフの母であり、スネフルの妻であり、第三王朝から第四王朝に王家の血を運んだ女性である。みごとな金鍍金の副葬品は調査隊メンバーによって入念に復原され、今日カイロ博物館に立っている。その複製品はボストン美術館にある。

墓の中ではまたアラバスター製の内臓を容れるための箱も発見された。それは王妃の遺骸から取り外された内臓をおさめていた。しかし石棺は空っぽであった。これは、ダハシュルの王妃の墓が荒されて王妃の遺骸が盗まれたあとで、この事実をクフに対して隠したままで再埋葬したものである、とライスナーは説いた。ライスナーの説明から四十五年後に、私は調査隊の生き残りのメンバーであるダウズ・ダンハムにこのことを今も信ずるかと聞いてみた。彼は答えをためらい、それは当時調査隊が考えることのできる最も美しい物語であったと述べた。しかしダンハムは、石棺の内側が黄色い汚れをみせていたこと、その汚れから石棺が一度は遺骸をおさめたと解したことを、私に語った。いずれにせよ、ヘテプヘレスの穴の墓はこれまでのところ、古王国から無傷で今日まで存続した唯一の王家の墓(たとえ単なる再埋葬であったとしても)である。

ライスナーの発見から三〇年後、未盗掘の古王国遺物の別の発見がその近くでなされた。それは二つの大型船の穴であり、大ピラミッドに隣接していた。その中の一つだけが開かれた。それは一隻の大型船の各部分を完全にそろえておさめていた。船は四五〇〇年前に、クフの死後、ダドフラが埋めた状態のままで発見されたのであった。ギザの岩盤の中に未盗掘の二つの穴が発見されたことは、ピラミッド地域の砂はなお驚くべきものを保存しているかもしれないということを物語る。宇宙線による調査は、カフラのピラミッドの本体は隠された室をもたないことを示したものの、かつてエマリが私に指摘したように、われわれはピラミッドの下のあり得べき室については、何も知らないのである。実際、大きな地下通廊と倉庫が最初の三つの階段ピラミッドの下でだけ発見されたこと、その通廊と倉庫が階段ピラミッドの重要な個性をなしたことは、奇妙なことである。これまた本来は階段ピラミッドであったメイドムの構造物においても、他のいかなる後代のピラミッドにおいても、このような地下倉庫は発見されなかった。階段ピラミッドの地下倉庫への接近は入口通廊からおこなわれた。われわれが指摘したように、メイドムのピラミッドはその最初の階段形態においてさえ初期の類型とはちがっていた。実際、メイドムの全ピラミッド複合は第三王朝の広い囲い地とはちがっており、第四王朝とともに生れた王墓の構造に観念の変化を示している。それ以後、死せる王が以前には正式に自らの倉庫内におさめた数千個の石製容器を用意することができたかどうかを、われわれはもちろん知らない。他方、このような地下通廊が後代のピラミッドの下に存在したこと、それらの地下通廊が別のよく隠されたいくつかの入口をもっていたこと（それらの入口はまだ発見されていないが）は、考えられないことではない。

クフのピラミッドの上昇通廊の存在はカリフ・マムンの破城槌が隠匿用の屋根板を落したときに初めて明らかになったのであるとはいえ、第一中間期の盗人は王の間へ近づく別の道を知っていたであろう。彼らはカリフより三〇〇〇年前にそれを使ったようにみえる。最初に上昇通廊を内部から封鎖した作業員を脱出させるために、大通廊の底と未使用の地下墓室を連結する一本の狭い孔が掘られた。最後の脱出者は、そのとき、用意された石灰岩の石塊を所定の位置へ落し、大通廊から脱出孔への入口を塞いだ。たぶん、脱出孔も地下室もそのあと石で埋めこまれた。脱出孔の頂上を隠していた石塊は今日では失なわれている。古代の盗人が石を動かし、ついで孔を通って封鎖された内部へ昇った、と人は推測できるかもしれない。

掠奪者が長い不穏の時代にピラミッドの墓室と古王国のマスタバの墓室を徹底的に荒したとはいえ、彼らは記念建造物の構造には大して損害を与えなかった。彼らの目的は埋められた宝物を掘りだすことにあった。メイドムのマスタバ一七号の例が示したように、彼らはどこを見るべきか、いかにして最短距離でそこに達すべきかを知っていた。そうでなければ、明らかにピラミッドの構造は彼らにとってほとんど興味のないことであった。

テーベの一連の領主によって全国土に秩序が回復されたのち、残念なことに事態はもっと悪い方に変った。テーベの領主たちは五〇〇年にわたり二つの王国に対して確実な統治を再び維持した。エジプト史のこの時代は中王国と呼ばれる。この時代のファラオは強力な君主であり、理解しやすいことだが、大きな墓を築くことに熱心であった。はじめ彼らはテーベから国を統治した。テーベはこの時初めてエジプトの首都となった。彼らはまたここに墓を築いた。それらの中の一つ、メンツーホテプ一世の墓は小さなピラミッドを形づくっており、それが中心的な特徴である。約二〇〇年にわたるテーベからの治世ののち、次の王朝すなわち第十二王朝は北へ帰り、新しい行政首都をメンフィスの南数マイルのところに設けた。隣接地の古王国のピラミッドに影響されて、彼らはまたピラミッド式の墓をもつことを決意した。しかし彼らは、初期の先人が利用し得た大規模採石作業用の大量の労働力を自由にできなかった。そこで彼らは古王国の墓の石材の再使用をはじめた。

とくにアメネムハト一世は過去の記念建造物に対して極度の無視を示した。彼は初期の墓から石を取り外して（その多くはレリーフをそなえていた）建築材とした。リシュトにあるアメネムハトのピラミッドを（すでに著しく損壊してはいるものの）解体して、そこに含まれている古王国の彫刻を取りだそうという考えが、真剣にエジプト学者から出されたこともある。

古代の記念建造物から石を盗むことは、新王国時代を通じて、幾百年にもわたってつづいた。考古学者は大王ラムセス二世を主たる犯罪者の一人として抜きだした。そうであったとしても、紀元前五世紀にヘロドトスによって叙述されたとき、ギザのピラミッドは重大な損傷をうけていなかった。へロドトスはクフのピラミッドの表面に刻文を見たと述べている。そのことは外部の石灰岩による表装が当時なお存在したことを示している。この表装は結局回教徒によって持ち去られた。彼らは、よく磨きあげられた外部石塊を大回教寺院とカイロ城壁の建造に使ったのである。

ヘロドトスはクフのピラミッドの内部についてきわめて空想的な叙述をし、ピラミッドの下に地下湖水があり、その湖水に島があり、その島の上にファラオが埋葬されたと述べている。このことは、明らかに第一中間期に犯されたピラミッドが再び閉じられていたことを示している。いっぽう、本来の入口はなおも十分に隠されていたにちがいない。その存在についての知識のすべては、九世紀にカリフ・マムンが墓室と隠された宝物を発見するためにピラミッドにトンネルをつくったときには、もちろん失なわれていた。

古代に荒されたピラミッドを最終的に閉じたのは、紀元前七世紀と六世紀にわたって国を統治したサイス王朝下の独立エジプトの末期においてで、たぶんあった。われわれはこれまで宝物探求者と石盗人による証拠の破壊を扱わねばならなかったが、こんどはまったくちがった側面を論じなくてはならない。ミスリードする証拠の製造という側面である。古王国の建造物の不用意で気紛れな破壊にもかかわらず、神聖性の光りをもち、幾百年もの経過とともに古王国崇拝がよみがえった。古代の墓の中あるいは傍らで埋葬されることは優越のしるしであり、死後の世界についての保証となった。考古学用語を使えば、この「侵入的」埋葬の初期のものはそれ自体の時代のしるしを非常に明瞭にもっているので、その埋葬が何であるかは容易に識別することができる。考古学者にとってのより困難な問題は末期エジプト王朝のファラオによってつくられた。

ファラオの帝国の末期にかけて、テーベのアメン神祭司はつねに増大する政治権力を得た。それは古代の母系伝統と併存して、「神の妻」という称号をもつ王家の女子の名にあらわれた。彼女は決してファラオの妻ではなく、アメン神の配偶者であり、その継承はさらに王家の女子を養子とすることによって確保された。ファラオはこうして直接性の弱い形で権力を保持した。すなわち、「偉大な妻」の夫としてではなく、娘の父としてであった。中央権力は王の手から辷りおちて祭司の手に移った。祭司は権力を保持するために外国の傭兵を使いはじめた。とはいえ傭兵はアッシリア人のような強力な侵略者に対しては相手にならなかった。アッシリア人は困難なしに紀元前六五〇年ごろエジプトを踏みにじった。アッシリア人の勝利は短期間でおわった。なぜなら、こんどは彼ら自身がメディア王国に対して防戦しなければならなかったからだ。

エジプトにおけるアッシリア人の力の低下に伴って、アッシリア人のためにアッシリア人がエジプト統治用に盛りたてた男が、こんどはアッシリア人に対して戦いをはじめた。彼の名はプサメチクであり、彼は自らをファラオと宣言し、長女である別のニトケルチを「神の妻」とすることによって彼の地位を適法のものとした。首都サイスで王位に即いたプサメチクと第二十六王朝の彼の後継者は古代の伝統の輝きを回復しようと努力した。彼らより二〇〇〇年前の古王国が彼らの模範となった。彼らの彫刻と建築は初期王朝のものをきわめて忠実に模倣した。そのため、エジプト学者ははじめ頻繁にミスリードされた。サイス人はまたピラミッドを清掃し、彼ら自身の時代の死者をそこに埋葬したのち再封印した。一八三七年にペリングがサッカラの階段ピラミッド下の大通廊の中で六〇体のミイラを発見したとき、彼はそれらを当然のことにジョセルの死せる従者のものであるとみなした。あとになって初めて、これらのミイラが末期王朝に属するだけでなく通廊自体がサイス人によって新たにつくられたものであることが、発見されたのであった。

最近になって、メンカウラの名を彫られている木造棺蓋もピラミッド内で発見されたミイラも後代の取りかえ品であると認められた。そこで、メンカウラの玄武岩製石棺の正統性についても疑問が生じた。その石棺は残念なことに海の底に失なわれた。石棺の現存する写生は、「王宮正面」を示す装飾をそなえているとはいえ、石棺もまたサイス時代の作品であったことを不可能とはしないようにみえる。

これらの事実のすべてを要約し、初期の掠奪と後代の修復を考察すると、今日ピラミッドが示す証拠はしばしば紛らわしく、ある程度まで当惑させる。複雑さは、それぞれの大型ピラミッド（メイドムのピラミッド以降の）に付属する小さな補助ピラミッドの存在によってさらに大きくなっている。これらの補助ピラミッドのうちのいくつかの内部の室は、人体の埋葬に奉仕したものとするのには余りに小さすぎる。それらはファラオの内臓をおさめた壺の安置所であったかもしれないという説が出された。その場合には、「祭式上の」ピラミッドは死者神殿・参道・河岸神殿とならんで標準のピラミッド複合の完全なる部分とみなさなければならない。

しかし問題は、クフとメンカウラのピラミッド複合がそれぞれ三つの小ピラミッドをもっているという事実によって複雑さを増す。被葬者に関する指標はヘロドトスによって示されている。彼の情報源である祭司たちによれば、ファラオのクフは自らのピラミッドを築く資金をつくるために、娘に魅力を売れとすすめた。彼女は子としての献身について記念碑をたてるために、通ってくる男の一人一人に石を一個ずつ寄進せよと求めた。数字上の根拠によって（小ピラミッドは二万個の石でできている）この途方もない話をヘロドトスは否定できただろうという事実とはまったく別に、物語は第四王朝の王女の位置にほとんど適合しない。しかし、最もありそうにない伝承といえども普通は一粒の真実をふくんでいる。少なくともこれらの補助ピラミッドのいくつかは「大王妃」の墓であったというのはありそうなことにみえる。実際、後代の碑板によれば、クフの小ピラミッドの南端のものは、クフの妻の一人でありカフラの母であったところの王妃ヘヌトセンのために、築かれたのである。すべての補助ピラミッドについての細部資料は一覧表の形で最もよく示されている。

表 3　補助ピラミッドの一覧表

主ピラミッド	補助ピラミッドの数	説明
メイドム	1	埋葬には小さすぎる.
屈折ピラミッド	1	埋葬には小さすぎる.
赤いピラミッド	*	未発見.
クフ	3	南のものは，たぶんヘヌトセンのために築かれた．内部は空っぽである．中央のものは，埋葬室が空っぽである．北のものは，埋葬室が空っぽである．
カフラ	1	入口は，小さすぎてはいることができない.
メンカウラ	3	東のものは，埋葬室は小型の花崗岩製石棺をそなえている．その中には若い女性の骸骨が納めてある．西のものは，埋葬室が空っぽである．

多くの人の頭脳を悩ませた問題の一つは、ピラミッドの傾斜角の意味である。ほとんどのピラミッドは約五十二度の角度で立っている。ただ赤いピラミッドと屈折ピラミッド上部（いずれもダハシュルにある）はともに低い角度の四十三度半で築かれている。すでに

記したように、クフのピラミッドの場合、傾斜角（五十一度五十二分）は$\frac{1}{2\pi}$の比率をもたらしており、その正確さは偶然のもとして気軽に片付けることはできない。またその傾斜角は本書の付録篇で示してあるように不思議な秘教的推測を生んだ。この幾何学的関係が一〇〇年以上も前に初めて認められたときいらい、いく度かの非常に入念な三角測量がギザの丘陵でおこなわれた。それぞれの実測から、$\frac{1}{2\pi}$という比率はいよいよ大きな正確さをもってあらわれた。クフから一〇〇〇年以上の後になってもエジプト人はまだ3以上の正確さで円周率を知っていなかった、ということは知られているので、ピラミッド建造にさいして$\frac{1}{2\pi}$を正確に使ったということはいささか不思議であるとみなされた。多くの数学上の説明が出された。その中には、建造者は偶然に$\frac{14}{11}$という比率を使ったという高名な考古学者の説明もあるが、それさえ惨めなほど説得力を欠いている。みごとな建造技術と卓越した手際にもかかわらず、古王国のエジプト人が最も初歩的な数学力以上のものを持っていたという証拠をわれわれはもたない。それゆえ、受けいれることのできる解決法は、理論的基礎よりはむしろ実際的基礎をもつものでなければならない。エレクトロニクスの技師であるT・E・コンノリが私に示唆してくれた解決法はこの条件をみたすものである。

　この説明は、古代エジプト人は均質な三次元の空間についての観念をまだ持っていなかったという仮説を基礎としている。いいかえれば、われわれにとって高さと垂直距離の寸法は同じもの、すなわち、われわれが同じ単位を用いる一つの長さであるのに、このことはピラミッド建造者からは当然のものとみなされなかったかもしれない。彼らは高さの寸法として王国キュビットを用いた。王国キュビットは肘から指の先端に至る長さを基礎とするもので、すでに古王国において五十二センチの長さに規格化されていた。椰子の繊維でつくったロープは伸びる傾向をもっているので、たとえば大型ピ

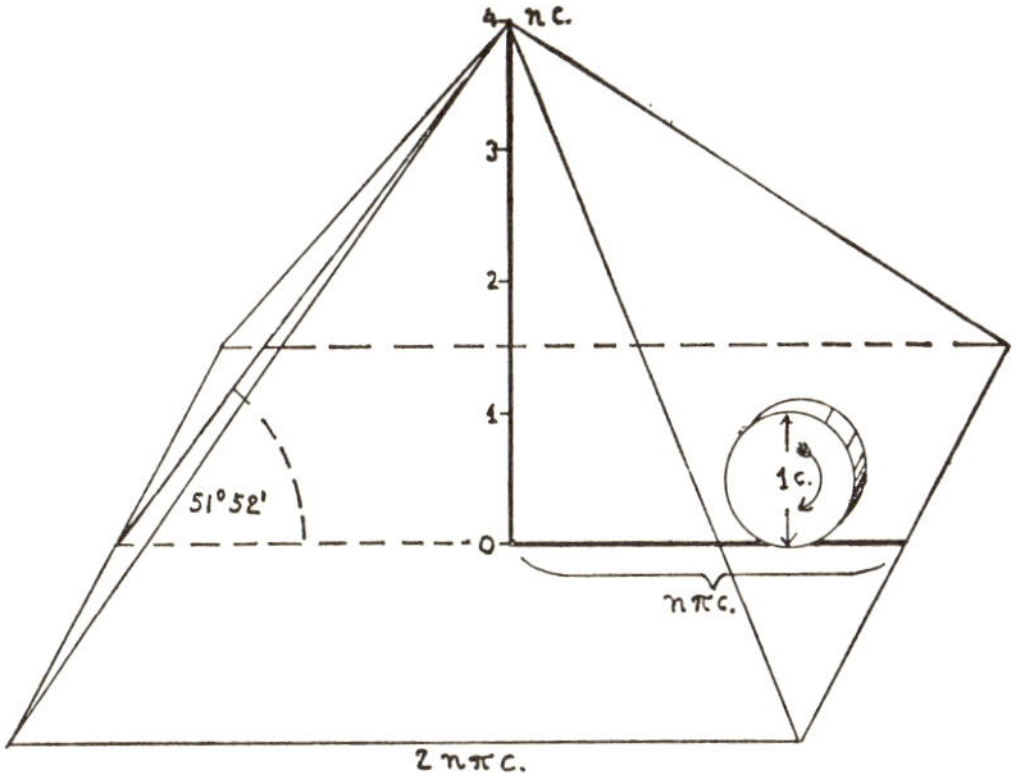

ピラミッドの高さと周囲の比が円の四角化を$\frac{1}{2\pi}$で正確に表現したことは，エジプト人が回る太鼓によって水平の長い距離を測ったかも知れないという事実に，たぶん起因する．この方法で彼らは超越数$\pi = 3.141\cdots\cdots$に，それと知らずに達した．

ラミッドの基底部のような長い水平距離を測るための、はるかに正確な方法が必要とされた。このような方法の一つは、太鼓をまわし、回転回数をかぞえることであった。高さの測定のためにすでに用いられていた王国キュビットは直ちにそれ自体を太鼓の規準直径との尺度は同じもの、すなわち同じ単位を用いる長さであるが、ピラミッド建造者からは、これは当然なものとみなされなかったかもしれない。彼らは高さの尺度として王国キュビットをして示したであろう。そのとき一回り（われわれはそれを「回転キュビット」と呼ぶ）は水平に伸ばした太鼓の周囲と一致する。

この側定法を用いることによって、エジプトの建築家は4対1あるいは3対1という単純勾配によってピラミッドを築くこと以上の複雑なことは決してしなかったようにみえる。最初の場合を考察してみるならば、ピラミッドの高さは4nキュビットとなるであろう。ここでのn

は規模を定めるために選たばれた数字である。そのとき、建物の中心から基辺に至る水平距離は1×n回転キュビットすなわちわれわれの数学上の用語にしたがえばnπキュビットとならねばならないであろう。この距離はピラミッドの基辺の長さの半分であるので、ピラミッドの周囲の長さは8nπキュビットとなる。それゆえ、周囲と高さの比は$\frac{4n}{8n\pi}$キュビットとなる。すなわち、この分数を4nキュビットで割れば、単純に$\frac{1}{2\pi}$となる。これがピラミッド建造に用いられた神秘的な比率であり、それは同時に不可避的に勾配五十一度五十二分に達するのである。いいかえれば、ピラミッド建造者は超越数π(三・一四一……)を、試みることもなく知ることもなしに発見したのである。4対1のかわりにより低い勾配3対1を使うとき傾斜角は正確に四十三度半になるという事実によって、この説明はさらに適切なものとなる。

四〇〇〇年以上も昔のエジプト人がピラミッド建造のさいに進歩した数学を不思議に運用したという考えを処理したわれわれは、こんどは、ピラミッドはファラオの墓であるとする一般的に受けいれられている解釈に移ることができる。ピラミッドの葬祭機能は疑い得ないのであるが、ファラオがピラミッド内に埋葬されたことを証明するのはいささか難かしい。ピラミッドがすべて第一中間期に侵され掠奪にあったということは知られているものの、不安に思うほど説明のつかない特徴の数が多い。とくに、余りに多くの空っぽの石棺があるため、さらにもっと悪いことには、余りにも多くの空っぽの墓室があるために、否定すべからざる実際の埋葬という考えをもつことができない。一覧表の形で現存する証拠を集めてみるのは価値がある。

ユニークな二埋葬室をもつジョセルの階段ピラミッドを別とすれば、残る九基のピラミッドは真の石棺を三つ以上は持っていない。九基のピラミッドは十四以上の墓室の上に分散している。クフのピラミッドの中の蓋なし石棺は王の間の屋根ができ上らない前に王の間に置かれた、とピートリは述べた。なぜなら、石棺は大きすぎて入口通廊を通過することができないから、とピートリは証明した。

表 4

ピラミッド	室の数	石棺	説　明
ジョセル	2	埋葬穴	一本の足以外は空っぽ.
セケムケト	1	1	封印されていたが空っぽ.
カバ	1	×	
メイドム	1	×	
屈折ピラミッド	2	×	
赤いピラミッド	3	×	
クフ	3	1	蓋はなし. 空っぽ.
ダドフラ	1	×	
カフラ	1	1	空っぽ.
メンカウラ	3	1	石棺は海で失われた.

封印されていたが空っぽであったセケムケトの石棺もまた明らかにピラミッドが完成される前に運びこまれた。カバとダドフラのピラミッドは初期段階で未完成のまま放置されたとみなすとしても、われわれは少なくとも四個の石棺、あるいはたぶん八個にも達する石棺が消えたことを考慮にいれなければならない。メイドムのマスタバ一七号の中の豪華で大型の花崗岩製石棺は、このような初期の時代においてさえ堅固な重たい石棺は習慣化しており、このことはクフとカフラのピラミッドの石棺によって実証される。失なわれた石棺に何がおきたのか、は人の知りたいところである。盗人は蓋をこわしたかもしれない。しかし彼らはこわされ

た石棺を持ちだすという労まではほとんど取らなかったであろう。入念な探索にもかかわらず、こわされた石棺の断片はピラミッドの通廊にも室にも発見されていない。いっぽう、メイドムのピラミッドいらい入口が基礎地盤よりずっと高いところに置かれたということは、記憶されなくてはならない。屈折ピラミッドの場合、低部通廊でさえも基底部から十二メートルのところにある。したがって、重たい石棺を持ちこむにも持ち出すにも、堅固な斜面を使う必要があっただろう。クフのピラミッドの場合は、すでにわれわれが見たように、建造物がまだ建築進行中のときに石棺が墓室に置かれた。カフラとメンカウラのピラミッドはともに、極星指向通廊のほかに、基底部に入口を与えられた。

クフとカフラのピラミッドの石棺が空っぽで発見されたという事実は侵入者の仕事として容易に説明がつく。しかしセケムケトと王妃ヘテプヘレスの空っぽの石棺、さらに階段ピラミッド下の穴の中の第三の空っぽの石棺は、より難かしい問題を提出する。それらはすべて古代から侵されないままで残った。それらは人体を伴わない埋葬所であったので、われわれとしては、人体以外の何かが祭儀上埋葬されたかもしれないという結論のほうにほとんど追いたてられる。

スネフルは二基の、あるいは三基にさえ及ぶ大型ピラミッドをもったらしいという事実、したがって彼がそれらのすべてに埋葬されたことはほとんどあり得ないという事実を、われわれはすでに語った。この事実は、われわれが第一章で初期二王朝の王の埋葬所を論じたさいに直面した複数墓という厄介な問題にわれわれを引きもどす。第一章でわれわれが見たのは、初期のファラオの多くが二つの墓を持ったこと、デルタの泥の中に沈んでしまったかもしれぬ第三の墓を持った付加的可能性のあることであった。この理由のゆえに、はじめにピラミッドを紹介したさい、われわれは「墓」というよりは「葬祭用記念建造物」として、言及したのであった。ピラミッドをふくめて、王墓のいくつかが肉体の埋葬所ではなくて記念碑であったとしても、それにもかかわらず王墓がすべて墓室をもっていたことは注目されなくてはならない。問題はだれが、あるいは何が、その中に葬られたかということにある。

大抵のエジプト学者は、バアとかカアのような死者の精神上の属性が彼の永遠の家と密接に結びついているということについて合意している。とくにカアは墓の中に住むと考えられた。カアは偽扉すなわち真の入口の閉鎖された模造品を通って入ることも出ることもできるのであった。マスタバの墓は普通はカアの室をもち、室は被葬者である死者の彫像をそなえている。ピラミッドの河岸神殿で発見された彫像は見られるためのものではなく、また今日の記念物と同じ目的に奉仕したのでもないということは、これまた明らかである。しばしば神の像と同一視されたこれらの王の像は、すべて死せるファラオを守護する姿勢を示しており、純粋に祭儀上の意味をもっていた。それらは王のカアによって生命をおびるのであった。ピラミッドは第一にこのカアのために築かれたのかもしれない。

再び西アフリカにもどるならば、人が故郷から遠くはなれて死んだときは必ず、墓そのものの中に魂を埋葬するのをわれわれは見る。暑く湿った風土の中で死体は速かに崩壊してゆく傾向をもつので、死体は直ちに埋葬されなくてはならず、運ぶことは許されない。とはいえ、死体の毛と爪は切りとられ、埋葬のために郷里へ送られる。これらの物は、しばしば死後の生長を示すので、肉体を去りたがらない死者の霊と結びついていると信じられた。ある種の記念品埋葬が古代エジプトの葬祭規定の中で一役を果したというのは、あり得ないことではない。

ファラオの肉体がはるか昔に消えたことを認めるとしても、失なわれた石棺という謎は残る。もちろん石棺は存在しただけではなく、よく知られてさえいた。たとえば、メイドムの大型マスタバの中に埋葬された、名の挙げられていない人間はだれであったか、とわれわれは問うてよい。彼の墓は、今も立っているピラミッドの前に、目立った形で立っている。彼が完全に封印された墓の中に安置されたとき、ピラミッドはまだ建造中だった。彼は大型の花崗岩製石棺の中に埋葬されたのであり、その石棺は彼の墓室の中で無傷のまま今日にまで残ってきた。彼は、墓のうしろに魂の住居として立っている石棺なしのピラミッドの主であるファラオであるかもしれない、と考えたくなる誘惑を人は感ずるであろう。

このような考え方は、アビドスでピートリが発見した碑板がなかったならば、無益な推測として無視してよかったであろう。アビドスの碑板は、第十八王朝の創始者アメスが妻である王妃アメス・ネフェルタリに与えた答えを記録しているのである。文は非常に重要であるので、逐語訳によって引用する。

妹は語り、彼に答えた。「これらのことがなぜ思いだされたのですか。あなたの心に何が来たのですか。」王自身は彼女にいった。「私はわが母の母とわが父の母を、王の偉大な妻と王の母、死せるテチシェリを思いだした。彼女のための一基の墓と一個の石棺がテーベとアビドスの土の上に今ある。しかし私はこのことをあなたにいった。なぜなら、陛下は陛下の記念建造物の近くの聖なる土地に、彼女のためにピラミッドをつくることを欲したから。」……陛下はこのように語り、これらのことは直ちに実行された。

こうしてわれわれは、ファラオ・サナクテンラタオの共同統治者である王妃テチシェリが、彼女のためにピラミッドが建てられたときに、すでに二基の墓をもっていたこと（その一つの中に彼女は埋葬されたにちがいない）、という新王国のピラミッド建造者の同時代の言明と向いあっている。ファラオ自身が事実を言明する言葉としてわれわれが知っているのは、この一例あるのみである。

ピラミッドはファラオの死後と何らかの関係をもっているということに異議を中立てる者はほとんどいないが、ファラオはピラミッドの中に埋葬されたとする一般的な説明は決して明白ではない。われわれの前の証拠の複雑さは、残念ながら、このような単純な説明を許さない。たぶん、ピラミッドはファラオの遺骸を一度はおさめた。しかし、本章で見たように、それと逆のことを語る愉快でない大量の要素もまた存在するのである。エジプト学者がすべての問題の中で最も難かしい問題、すなわちこの壮大なピラミッドは最初なぜつくられたかという問題に対して解答を試み、そして発見しなければならなかったのは、このような複雑さと矛盾を基礎としてであった。

サッカラの階段ピラミッドが築かれたとき、上下エジプトの統治者であるファラオは全関係者の満足のゆく状態で宮殿のような墓に埋葬された。とはいえ、それらの墓はジョセルの葬祭用複合建造物に要した労働に比べれば、そのわずかな部分を要したにすぎなかった。国の真の統一をこの事情の良い理由としてあげることができる。しかし、ある意味ではそれは偽りの曙であった。なぜなら次の二基のピラミッドは決して完成されなかったからだ。ついで、メイドムにおける謎の設計変更とともに、ピラミッド建造は真の歩みをはじめた。わずか約百年のあいだに、ほとんど二五〇〇万トンの石灰岩が切りだされ、仕上げられ、運ばれ、積みあげられて、人工の山がつくられた。ついで、一世代のあいだに、この法外な活動が終りにきた。ピラミッドは次の一〇〇〇年間にわたってなおもファラオのためにつくられたものの、その規模は小さかった。それらのピラミッドは安価でみすぼらしいものとなった。それらはもちろん国家予算の枠内でつくられた。壮麗な狂気とわれわれに見える第四王朝の短期の呪文は二度と繰り返されなかった。

エジプト学者はこの謎の説得力ある解答を宗教上の信仰の変化に見出そうとしたが、成功しなかった。この変化はたしかに生じたが、それは百年間にわたって十万人を無益な労働力消費となる物の上に使うということの説明にはなり得ない。エジプト学者が直面する主たる困難は、五〇〇〇年前の人間社会の精神状態を再構成することである。われわれの方法（それはきわめて偶然の機会に引金をひかれたのだが）は建造中の災難とその原因を扱うことである。今日までの五〇〇〇年のあいだに人間の精神的な世界像と道徳律は認識不能なほど変化したとはいえ、物理学の法則は変化なしに残った。同じ法則は五〇〇〇年前に作動したこと、人びとは同じ法則に服さねばならなかったこと、それは今日とまったく同じであったこと、このことについての知識はピラミッド建造者とわれわれ自身との間の信頼すべき連結環を提供する。われわれは彼らの決定を追い、彼らの誤りを分析し、彼らの修正を絶対的な確かさをもって認識することができる。技術者にとって、古王国の精神に戻ることに何の障碍も存しない。イムホテプの宗教上の信仰と精神上の動機が何であったにせよ、彼の仕事は、今日われわれが服しているのと同じ安定の法則によって支配された。われわれは、科学者のほうがエジプト学者よりも多くのものを見る、といっているのではない。科学者はただ違ったものを見るといっているのである。彼の結論はエジプト学者の結論に代るものではないが、エジプト学者の結論を補完することができ、たぶんそれを豊かにすると期待できるのである。

第四章　メイドムの鍵

ピラミッド建造の理由をわれわれに理解させるに至る決定的な観察は、メイドムでおこなわれた。それはほとんど五〇〇〇年前に壮大な規模の技術上の災害がピラミッドを襲い、その上で働いていた数千人を襲ったということを知ったということである。現場は人の住まないところとなり、そこに埋葬されることを欲した人々自身によって忌避された。彼らは死後にこの忌わしい予兆の場所と結びつかないために彼らの墓を空っぽのまま放置した。一人のファラオが永遠の住居のために選んだ場所であるメイドムは、その後は荒廃するままにまかせられた。

その規模と明瞭な単純性の効果によって、メイドムのピラミッドは世界のもっとも印象的な廃墟となる資格を容易に得ることができる。それはまた最古の廃墟の中の一つである。青々と茂ったナイルの谷の草木の場所から見るとき、それは四〇メートル以上の方形の巨大な塔のようにみえ、西の丘陵砂漠の丘とみえる物の上に立っているようにみえる。その記念建造物を描いた最初のヨーロッパ人旅行者は、このように見たのであった。彼は王立協会会員フレデリック・ルイス・ノルデン大尉である。彼はデンマーク王の命によってスーダンに旅し、三枚のすぐれた遠景ピラミッドのスケッチを描いた。

スケッチは廃墟状態の建造物を、今日われわれが見るとおりに、示している。唯一のちがいは、建造物のまわりの瓦礫がいくらか（著しくというわけではない）高いということである。それは一七三七年のことであった。同じ年の少しあとで、別の王立協会会員エドワード・ポコクもまたメイドムのピラミッドを見たという記録を書いた。アラブ史のほうにずっと興味をもっている有名なオリエント学者である彼は、アラブ人はこの建造物を「エル・アハラム・エル・カッダブ」すなわち「偽ピラミッド」と呼んでいると記した。ポコクもまたピラミッドを遠くから見ただけであった。

次の訪問者はオクスフォードのオリエル・カレッジのW・G・ブラウンであった。彼は一七九三年に現場を調査した。彼は瓦礫を掘り、ピラミッドの外装石のいくつかを発見した。塔は天然の丘の上に立っているのではなく、丘の印象を与えているものは建造物のまわりの瓦礫である、と彼は正しく結論した。

数年のちに、ナポレオン遠征軍に随伴する学術調査団の他のメンバーと一緒に、ドノンがメイドムに来た。彼の同僚の中の数人は建造物に登ったかもしれない。ドノンはみごとな絵をかき、それは遠征隊の記録の中で発表された。このスケッチとドノンの記述とのあいだには奇妙な食いちがいがある。このことについては、あとで触れることにしよう。多くの高名なエジプト学者のメイドム訪問がつづいた。その中には、一八三七年のペリング、一八四三年のレプシウス、一八七一年のマリエットの訪問がある。マリエットは墓の近くでラホテプ王子とその妻ノフレトの彫像を、さらにまた「鵞鳥のパネル」を発見した。それらは今日いずれもカイロ博物館の主要宝物を形成している。ついで一八八二年、考古局局長ガストン・マスペロがピラミッドを開いた。しかし中は空っぽであった。

ペリングの訪問はとりわけ興味ふかい。なぜなら、彼は建造物についてすぐれたスケッチを残しただけでなく、北東隅と西側表面で試掘坑を掘って基底部をも調査したからだ。その結果、彼は基底部は真のピラミッドの基底部であると結論した。もっとも彼は使い得る時間が短かかったためにこの説明は暫定的なものとしなければならぬと感じていた。彼はまた、石屑の大きな盛りあがりが基底部の全体を不揃いにおおっていることを指摘した。実際、ペリングはピラミッドから取り外した表装石材がタフメの橋をつくるのに使われたと説いた。

前日ペリングは明らかにその橋を調べる時間を十分にもったのであった。なぜなら彼の船が橋に衝突したからだ。幸いに、船をひきはなすに足る幾人かのアラブ人がいた。しかしペリング氏が苦痛をもって指摘したように謝礼について合意ができるまで彼らは動かなかった。これらのことすべてに時間がかかり、そのため彼はメイドム訪問を一日延期せざるを得なかった。それは焦立たしいにせよ小さい事件であった。しかし遠く影響するところの事件であった。タフメの橋にピラミッドの石材があると純真に述べたペリングは、無関係のことを語って本論から外れていたのだが、それは、百年以上にわたって彼の後続者を明白な結論から外らせるということになった。

メイドムのピラミッドについてそのあと四回の調査がおこなわれた。それらはすべて私自身の考察といくばくかの関係をもっている。一八八三年の短時間の訪問ののち、ピートリは一八九一年に本格的調査を実施するためにメイドムに戻ってきた。彼は東面から瓦礫の一部を取りのぞき、中央に小さな死者神殿を発見した。彼はまた参道を発見した。しかし、存在したかもしれぬ河岸建造物が泥の中に沈んで消えてしまっていることを、彼は知った。ピラミッド自体はどうかといえば、われわれがすでに言及したように、明瞭に三段階にわたる建築を現状は示している、と彼は理解した。最初の二段階は階段ピラミッドである。第一の段階では七段のピラミッドであり、第二の段階ではたぶん八段の

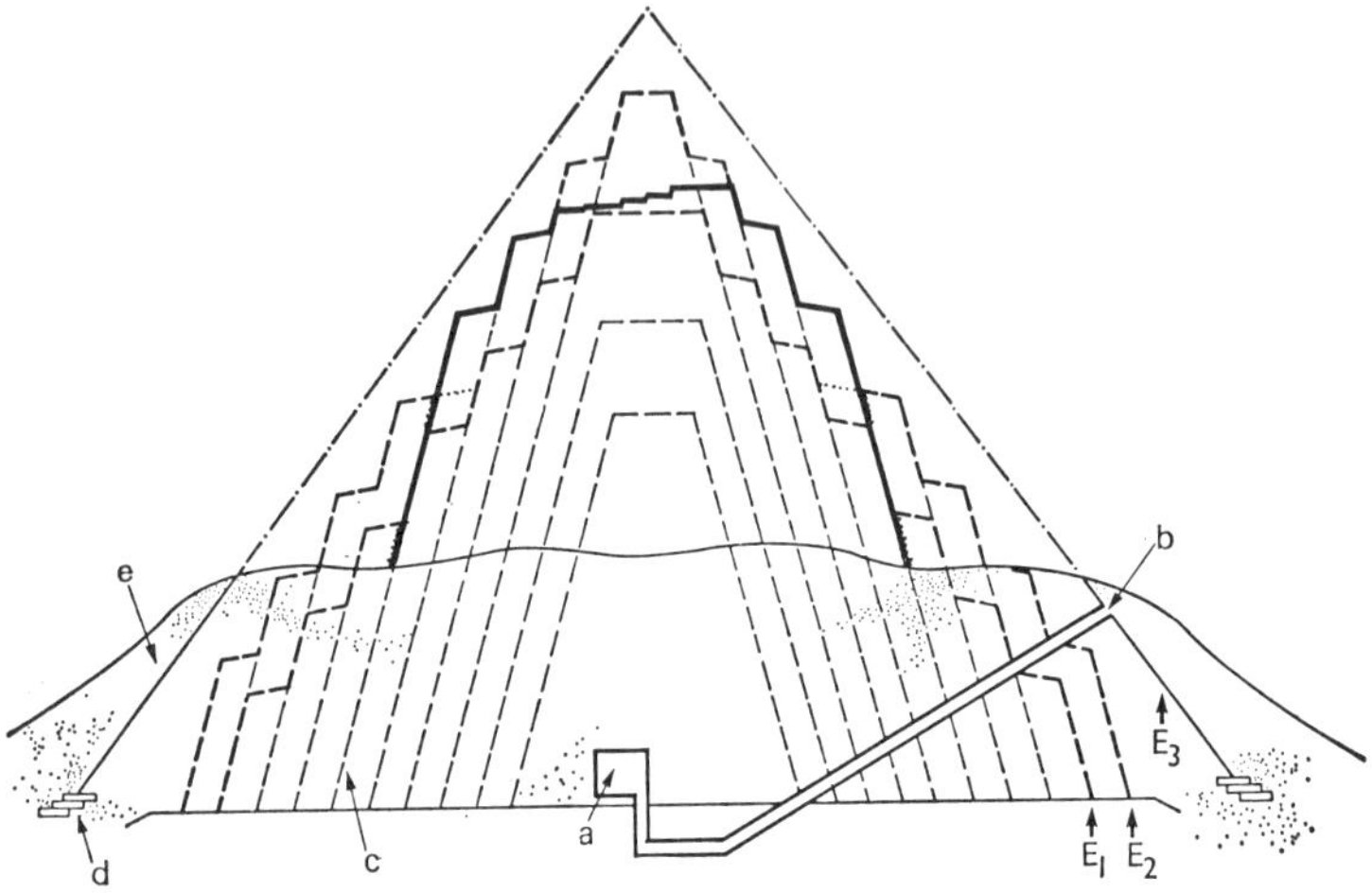

メイドムのピラミッドを北南の方向でとらえた断面図解.
最初の建造二段階は階段構造物 E_1 と E_2 であった．連続して建てられた両者の上に，最後に真のピラミッド E_3 が上乗せされた．墓室(a)へは通廊を通って入ることができた．通廊は天の北極を指している．建造物は十か所の控え壁(c)を持ち，控え壁は岩盤の基礎の上に立っている．ところが，ピラミッド外装 E_3 の一部は砂の上に立っている．建造物の下部は瓦礫(e)でおおわれている．現存の可視部分は太線で示してある．階段の頂上はわずかに傾斜しており，一般に考えられているのとちがって，水平ではない．

ピラミッドであった。第三の段階では、第二の段階の階段ピラミッドの全面が外被によっておおわれた。そのうち最低部の二段をおおう外被だけが今も残っている。次の二段（すなわち第三段と第四段）は消えており、第五段の核を残している。その上に無傷の第六段があり、つづいて第七段の残存部がある。この自立の核が建造物に塔のような外観を与えているのである。外被の残存部は、第三の建造段階が真のピラミッド（最初の純正ピラミッド）を仕上げることにあったことを示している。この著しく損壊した構造物の複雑さはいささか人を当惑させる傾向をもっているので、のちにボルヒャルトによって提出された表示法（提出いらい一般的に受けいれられている）をわれわれは使うことにする。彼は最初の階段ピラミッドをE_1と呼び、次の階段ピラミッドをE_2と呼び、真のピラミッドの外被をE_3と呼ぶ。

一九〇九年に、ピートリはE・マッケイとG・A・ウェインライトと他の人々を伴ってメイドムに戻り、さらに仕事を進めた。その仕事は死者神殿と参道を完全に清掃することをふくんでいた。丸薬のような材料でできた壁の内側で、彼らは南よりに小さな従属ピラミッドの廃墟を、また北よりにマスタバを発見した。ウェインライトはピラミッド全体の下部にトンネルを掘った。外被（E_3）基底部の下から内がわに向って作業を進めていたとき、彼は連続する十の控え壁の基礎を発見した。彼のトンネルは墓室の近くの岩盤の中でおわった。それは、メイドムのピラミッドがジョセルの建造物のようなマスタバの上に築かれていないことを示すものであった。このことは、ウェインライトのあとで発掘されたセケムケトとカバのピラミッドにおいて発見されたこととまったく一致する。この二つのピラミッドは最初から階段ピラミッドとして築かれたのである。それゆえ、メイドムのピラミッドがその建築形式にならったのは驚くに当らない。ウェインライトの発掘の興味ふかい特徴は、二番目の階段ピラミッド（E_2）の外がわの控え壁を調査し、その控え壁が純正ピラミッド（E_3）の外被の下にあったということである。彼は、この控え壁が地表面の高さまで仕上げられていることを示した。このことは明らかに、二番目の階段ピラミッド（E_2）が最終段階として意図されていたこと、そのあとに建造物を純正ピラミッド（E_3）に変える企てがなされたことを示す。

二つの階段ピラミッド（E_1とE_2）がそれぞれ暫くのあいだ最終形態とみなされていて、そのあとに次の段階がはじめられたということのさらに別の証拠は、ピラミッドの中へはいってゆく下降通廊でのピートリの観察によって与えられている。この通廊の内部の石材の並べかたは、連続する階段ピラミッドE_1と階段ピラミッドE_2の本来の入口と一致する場所で明白な不統一を示している。ついで、これらの場所をすぎると、ピラミッド外装（E_3）の最後の入口に向って、通廊はつづいていた。これらを総合すると、メイドムにおけるピートリとウェインライトの徹底的な調査はピラミッドのすべての本質的特徴に及んでいた。あとで明らかになったように、彼らの調査は次の三回の調査に対して比較的わずかなものしか残さなかった。

一九二六年にルドヴィヒ・ボルヒャルトによっておこなわれた次の調査は、わずか一日半のものであった。ボルヒャルトが指摘するように、それさえも不必要に長い時間であった。なぜなら、彼は探しているものを最初の三〇分で見つけたからだ。彼は以前にすでに二回の訪問をしていた。一回目は一八九七年にライスナーと一緒であり、二回目は一九二六年のはじめにリッケと一緒であった。この二回の訪問をへだてる三十年のあいだに、ボルヒャルトはメイドムのピラミッドの構造について、ある非常に明確な考え方を明らかに発展させていた。だから今、彼に残されていることのすべては自己の理論の正しさを証明することであった。ボルヒャルトの調査が短時間であったとしても、彼の著述については同じことはいえない。三万語に及ぶ簡明で細部にわたる情報があるからだ。それは多くの図版をそなえており、ピラミッド建造に関する彼の理論、証拠、その他多くの問題を展開している。これについてはあとでふたたび触れることにしよう。彼の報告はまぎれもなく情報の宝庫である。

ボルヒャルトの主目的は、対照的に滑らかな核を垂直に横切っている「粗雑な帯」を説明することであった。それらの帯はピートリとウェインライトによってたぶん装飾であると考えられていた。とはいえ、彼らはその説明に強い確信をもっていたわけではなく、この様相に対して妥当な解釈を出し

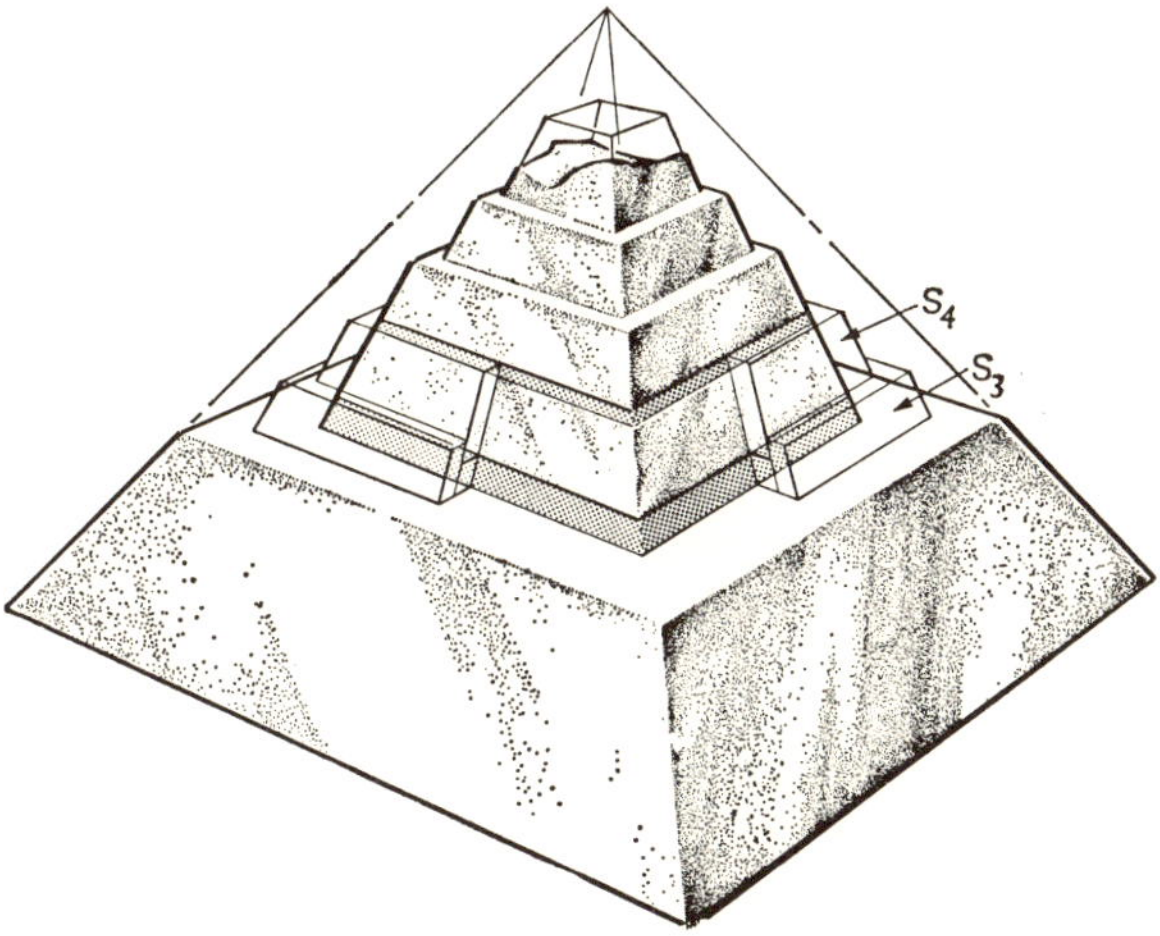

メイドムのピラミッドの「粗雑な帯」の由来を示す図解．
「粗雑な帯」はピラミッド表面に今も見られる．「粗雑な帯」は，第3と第4の段（S_3とS_4）がおおったために仕上げしないままで残された内部構造の部分である．帯はこれらの段が崩れ去ったのち初めて可視状態となった．二つの粗雑な帯を引きはなしている滑らかな帯は，最初の階段ピラミッドE_1の本来の表面である．ピラミッドE_1は次のピラミッドE_2が上乗せられ，まえに仕上げされていた．

かねていることを自ら認めていた。ボルヒャルトは、これらの帯の上部のものは、階段ピラミッドE_1の上に置かれた二番目の階段ピラミッド（E_2）の部分をなしていることを明らかにした。いいかえれば、最初の階段ピラミッド（E_1）がより大きな規模に拡張されたとき、新しい段の高さは古い段の高さに一致しなかった。後者は、はじめ、それぞれ約四メートルの段としてつくられた。この変化の理由は単純である。最初の階段ピラミッド（E_1）において通廊の入口は第一段の高さに置かれた。拡大された設計すなわち二番目のピラミッド（E_2）とともに、この入口はこの段の高さより四メートル高くなったであろう。入口をE_2の第一段に

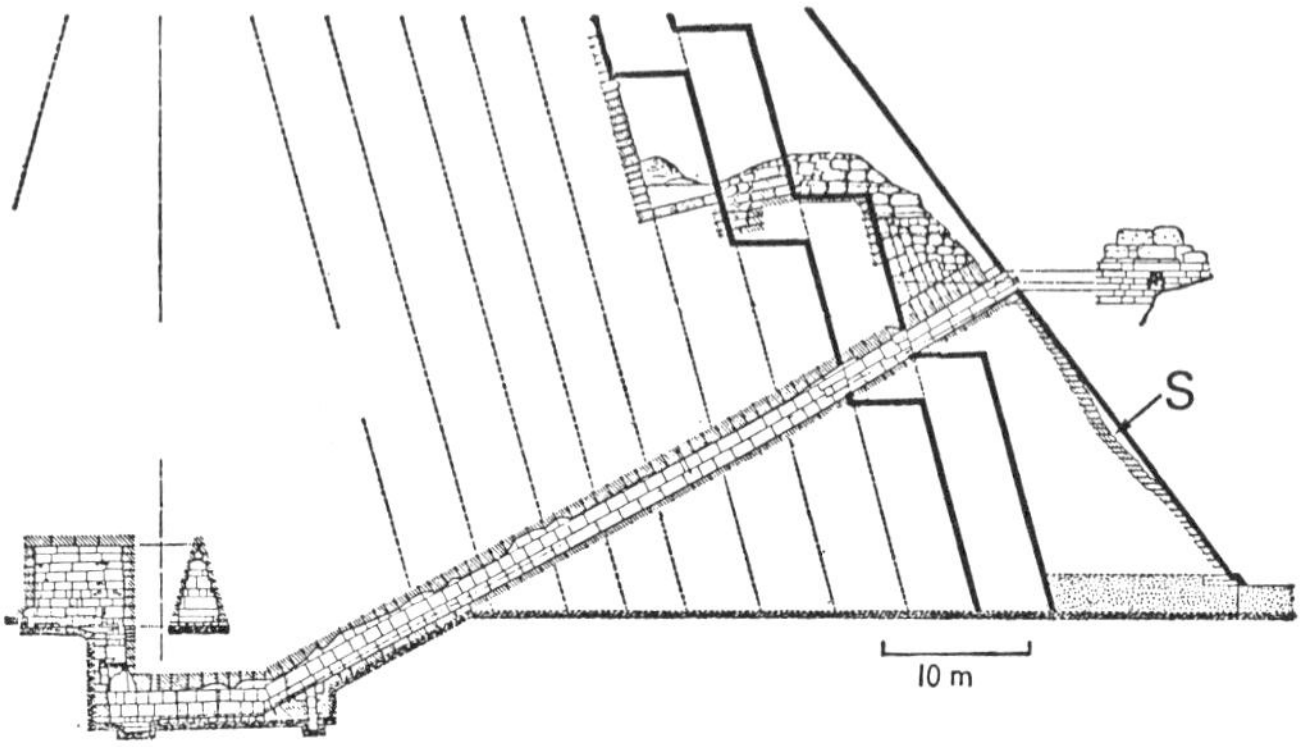

メイドムのピラミッドの北南方向にみた断面図の部分(ロウの作成したもの).
墓室と参入通廊を示している. 外装の露出部の衰弱（S）に注意せよ.

持ってゆくために、この段と他のすべての段を高くしなければならなかった。とはいえ、これらの高くされたE_1の各段の外がわを仕上げる必要はなかった。なぜなら、その表面は新しいE_2の各段によっておおわれるはずであったからだ。E_2の第三段と第四段がついに取り外されたとき初めて、これらの仕上げされていない控え壁の部分が「粗雑な帯」として露出することとなったのである。ボルヒャルトの説明が正しいことにほとんど疑いはない。しかしそれはなぜ第三段と第四段が消えたかという理由については何もわれわれに語らない。

メイドムのピラミッドの三回目の調査はアラン・ロウによっておこなわれた。ライスナーと働いたことのある彼はペンシルヴァニア大学博物館のために調査したのである。発掘は一九二九年～三〇年の冬におこなわれ、結果の一部は直ちに一九三一年に博物館報に報告された。残念なことに、仕事の残りの部分は四十年以上もたった今も未刊である。ピラミッドの中でロウは先人と同じ道を進んだ。ピラミッド内で彼の発見したものは通廊の奥の近くの一本の短かい穴と通廊の角度の二回にわたるわずかな変化（あわせて三度にみたない）だけであった。発表された成果の中で、抜きんでて重要なものは死者神殿の内部と付近の発掘に関するものである。われわれはそれを本章の後段で論ずることとなろう。

この遺跡の四回目の調査は、トリノ博物館のV・マラジオグリオとC・リナルディによるはるかに広範な仕事の一部をなしている。今日では分厚な第七巻にまで達している彼らの調査報告は何か特別の問題を扱っているのではなく、メンフィス時代のピラミッドのすべてを扱うことを意図している。彼らの明示された目標は、これらの建造物に関するすべてのデータを収集し、それに批判的な検討を加えることであり、それは細部の精確な図版の作成ということをも含んでいる仕事である。彼らがメイドムのピラミッドに関して与えたこれらの興味ある追加情報は、やがて論じられることになる。

これらの四回の細部に及ぶ調査が、メイドムの廃墟の異様な形状（それは他の六基の大型ピラミッドとは外観において完全に違っている）の原因について何の解説もしなかったのはきわめて興味ふかい。ペリングがタフメの橋の建造のためにピラミッドの石材が盗まれたと述べたことは一つの説明としての作用を果したようにみえる。ピートリはこれを再びとりあげ、ピラミッドは隣接地にとっての採石場となったと述べた。ピラミッドから盗んだ石をもたない墓に埋葬された者は一人もいなかった。彼は荷車に言及し、小さなロバに石を乗せて運ぶアラブ人についてさえ語った。ボルヒャルトは忠実にこの先導に従った。彼はピートリと同様に、以前に見た石が消えていることを指摘した。三十年の間隔をおおうボルヒャルトの写真を比べてみると、考古学者にとって大きな石材喪失とみえたものは明らかであるが、その石材喪失はピラミッドの容積にくらべれば微々たるものである。とはいえ、現地の農夫に対する彼の怒りが燃えあがっていて、数人の農夫が瓦礫の山に立つのをみたとき、彼はそれらの農夫に邪悪な意図を陰気に推定したのであった。何をしているかと問われたとき、彼らは畑を監視していると答えた。それはたぶん真実であった。なぜなら、丘は迷った動物を点検するのに有利な地点であったからだ。にもかかわらず、ボルヒャルトはいささか退屈なチュートン風の諷刺をもってこう解説している。「私は彼らの石の木槌を見なかったが……」。

厖大な容積のゆえにピラミッドの石を盗み去ることは実際に不可能である、とわれわれはすでに述べた。実際、そのような企ての不可能なことは、直接の実験によって証明された。アラブの歴史家アブド・アル・ラティフは、彼自身の生きていた一二一五年にカリフのマリク・アル・アジス・オスマンがピラミッドを破壊せよとの命令をくだし、全国から集めた大量の労働力によってメンカウラのピラミッドの上で仕事をさせた、と記録している。労働者は八か月の困難な持続的作業ののち、ほとんど成果を得ないままに、放棄しなければならなかった。アル・ラティフはこう述べている。「持ち去られた大量の石を考えるとき、建造物は完全に破壊されたと想像されるかもしれない。ところが、大建造物ははなはだしく巨大なのであって、消えた石の量はほとんど目につかない。ただ一つの側面においてだけ、何かのしるしを残そうと試みたという痕跡がみられるにすぎない。」

メイドゥムの廃墟をきわめて簡単に幾何学的に見るだけで、失なわれた石の量を十分に推定することができる。それは約二十五万トンであり、小さなロバによって運び去るのには大量にすぎる石灰岩であるが、かりに何かの建設事業のためにこの厖大な量の石材が盗まれたとしても、それはどこか別のところで顕著にあらわれなくてはならなかった。ギザの大型ピラミッドではるかに小規模の石材喪失があり、石材がカイロの数々の大回教寺院とカイロ市城壁を築くために再使用されたという場合とはちがって、メイドゥムの付近には、大量の建築材を使い得る規模をもつ町は一度として存在しなかった。

実際問題として、これらの二十五万トンの石灰岩はメイドムの現場をまったく離れなかったのだ。石は巨大な瓦礫の堆積となって盛りあがっているのである。その盛りあがりは非常に大きいので、初期の旅行者はそれを天然の丘と見誤ったのであった。これらの小丘を小さい道を踏んで上り下りした私は、二年以上もたってから、アバファンの辷りおちた鉱山の頂上の写真を見、そのとき初めてメイドムに何が起こったかを悟ったのである。ピラミッドは崩れたのだ！

ここで、われわれの科学的推理小説が実際に始まる。他の大型ピラミッドとは著しく違っているメイドムの廃墟の異様な外観は、今や一つの説明をみつけたのである。しかし、これはまだ始まりにすぎない。ピラミッドの瓦礫は地辷りであるように見えると述べることと、実際にそうであったと証明することとのあいだには、地球大ほどの差がある。今からは、災害が実際に発生したことの証拠を探さねばならない。われわれは、今や、この破局がなぜ、どのように、そしていつ、発生したかを見つけださねばならない。その災害はそれ以後のピラミッド設計に影響したであろうか。もしそうであるなら、どのような形で？

破局とその理由、その内容、発生の時期を論ずるまえに、石盗みが破局に関して何の本質的役割ももち得なかったということを証明するのは値打ちのあることである。他の大型ピラミッドを見れば直ちに、石盗みの型がきわめて一貫性をもっていることをわれわれは知る。まず第一に、盗人は上質のツーラ産石灰岩でつくった滑らかな外装石材にしか関心をもたなかった、ということが注目されなければならない。ギザにおいてさえも外装石材を支える美しい方形建設石材が地表水準にあって近づきやすいにもかかわらず、盗人は決してこれらの石材に手をつけなかった。大ピラミッドの四隅の場合でさえもそうであり、支えの石材は、上部の石の落下を促す危険もなしに簡単に引きだすことができたにもかかわらず、それらの石は原位置に残った。他方、規格に則って切られた外装石はピラミッドの頂上からでさえ、取り外された。盗人を惹きつけたものは明らかに方形建設石材ではなく、滑らかに仕上げられた表面とすぐれた材質をもつ外装石材だった。

外装石材を盗む方法もまた一定の型にはまっていた。接近しやすいことと落石を避けることが指導的原則であった。このことは屈折ピラミッドとカフラのピラミッドで盗まれた石の場合に示されている。攻撃は建造物の基底部と四隅から始まり、そこから内部に、また表面にそって上部に進んだ。メイドムのピラミッドが石盗人によって破壊されたのであるなら、彼らもまた攻撃を同じやり方で為したであろう。ところが、事情は同じではなかったのである。

ブラウンが一七九三年にピラミッドを見たとき、外装は完全に瓦礫によって覆われていた。彼の調査によってピラミッド基底部の姿がはじめて明らかとなった。彼は二つの隅から瓦礫を除去し、そこに、ほとんど無傷である外装を発見した。「石とセメントは底まで見られるかもしれない」と彼は述べた。そのときまで、現地の農夫はこの隠された建築材の宝庫についてもちろん何も知らなかった。ブラウンの発見が、すぐに利用できる外装石のいくつかを取り外すように彼らを刺戟したようにみえる。彼らはもちろんそれらの石材をタフメの橋のために使い、さらにまた、ピートリが指摘するように墓石として使った。いずれの用途も、二十五万トンの石材量がピラミッドから失なわれるということに大した役を果すはずはなかった。実際、ブラウンが石をどこで採ったらよいかを現地の農夫に教えたときから一〇〇年後にピートリがメイドムを調査したとき、掠奪はなおも取るに足らぬものであった。三隅で七メートルないし十メートルの小さな侵略がなされていただけで、南東隅は瓦礫の下に埋まったままであった。ピートリはそこを掘り、そこが完全に手つかずであるのを発見した。

四隅を別とすれば、ピラミッドの外装（E_3）が露出しているところはせまい面積の二か所だけであった。残りの表面は瓦礫の下に埋まったままであった。一九〇九年にピートリとウェインライトがピラミッド東南に接する小さな死者神殿を掘りだしたとき、彼らは東面を基底の水準まで清掃した。彼らは露出した外装が完全に無傷であるのを発見した。外装石材を取りはずそうとした試みの跡はまったくなかった。基底水準までは達しない別の小さな清掃作業が、一八八一年にマリエットによって為された。それは、基底水準から約二〇メートル高いところ、今日の瓦礫の高さのすぐ下のところで北面に位置している下降通廊の入口を開いたときのことである。この自由になった表面E_3もまた原外装が原位置にあることを示している。

以上の発見のどれも、メイドムのピラミッドが大量の瓦礫におおわれる前に石盗人に攻撃されたということを示唆しない。実際、ピラミッドの著しく損壊されている状況は石盗人の活動によるという仮説は、安心して捨て去ることができるのである。証拠はさらに、外装がまだ損壊していないときに災難が建造物を襲ったことを示している。また、ピラミッドの崩壊が漸次的でなかったこともまた明瞭である。瓦礫の内容と分布をみるとき、突然の災害が発生し、そのために石組みが徹底的に破壊され、石が頂上から滝となって落下した、ということに何の疑点も存しない。瓦礫の堆積の角度と石の断片が飛びちっている距離は、瓦礫が大スピードで落下したことを示し、高い動力学的エネルギーを伴っていたことを物語っている。この事実は、建造物がゆるやかに崩壊したという説を排除し、わずか数分間で建造物を破壊したはずの瞬間的災害を指し示す。この結論に達したわれわれにとって、次の課題は、メイドムのピラミッドの歴史のいかなる時にこの突然の破壊がおきたかを考察することでなければならない。

いくつかの理由によって、その破壊は第三の段階のおわるまえに、すなわち階段ピラミッド（E_2）を純正ピラミッド（E_3）に改造する作業のおわるまえに、おこったとわれわれは考えなくてはならない。証拠(とりわけ構造物の下にトンネルを掘って得たウェインライトの調査結果)が明らかにすることは、連続する二つの建造段階が階段ピラミッドE_1とE_2をつくったのであるが、どの建造段階もそれぞれ最終形態として構想された、ということである。このことはまた、二つの階段ピラミッドのよく設計された表面によっても、E_1とE_2の本来の入口に対応する不統一な通廊によって示されている。E_2の入口の場合は、階段ピラミッドを閉ざす最終外装を保持するための金属棒をはめる溝さえも示している。

ピラミッド完成前に崩壊がおこったということを示すもう一つの指標は、建造物が捨てられ、明らかに一度も使われなかったという事実によって与えられている。小さな死者神殿に、二枚の碑板が立っている。それは伝統としては王の名と称号をそなえていなければならないのであるが、いかなる刻文もそこにはない。神殿自体、完成されなかったのである。そのことは、石灰岩の壁の上層部がすでに滑らかになっているのに下層部は仕上げられていないという事実によって示されている。

ピラミッドは一度として完成されなかったという次の証拠は、建造物の内部状況によって与えられている。入口は外装（E_3）の現在の高さのすぐ下に位置している。ここをうまく切りぬけねばならない。入口を摑まえ損ってピラミッドの摑むところのない滑らかな表面を辷り落ちる、という不愉快な見込みがそこにある。高さわずか一メートルのせまくて辷る通廊は六〇メートルにわたって$\frac{1}{2}$よりやや急な勾配で下る。その行きどまりのところに、長さ十メートルの水平の通廊があり、その通廊のおわるところに、深さ六・五メートル、人間がよじ登るに必要な幅をもつ垂直の穴があり、穴は墓室の床に達している。墓室自体は明らかに未完成のままで放置されたのであった。持出し構造の屋根を形成する大きな石灰岩の板は互いに完璧に接合されているものの仕上げは為されていない。建造中に使われた大きな木は一度として取り外されなかった。マスタバ一七号と赤いピラミッドの美しく仕上げられた内部に比べると、疑いもなく、メイドムのピラミッドの墓室は完成前に妨げられたのである。

メイドムの場所を突然に放棄したことは、宮廷人のために築かれたのに一度として被葬者がはいらなかったかあるいは未完成のまま放置されたかした相当数のマスタバによっても、また証明される。自ら奉仕したピラミッド複合のそばに葬られたいと一般に望んだ葬祭祭司の墓が、一つとしてメイドムに発見されていないことは意味ふかい。他方、ダハシュルの遺跡に、このような祭司の墓が多数ある。

これまでに挙げてきたすべての証拠は災害が建造物の第三建築段階で発生したことを示しているのであるが、われわれはこれまで建造物が崩壊したとき外装（E_3）がどの段階にまで達していたかを論じなかった。第五段と第六段の滑らかな壁面に（それは事実上、現存本体の頂上に、と同義である）今も漆喰の跡がみとめられる。このことは、外装は少なくとも高さ六〇メートルに達していたことを示す。ここで、それがより高くまで伸びていたかどうかという問いが生れる。建造物の頂上が失なわれたので、この問いは解決不能の問題とみえるかもしれない。しかし、ここでわれわれは幸いに、エジプト調査局のA・ロバートによって一八九九年に記録された偶然の観察に助けられる。彼は基準点として使うために目印し（旗つきの棒）を立てようと、建造物の頂上に登った。そのとき彼はいくつかのギリシャ語とヒエログリフの落書きをみとめたばかりではなく、残存する最高段（すなわち第七段）は一度として完成されたことはないこともまた発見したのであった。

建築上の失敗の理由を論ずるまえに、われわれはまず、メイドムのピラミッドに関して受けいれられていた考え方にロバートの観察が及ぼした作用について検討することにしよう。それまで一般に信じられていたことは、二つの連続する階段ピラミッド（E_1とE_2）は次の建築段階が開始されるまえに完成していた、ということであった。この理論は、E_1とE_2の滑らかに仕上げられた表面、ならびに二つの段階における二つの入口の配置を主たる基礎としていた。E_1の上部が、今日残っているE_2の滑らかに仕上げられた表面の中に完全に包みこまれている以上、最初の階段ピラミッドの最終段階については何ごとも述べることはできない。しかし、今日われわれは、第二の階段ピラミッド（E_2）は一度として完成されたことはなかった、ということを知っている。そのことは建造物を純正ピラミッドの形態に改造するという決定はE_2の完成を待たずして為された、ということを明示する。その場合、建築家はE_3の外装が今日のE_2の高さにまで達するのを待ち、ついで頂上部の建築にかかろうと思ったであろう。早すぎる崩壊は明らかにこの計画の遂行を許さず、メイドムのピラミッド複合の全体が捨てられたのである。

このような文脈のなかで、われわれはまた墓室の未完成状態を思いださねばならない。E_1にせよE_2にせよ、それらが一度なりとも完成された埋葬建造物とみなされたならば、墓室の石の平板は仕上げられたであろう。そうではなくて、われわれはここで、E_1の設計とE_2の設計との間に無為の中断はなかった、と考えなければならない。この二つの変化のいずれもが、前の段階がなおも進行している間に決定されたにちがいない。この建築段階の重複については技術上の問題がある。われわれはあとでこの問題に再び帰るであろう。エジプト学者にとって、この結論に対する主たる興味は、建造物が純正ピラミッドに改造される前に埋葬がおこなわれたかもしれない階段ピラミッドはメイドムでは一度

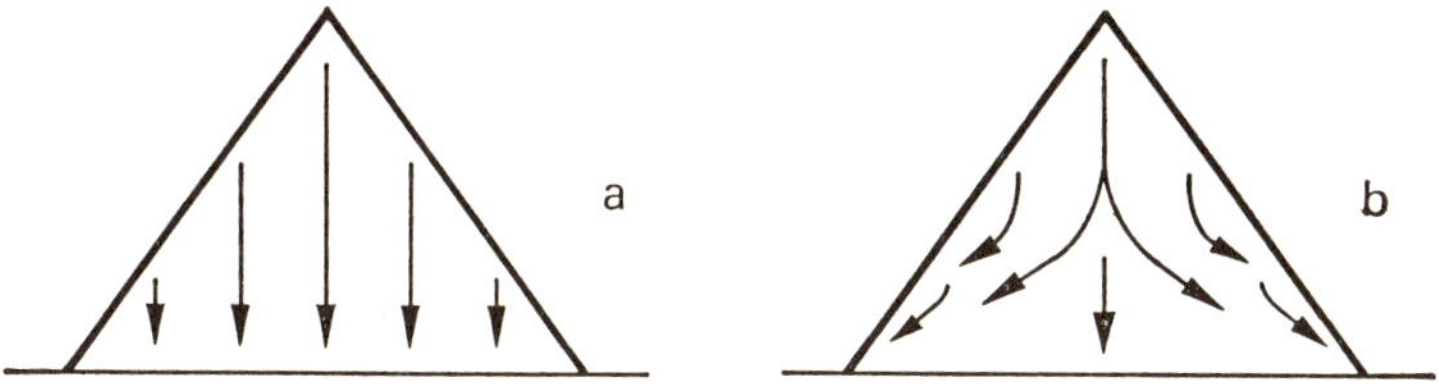

よく建造されたピラミッド(a)の内部で働く重力作用の方向．悪く切られた石材で建てられたピラミッド(b)の場合は，その重力は側面分力の発達を促す．

も完成されなかった、という事実にある。

われわれの証拠から出るもう一つの結論は、過去に大いに論ぜられたピラミッド建造に関するより広範囲な問題に、答えを与える。それは、いつ外装が施され、いつ仕上げが為されたかという工事に関する問題である。今日われわれが知っているように、E_3の外装は一度として目標の高さに達したことはなかったものの、低部の外装は最初から石積みされ、仕上げされた。同じ立論はもちろんE_1とE_2の基礎部の段についてもあてはまる。これはE_2の場合に特に興味ふかい。なぜなら、今や確実となっているように、それは一度として完成されたことはないからだ。

こんどは、建造物の崩壊に関する構造上の理由に眼を向け、ピラミッドのような大建造物を支配する安定条件について何かをいわねばならない。建造物がわれわれの知るように大きいとしても、建造物の重さがそれ自体で崩壊を促すという見込みはほとんどない。もちろんこのことは、ジョセルのピラミッドと他のすべての大型ピラミッドが建造上の不十分さと数千年の掠奪に堪えて見事に立っていることによって、証明されている。実際、それらのピラミッドはその壮大な規模にもかかわらず著しく安定した構造物であることを証明した。それ自体の重さがピラミッド基底部に及ぼす圧力は、メイドムのピラミッドのような物の場合には、二十五キロ・平方センチ（二十五気圧）に達する。これは一つの建造物にとっては高い数値ではあるが、過度に高くはない。それはよく建築された建物の場合、石灰岩の崩壊を促すことは確実にないだろう。

完璧に方形に切られた石材によって理想的に建築されたピラミッドを例にとると、構造物の内部の圧力は下方に対してだけ作用する。建造石材の一個ごとの水平面に作用する上からの重さの力は、下の石材の表面に垂直に下向きに作用する。それは建造材の硬さによって均衡を保ち、いかなる変形をも促さないであろう（もっとも、無視してよいほどの石灰岩のわずかな弾力的圧縮はある）。しかしながら、ひとたびわれわれが理想的な立方体形石材をはなれるとき、事情はかわってくる。石材の表面がいくらか不揃いであるなら、石材は互いに数点だけで接するであろう。その結果、これらの接触点における圧力は数百気圧あるいは数千気圧にさえも達するであろう。それは十分に石材の崩壊と石材の重大な変形を促すことのできる大きさのものである。その結果は、この圧力を避けるためにある方向へ（すなわち建造物の側面と外部へ）建築材が動くということになるであろう。いいかえれば、不揃いな形の石材をふくむピラミッドの場合、垂直に下向きに作用する力は側面分力を発達させ、構造物の破裂と横ひろがりを助ける。それゆえ、メイドムのピラミッドの核（E1）の北面の大きな穴が、滑らかな外装の下の石組みの不完全さを暴露しているのは意味ふかい。石材は比較的小さく、粗雑に切られており、石と石との間には不揃いの大きな空隙がある。

他方、よく建築されたピラミッドの場合、構造物の弱い点から発達する側面分力は局部的なものにとどまるであろう。そのとき小さな変形は周囲の石材によって吸収されるであろう。この場合に起こるであろうことのすべては、建造物のわずかな「安定《セトリング》」である。これについての証拠はほとんどすべてのピラミッドに存在する。イムホテプは側面分力の危険を十分に意識していた。それゆえ、われわれがジョセルの建造物の形状を論じたさいに述べたような安定用内部構造を、彼は導入したのであった。その安定用設計は控え壁である。

彼の設計した最初の大石造建築物、すなわちジョセルのマスタバにおいて、イムホテプは水平建築の層の方法を用いた。安定性を確保するために彼の導入した特徴は外壁の内向き傾斜であった。斜面をなす水平建築の外側の建築石材の切りかたによって、それは簡単に達成された。しかし、この型の建築は側面分力に対してきわめてわずかの抵抗力しかもたなかった。一つが他の上に乗っているという建築石材の摩擦を別とすれば、各層の外に辷りだす力を抑止する対抗力は何もない。とはいえ、この方式は完全に変化して、原マスタバの上と横に築かれるその後の階段ピラミッドとなった。ピラミッドの核は五キュビット（約二・五メートル）の間隔で控え壁という内部構造を与えられた。すべての控え壁は内に向って約七十五度の角度で傾いていた。これらの壁を形成する石材は規則的な

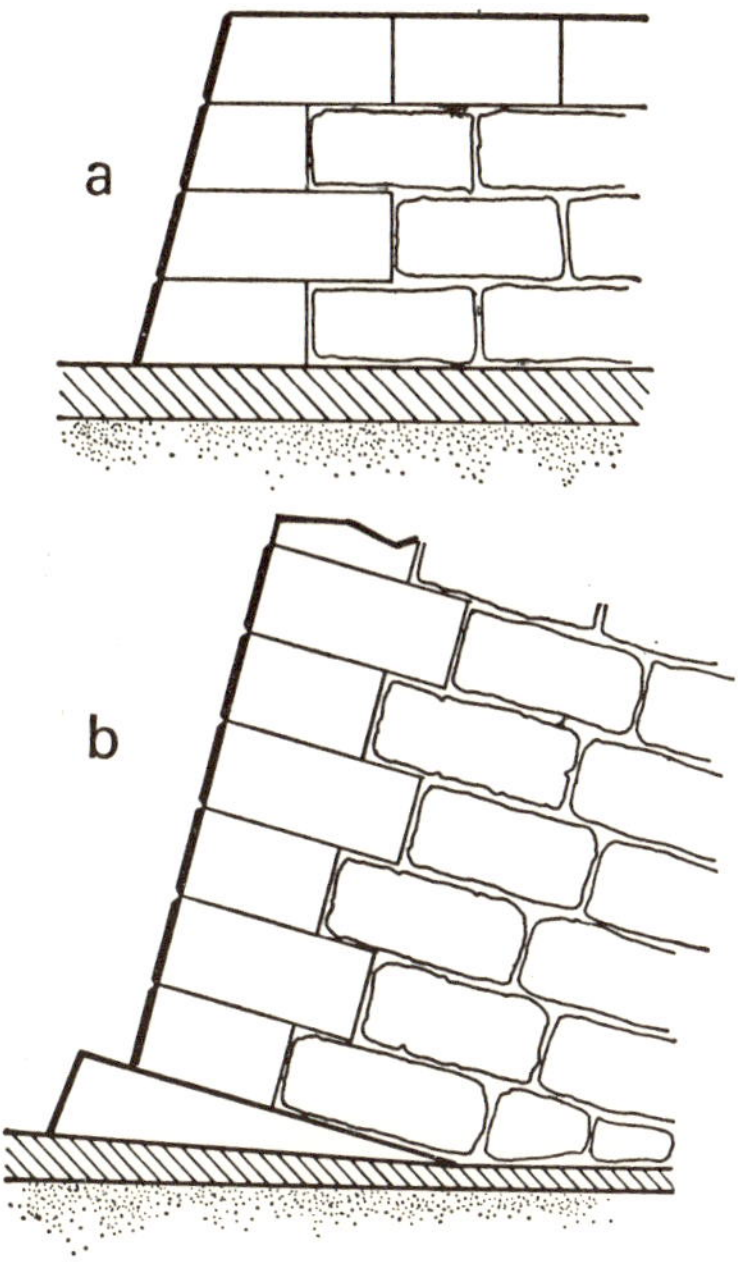

ジョセルの最初のマスタバにおける建造石材の位置(a)と彼の階段ピラミッドにおける控え壁(b).

形のものであり、壁に包みこまれている石組みが外がわに向って動きだすのを抑止する力を壁に与えていた。

このような傾斜控え壁は、泥煉瓦づくりであったとはいえ明らかに初期王朝の墓のいくつかで効果的に用いられた。石でマスタバ全体を築いたことによって、イムホテプは、この新しい硬い建築材を使って今まで企てられたいかなるものよりもはるかに印象的な建造物をたてることができると確信するに至った。彼の狙いは、能うかぎり角度が急であり、能うかぎり堂々としている前代未聞の高さの構造物をたてることにあった。彼は本質的な建築要素として控え壁を選んだ。

初期の泥煉瓦の建造物の崩壊から、イムホテプは側面分力の望ましからぬ発展を十分に知っていたにちがいない。その段階で彼の指揮下にある労働力は明らかに石灰岩を大量に切り出し、型にしたがって切り、運ぶことができたとはいえ、彼はもちろん完全に方形に切った石を一〇〇万トン得ることを期待することはできなかった。それゆえ彼のピラミッドは始めに概要をきめた理想的条件に合うはずはなかった。そこで彼はかなりの規模の側面分力と戦わねばならぬことを知った。彼は、十分な力と十分な数をもつ内向き傾斜の控え壁によって、その側面分力に対抗させることに決定した。建設工事の順序はもちろんきわめて違っていたものの、彼の建造物の基本設計は高さ六〇メートル、角度約七十五度の高い塔として描くことができる。このような塔はもちろん安定したものとはならないであろう。そこで彼は一連の控え壁の囲みによってそれを支えなければならなかった。たぶんその結果として生れる構造物は塔のように急傾斜でもなく塔のように堂々としてもいないであろう。しかし、外がわの控え壁の角度をゆるくすることによって彼はなお堂々たる建造物を達成することができた。その結果として生れたのがジョセルの階段ピラミッドであった。その安定性と堅固さはイムホテプの卓越した設計の十分な証拠である。

メイドムにおける彼の後継者は努力したものの幸運な成果を得ることはできなかった。それにもかかわらず、奇妙なめぐりあわせによって、廃墟が今はわれわれにイムホテプの基本設計の様相を、すなわち高くて印象的な塔の様相を提供しているのは興味ふかい。とはいえ、賢明にもイムホテプは外側の控え壁の力によって建造物の大きさを隠すことに決めたのであった。外部の控え壁もまたもちろんメイドムに存在した。しかし災害が建造物を襲ったときにそれは崩れ去った。今や、われわれの次の課題は、サッカラのイムホテプの階段ピラミッドが今も立っているのにメイドムの建造物はなぜ崩壊したかを発見することである。

メイドムの階段ピラミッド（E_1とE_2）の規模も本来の基礎も、問題に対して責任はない。計画された建造物はジョセルの建造物より大して高くはなかった。その基礎はどうかといえば、メイドムにおける設計はサッカラの場合よりも完全である。一個のマスタバの上に、水平層の石組みを積み重ねて構造物をつくるのではなしに、メイドムのピラミッドは岩盤の基礎の上に直接に築かれた控え壁によってできている。それにもかかわらず、メイドムのピラミッドはいくつかの設計上の過ちを示している。それは今日われわれの眼には非常に顕著で、非常に危険であるため、破局は著しい確かさをもって跡づけることができる。これらの過ちの全部とはいわないまでも多くは、階段ピラミッドE_2が純正ピラミッドE_3に改造されたときに持ちこまれたのであった。

イムホテプの原設計からの一つの重大な離脱は、支えの控え壁の数と間隔に関するものである。ジョセルの建造物の場合、控え壁の間隔は五キュビット（約二・五メートル）であり、そのことは各段ごとに二つの控え壁があったことを意味する。同じ間隔はセケムケトとカバの未完成階段ピラミッドで

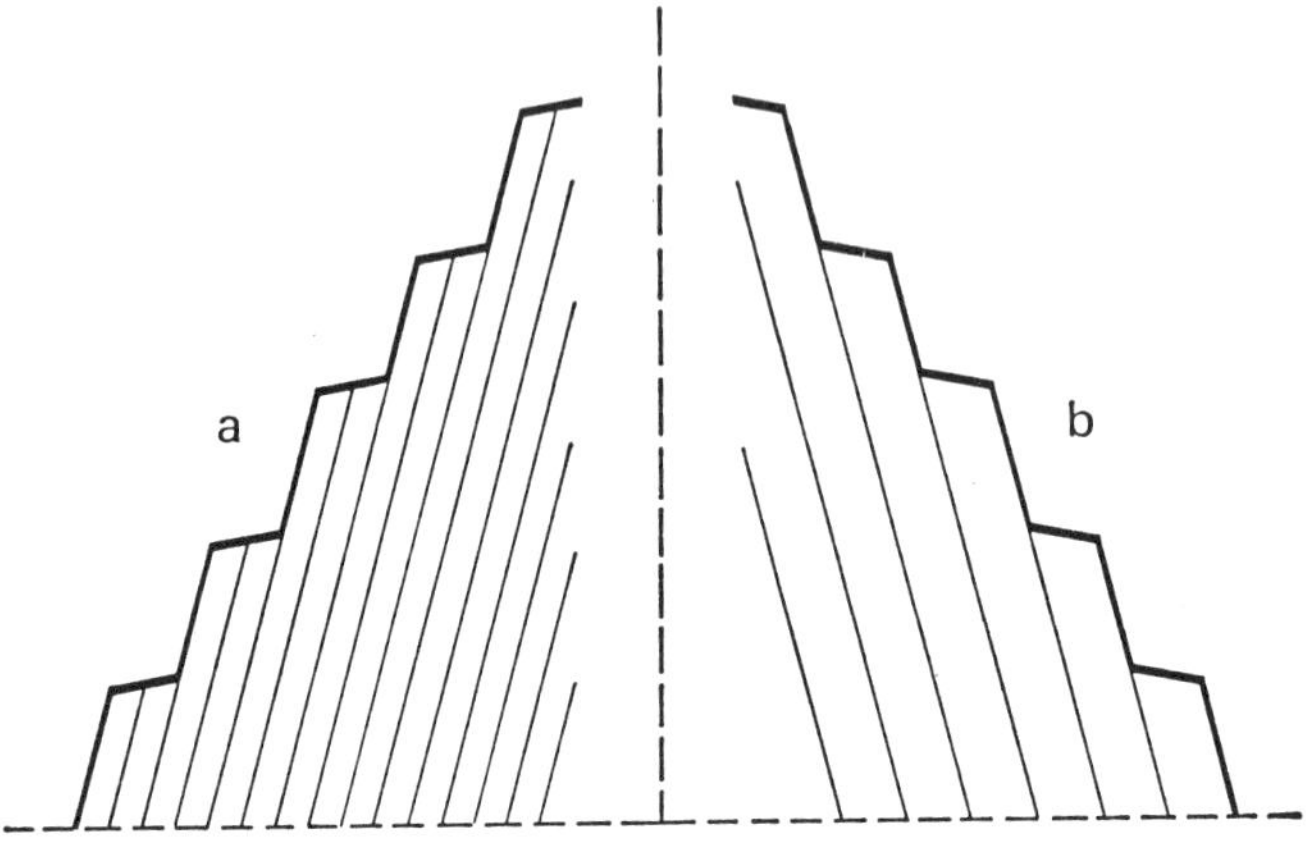

ジョセルのピラミッド(a)とメイドムのピラミッド(b)における控え壁の数と位置を示す図.

も用いられた。メイドムでは、明らかに建築家は控え壁の間隔を十キュビットに増大することによって節約をした。十キュビットの間隔ならば、各段ごとに一つの控え壁だけで間に合うからだった。たぶん建築家は、イムホテプの設計は不必要に慎重すぎるとみなしたが故に、この節約をしようというほうに誘われたのである。にもかかわらず、控え壁がピラミッドを護るために戦わねばならない側面分力は、メイドムにおいてはサッカラの二倍である。公平にみて、E_1とE_2はそれ自体で残されているかぎり自ら崩壊することはなかったということは記憶しなければならない。災害の引金はE_3の増築によって引かれたのである。大災害は建造物を支える控え壁の数を二倍にすることによって防ぐことができたであろう、ということが考えられる。

実際上の問題は完全に不適当である構造物の上にE_3を積み重ねるという決定にあった。E_3の外装石材が設置されたとき、E_1とE_2の外表面は滑らかになっていた。滑らかな表面は非常に危険なすべる平面であった。E_3の石組みが漆喰の層よりも良いいかなる材料をもってしてもこれらの表面に密着しなかったことを、廃墟は示している。E_1の上に乗るE_2の密着度の欠如についても、同じことがいえる。廃墟の顕著な特徴の一つはE_1とE_2の傷跡のない表面にある。それは、災害が発生したときに、外側の建築材が剝ぎとられ、簡単に落下したことを示している。

われわれは、根本的失敗がE_3で為されたと考えてよい。たぶんその設計の新しさのために、E_3は二つの重大な構造上の誤りを伴っていた。まず第一に、ウェインライトのトンネルは、E_1とE_2が岩盤上に堅固に築かれているのにE_3は部分的にしか岩盤上に乗っていなかった、ということを明らかにした。実際、E_3の基礎部の多くは（とくに周辺に近い部分は）簡単に砂地の上に乗っているにすぎず、その外装はかなり薄い石灰岩製の板をならべた三本の列によって支えられているにすぎない。その三本の列は、こんどは投げやりに砂の中に埋めてあるにすぎない。マラジオグリオとリナルディはこの

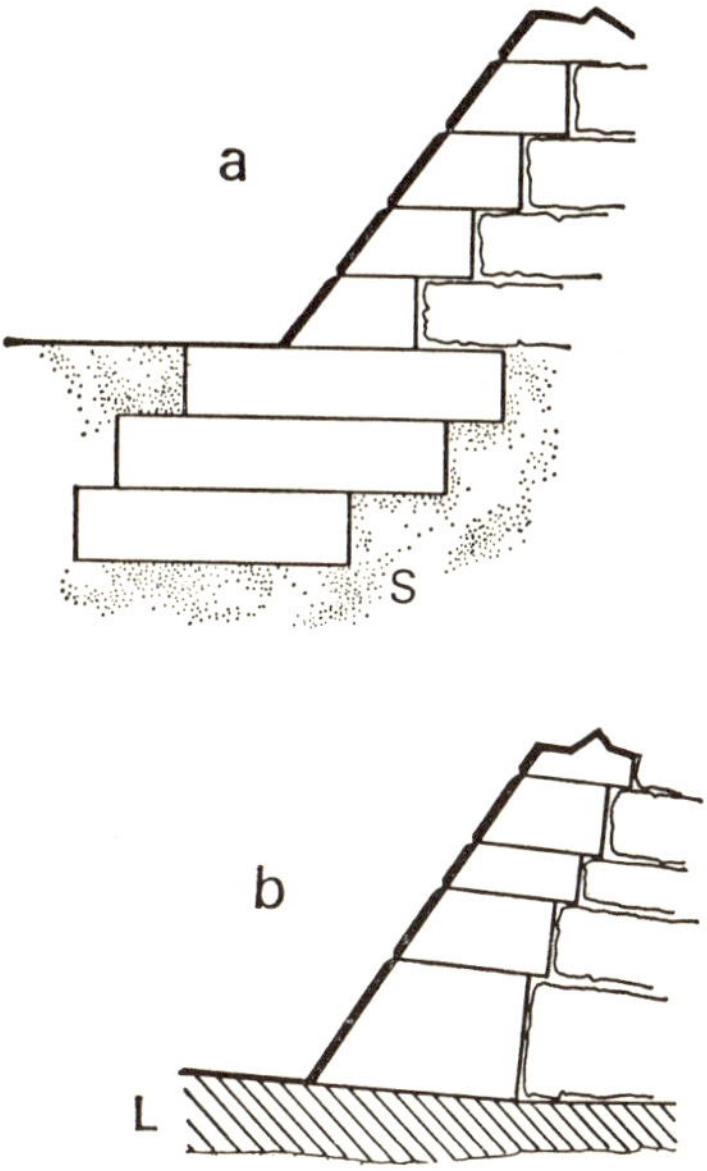

メイドムのピラミッド(a)においては，外装は固められた砂（S）の中に石灰岩石材の基礎部が沈んでいる．いっぽう，屈折ピラミッド(b)においては，外装は内向き傾斜で用意された石灰岩の基礎（L）に支えられている．

事実に言及したものの、これを無害とみなした。彼らの述べるところによれば、その理由はピラミッド周囲の石の重量は大きくはないということにあった。初見のときはもっともらしくみえようとも、この立論は、やがてわれわれが見るように、残念ながら間違いである。

E_2を純正ピラミッドに改造する経過は、ピラミッド形が生れるように各段を埋めることから始められた。とはいえ、これらの詰め石はこれまで信じられていたように安全に各段の上に固定したのではなかった。ロバートは建造物に登ったとき、控え壁の下の石組みの層が内向き傾斜であるにもかかわらず、残存する二つの頂上表面（すなわちE_2の第五段と第六段）が外向き傾斜で置かれていることに気づいた。この設計はジョセルのピラミッドに似ている。それは、雨が構造物に滲みこまないで建造物の外へ流れ去るようにすることを目的とするものであった。この外向き傾斜は、各段に詰め石が置かれたとき水平にされなかった。それゆえ、石材はボルヒャルトとロウの復原図に示されているほど各段上で安定していたのではない。下部の各段は災害のさいに破壊されたが、それらの各段もまた外向き傾斜をしていたことにほとんど疑いはあり得ない。したがって、受けいれられている復原図は修正されなくてはならない。

ある理由によって、建築者は各段を埋めるだけでは満足できず、外装を外に向けて拡大し、E_2の構造物を約六メートルこえるところまでひろげた。建造物の頂上は消え去ったので、われわれはこの設計の動機が何であったかを知らないが、たぶん、意図した五十二度の角度すなわち$4/\pi$の勾配を達成するためにそれが必要なのであった。設計の原因が何であったにせよ、この設計はすでにいくつかの設計ミスを受けていた建造物の安定性に対して最も重大な脅威となった。傾斜する各段の上に置かれた詰め石は控え壁からわずかな量の支持力を受けるにすぎなかった。外装全体の表面についていえば、そのようなわずかな支持力すらも受けていなかった。詰め石と外装の拡張のために使われた石は正しく方形に切られていなかったため、石の重さが及ぼす力は下方に対してだけでなく、外装自体の表面にそって広い範囲にも作用した。いいかえれば、外装のあらゆる点に作用する力はすぐ上の石の重量よりもはるかに大きかった。この力は、外装の累積重量が増大してゆくにつれて着実に大きくなり、ついに構造物がピラミッドの外がわに膨れてゆくのを促した。その結果、外装全体が辷り、崩れ、E_1とE_2の第三段と第四段を道連れにして落下したのである。

破局の引金がどのようにして、どこで引かれたかは、この段階では確実性をもって言うことはできない。破局は辷る平面の一つで始まったかもしれない。最初の失敗が外装自体で為されたことも同様に（あるいはより以上に）ありそうなことである。建造物の重大な構造上の欠陥のために、いかなる局部的失敗も「安定《セトリング》」によって建造物を救うという見込みはまったくなかった。どこであるにせよ構造物における最初の破れ口が発生すると、それは直ちに累積的なものとなり、その結果として突然の大規模災害をおこすことは必定であった。死者神殿の近くのE_3の外装を調べてみると、外装石材の最低層は滑らかにされ完全な状態にあることが明らかである。上へ進むにつれて、外装はますます傷跡を増している。これはピラミッドの外装を運び去った砕石の地辷りとまったく符合する。なぜならその地辷りでは、下の層でよりも上の層のほうでより多くの物質が辷り落ちるであろうからだ。一九一〇年に外装を調査したときピートリは、その損壊状況を「風化」によるものと説明しようとした。しかし彼はそれを叙述するときは「削られた」ものとした。

外装の辷り落ちがE_3の貧弱な基礎に助けられたかどうかは明らかでない。なぜなら、さきにあげた二回の小規模の清掃を別とすれば、外装の残余の部分は完全に砂礫におおわれているからだ。とはいえ、ロウの作成した図版は北面清掃の際の外装を著しく沈下したものとして示しており、これは意味ふかいかもしれない。この点についての結論は、砂礫がピラミッド基底部から清掃されるときまで待たねばならないであろう。清掃は非常に広範囲にわたる作業となるであろう。このような清掃はまた別の理由からも興味あるものとなるかもしれない。そうありそうにみえることであるが、災害が非常に急速に発生したとするなら、装備も人体も砂礫の下に埋まったかもしれない。それらは、第四王朝の始めから妨げられずに来たのであるから価値ある知識を与えてくれるかもしれない。

砂礫の中にみえる断片の平均寸法は、建造物の上段から落下した物質がむしろ徹底的に砕かれたことを示している。それは建築石材の不揃いな形を思えば驚くに当らない。それはまた現地産石灰岩の質の悪さのせいであるかもしれない。後者のことについてロウは、メイドムのピラミッドの周辺の墓の多くは石材の軟かさのために崩れたと述べている。破局の引金をひいた原因の一つは時々下エジプトでみられるような豪雨であったかもしれない。実際、古王国建造物のほとんどは大量の降雨を処理するための設備を示している。しかしメイドムの構造物の場合、外装石材を設置するあいだ構造物は完全に無防備であっただろう。天然の地辷りからよく知られているように、水は危険な滑剤として作用することができる。アバファンの鉱山頂上の場合、水は確実にそのように活動した。石灰岩の建築石材の軟かさと不揃いな形のために、急速度で落下する物質は直ちに地面に達し、かなり小さい小石となった。それらの平均的な寸法は、粉砕された砂を発掘のさいに除去しなければならなかったあの砂礫の地区で明瞭にみられる。ピラミッドの側面を滝となって落ちるこの砕石は大型の固い石塊の力学的特性というよりは、むしろ液体の力学的特性をもっていた。実際、それはよく知られているプラスチックの流出の特性を発揮し、糖蜜の流れとそっくりに動いた。このことは、落下砕石が建造物の基底部に接している碑板や神殿を破壊せず、むしろその上とまわりを流れたことを意味し、こわされずに残った大型の詰め石は突進して落ちたのではなく、糖蜜の中のパン屑のように砕石の流れの中に巻きこまれて運ばれた。ピートリは神殿をはじめて発掘したとき、このような石塊が砂礫の中に深く沈んでいるのを発見した。

これまでのところ、砂礫の流れの最上の描写はメイドム遺跡の空中写真によって与えられている。それらの写真は、砂礫がいかにして廃墟から四方にひろがってゆき、いかにしてついにそれ自体の内部摩擦の結果として安定するに至ったかを示している。砕石によって抑えられている粉砕された砂は暗い周囲の土地とみごとな対照をなしている。とくに真上から撮った写真は、流れのひろがった建造物の周囲の円形区域を示している。

この種のプラスチックの流出はそれより四〇〇年前にペピ二世のピラミッドを脅したようにみえる。それは拙劣に築かれた建造物であった。それは泥で結びつけた小さな石でつくられ、石灰岩の外装をほどこされていた。建築がある進んだ段階に達したのち、ピラミッドの基礎は厚さ八メートルの大堤防でかこまれた。大堤防はピラミッドの基礎を完全にせきとめた。側面分力が貧弱な構造物の中で発達したにちがいないようにみえる。その力は建造物がつぶれて平らになってゆくほどまでに発達したにちがいないようにみえる。プラスチックの流出の別の例はかなり最近におきた。それは発掘者がメキシコのテオティワカンで太陽の大ピラミッドのある部分から被覆石を取り外したときにおきた。日干煉瓦と粘土でつくられた構造物の核が豪雨ののち流れはじめたのだ。そこで建造物救済のために緊急行動が為されねばならなかった。その壮大な巨体のゆえに、とくにピラミッドはプラスチックの流れという形でこの種の破壊を受けやすい。しかしプラスチックの流出は後代の非常に軽い建造物では決して危険とならなかった。

最後にわれわれは、破局的崩壊の運命の日と現在とのあいだにメイドムのピラミッドに何がおこったかを調べなくてはならない。メイドムのピラミッドの歴史を再構成しようといういくつかの試みがなされたたものの、そのすべては完全なピラミッドが石盗人によって徐々に破壊されていったという考え方を基礎としていた。マラジオグリオとリナルディは、今日の核の頂上に近いところにあるヒエログリフとギリシャ語の落書きをはじめとして、建造物の壁にある刻文の高さを通してこの衰弱を跡づけようと試みた。もちろんそれは、ピラミッドの崩壊がピラミッド建造中におこったとするわれわれの結論とは不一致のものであった。彼らの結論はまた、ツーリストが必ずしも同時代の高さにおいてでなくツーリストの登った最も高い地点におのれのイニシアルを刻みたいという傾向を無視している。また、構造物の五段がナポレオンの時代に存在したとする説明をくりかえしているのも、同様にミスリードである。それはドノンの有名な報告を英訳したときの翻訳の曖昧さに基礎を置いている。フランス語のグラダン Gradin はステップ Step よりはむしろティア Tier を意味する。またドノン自身の絵をみれば、滑らかな核の「粗雑な帯」に由る区分を彼が語ったということに疑問はない。彼のメイドムのピラミッドのスケッチは、遠くから双眼鏡でみた観察を基礎としていた。それは今日われわれが見るとおりのピラミッドの核を非常に忠実に描いているものの、砂礫の広い範囲にわたる分散のスケッチについてはノルデンやペリングほど正確ではなかった。

ドノンは北面の大きな穴について説明した最初の人であった。その穴は今日では砂礫の丘の頂上よりも約十メートル高いところにある。彼は砂礫の丘からそこに達することができると考えていた。ところが、ここでまたしても思いおこさねばならないことは、彼の観察が遠くから為されたことである。

いっぽうロバートは階段について解説し、現地の農夫が北面に階段を切りこんでつくり、それを使ってこの穴に達したことを述べている。その各段は今日も明らかに見られ、現地住民はこの階段を用いて薬効成分の故に珍重されるコウモリの糞をこの穴から得ている。村人はロバートに向って、彼らの記憶の中にも彼らの先祖の記憶の中にもそれ以上の高さでピラミッドから剝ぎとった者はいない、と述べたのであった。

今なお存する五段について頻繁に引用されるもう一つの報告は、一一一七〜一一九年にメイドムを訪ねたシェイク・アブ・モハマド・アブダラの報告である。彼の観察は十四世紀にマクリシによって記録されたものである。注目しなければならないことは、マクリシが使ったアラブ語は正しく "Storeys" として解釈しているのであって "Steps" としてではないということである。E_2の第三段のわずかな残りはたぶん災害後に今日の核に接して存在した。空中写真は、農夫と考古学者が石を動かしたのはこの場所からだけであったようにみえることを示している。いっぽうその場所は廃墟の非常にわずかな部分を占めているにすぎない。

砂礫の歴史についてもっとも信頼できる情報は一九一〇年のウェインライトの発掘によって与えられている。彼は「砂礫の頂上でちょうど現在のピラミッド表面の下に当るところで」第二十二王朝の二個の影像を発見した。そのことは「砂礫が第二十二王朝の時代に事実上今日と同じ高さであったことを示し」ていた。彼は、ついで後にロウが、砂礫の中に、たぶん大ざっぱにみて同時代かその後の時代のものであるいくつかの侵入墓所を発見した。これらすべての証拠を要約してみるならば、われわれは、メイドムの遺跡は三〇〇〇年前とそっくりの様相を呈していると結論しなければならない。

もっと古く、ピラミッドの崩壊とその放棄の日にまでさかのぼるならば、われわれはE_3の四隅を別とすれば、入口・死者神殿・建造物基礎部がなおも砂礫に完全におおわれているという事実に困惑させられる。ほとんど確実に、墓室と神殿は第一中間期に侵入された。ピートリは通廊で平凡なスタイルの破壊された木製棺の部分を発見した。それはたぶん初期の侵入埋葬であった。鋪装された墓室の床はかき乱され、一方の壁には穴があけられていた。この損壊は、マスペロによって発見された梁と古代綱の断片とともに、盗人の活動を物語っている。

さきに言及したように、墓室の屋根の石板は一度として仕上げされなかった。墓室がかつて石棺をおさめていたというのはありそうにないことのようにみえる。通廊から墓室にはいるのはさきに言及した竪穴を経由してであり、竪穴は墓室の床に達していて、一辺を一一七センチとし他辺を八十五センチとする方形のせまい穴である。石棺が墓室に置かれるとすれば、墓室の建造中でなければならなかったであろう。いっぽう、それは、小片にこわされないかぎり、このせまい穴を経由して墓室をはなれることはできなかったであろう。そのような破壊は無意味であっただろうという事実とは別に、墓室自体においても通廊のいかなるところにも花崗岩の断片が一つとして発見されていない。

ピートリによって初めて掘りだされ調査された死者神殿はロウによって徹底的に発掘された。彼の仕事から次のような事件の連続があきらかとなっている。まず第一に、災害のあと、この小建造物は羊飼いの住居となった。そのことは火の使用場所、動物の糞、さらにまた神殿扉の外に築かれた穀物サイロによって示されている。神殿壁面の落書きは後代の第十七王朝または第二十王朝にかけて、だれかがそこに埋葬されて神殿扉を煉瓦で築いたときにツーリストが来たことを物語っている。そのあと、外庭に立ちいることが埋葬後に可能になったにちがいないことを落書きは示している。ウェインライトの発掘によれば、神殿は第二十二王朝の時代に砂と石片によって埋まっていたようにみえる。

神殿が災害直後に、あるいは第一中間期に清掃されたかどうか、あるいはまた神殿が最初のなだれのときに救われたかどうか、それをいうのはほとんど不可能である。科学的分析は崩壊の原因とその最終結末を確定するのに困難を感じないものの、最初の災害の直後の構造物の状況について証拠を示すことはできない。砂礫は直ちに最終的状態となって固定したであろう。石組みの一部は上層で不安定な位置でとどまり結局は落下した（たぶんまたしても豪雨のあとで）、ということはまったくあり得べきことである。建造物の幾何学と砂礫の大きな広がりに関しては、神殿は直ちに呑みこまれ、そのあとで掘りだされた、というのがわれわれの見解である。掘りだし作業は大して困難ではなかったであろう。そのことは、一八九一年にピートリがわずか二十五人を使って二か月でこの仕事をなしとげたことによって示されている。

廃墟の状況についての有益な情報は、災害から一二〇〇年以上も後に来た第十八王朝のツーリストが神殿とピラミッド入口に残した落書きからは大して得られない。そのツーリストの一人である「アメンメスの息子であり、死せるトトメス一世王の書記であり、祭儀担当官である者」は「ホルス・スネフルの美しい神殿を見るために来た。その中に天があるかのようにみえ、太陽がその中で昇っているようにみえた」と記した。これらの言葉は何ごとをも意味しない。なぜなら、これらの言葉は当時エジプト全土の廃墟を訪ねるツーリストの標準用語であったからだ。とはいえ、書記がスネフルの名を建造物の主として挙げているのは興味ふかい。もっとも、この帰属は、ピラミッド建造から莫大な時間経過のあとの記録であるため、結論的なものとみなすことはできない。

この章で述べた観察を要約するならば、メイドムのピラミッドの著しく損壊した状況は石盗人のせいとみなすことはできず、建造中の第三段階で建造物が崩れたのである、とわれわれは結論する。この崩壊は突然の災害として発生したのであり、いくつかの設計ミスに由来することを跡づけることができる。災害が発生したとき、ピラミッドの外装（E_3）は約六〇メートルの高さに達していた。この第三の建造段階だけでなくその下の階段ピラミッド（E_2）も一度として完成されたことはなかった。

メイドムの構造物はかなりの高さに達した二番目の建造物であったにすぎない。このような大規模の災害が、古王国の建築家に対して大規模の建造物をその後も建てるということをなぜ諦めさせなかったか、と人は問うかもしれない。答えは簡単である。メイドムのピラミッドが最終建造段階で崩壊したとき、規模として二倍以上のものに設計された次のピラミッドがすでにダハシュルで五〇メートルの高さに達していたのである。

砂礫の流れの空中写真（125頁）

第五章　ダハシュルの確証

ダハシュルにある南の石造ピラミッドが菱形をしているのは（そのため「屈折ピラミッド」の名をこのピラミッドは得ている）メイドムの災害の直接の影響である。サッカラのすぐ南に、メイドムの北四十五キロに位置するこの場所に、二つの石造ピラミッドがある。今日、屈折ピラミッドがメイドムのピラミッドの後にできたこと、北の赤いピラミッドが屈折ピラミッドの後継者であるということは年代的に確かである。これから論ずる建築上の特徴のために、最近まで、屈折ピラミッドはメイドムのピラミッドに先行するものとみなされてきた。最近の発掘はまた、屈折ピラミッドはスネフルに帰属すべきことを疑問の余地なく示した。事は赤いピラミッドについても同じである。第六王朝のペピ一世王が「スネフルの二つのピラミッド」の祭司たちからある税と勤めを免除すると述べている重要な布告がある。ダハシュルのこの碑板は赤いピラミッドの近くの耕作地で発見されたのであり、この建造物の河岸建造物に属したものかもしれない。とはいえ、これらのピラミッドの年代比定についての混乱のために、はじめメイドムのピラミッドは「スネフルの南のピラミッド」であると信じられた。

捨てられたメイドムの場所とちがって、ダハシュルのピラミッドは長いあいだ活潑な崇拝の場であったようにみえる。ダハシュルの墓地は長い系列の葬祭祭司の証拠をもっている。残念なことに彼らの墓は中世のアラブ人の宝探しの注意を惹き、ついでそれ以上に、十九世紀の美術品ハンターの注意を惹いた。ピラミッドが第一中間期に侵入され中味を奪われたことについて多くの証拠がある。ピラミッドの宝物は乱世の時を生きのびることができなかったのに対し、スネフル信仰は生きのびた。ダハシュルのピラミッドは優に一〇〇〇年以上にわたって崇拝の場でありつづけ、スネフル信仰は新王国を通じて（たぶんプトレマイオス期に至るまでも）活潑であった。ピラミッドはサイス時代に（あるいはそれより前に）再封印された。しかし、回教徒によってふたたび開かれた。十七世紀のヨーロッパ人旅行者は屈折ピラミッドに侵入した。このピラミッドの最初の発掘は一八三九年に不屈の常に活動的であるペリング氏によっておこなわれた。

実際、ペリングは一世紀先んじて科学的考古学を創始した。レプシウス、ド・モルガン、バルサンチ、ジェキエのようなきわめて高名なエジプト学者によるダハシュルにおける後の調査にもかかわらず、屈折ピラミッドに関するペリングの最初の観察に取ってかわるものは、第二次大戦後に至るまで発見されなかったのである。一九四八年に、アブデルサラム・モハメド・フセインがエジプト考古局のために屈折ピラミッドで本格的な調査をはじめた。彼の最初の大発見は、建造物の角石と上部室でスネフルの名を発見したことである。これは、屈折ピラミッドがだれに属したかという問題を解決した。フセインはまた上部室から杉の桁材を発見した。それらの桁材はメイドムのピラミッドと赤いピラミッドの場合と同じように屈折ピラミッドの室の中を部分的に埋めている大量の砂礫の下に埋まっていた。何も特別に隠されていなかったようにみえるこの詰めものの目的は明らかでない。またそれが当初からの設計の一部をなしていたかどうかについても、われわれは確かなことをいうことはできない。フセインは合衆国へ旅行中に一九四九年に突然に死亡した。彼のノートは発見されなかった。彼の仕事はアハメド・ファクリによって継続された。ファクリの発見についてはすでに言及した。屈折ピラミッドは未発見の通廊または室をもっているかもしれないとする消えやらぬ疑いがある。一八三九年にペリングが息苦しくなる北面入口を通ってはいったとき、通廊を通って内部の室にはいる新鮮な空気の流れがあった。それは二日間にわたって非常に強く流れ、「そのため灯火を内部で保ちつづけるのがやっとであった。」西面入口は当時なお封印されていたので、彼は、「これらの室は外気と結びつく何かの道をもっていたにちがいない」と結論した。ファクリは、風の吹く日には、時として十秒間もつづく音響が二つの室のあいだの接続路で聞えた、と報告した。

屈折ピラミッド建造のさいの角度変更の理由を理解するためには、われわれはピラミッドの設計と建築という問題にもどらなければならない。イムホテプは控え壁の内向き傾斜を評価することによって高い石造建築物をたてる方法を発見した。この巧妙な考案はすべての大型ピラミッドの建築を支配したようにみえる。控え壁はジョセル、セケムケト、カバの階段ピラミッドで露出しているのが見られる。メイドムのピラミッドの場合でも、崩壊のせいで、控え壁が見られる。厖大な容積と良い保存状態のために、ダハシュルの二つの石造ピラミッドあるいはギザのクフとカフラのピラミッドの内部構造については何もいうことはできない。とはいえ、これらのピラミッドもまた同じように設計されたと考えてよい。なぜなら一二一五年にカリフ・マレクがメンカウラのピラミッドにあけて押しいった穴は建造物の階段式構造を明らかに露出しているからだ。さらにまた、控え壁はギザの補助ピラミッドにも、アブシールにも見られる。それゆえヘロドトスが「ピラミッドは階段式に建てられた。こ

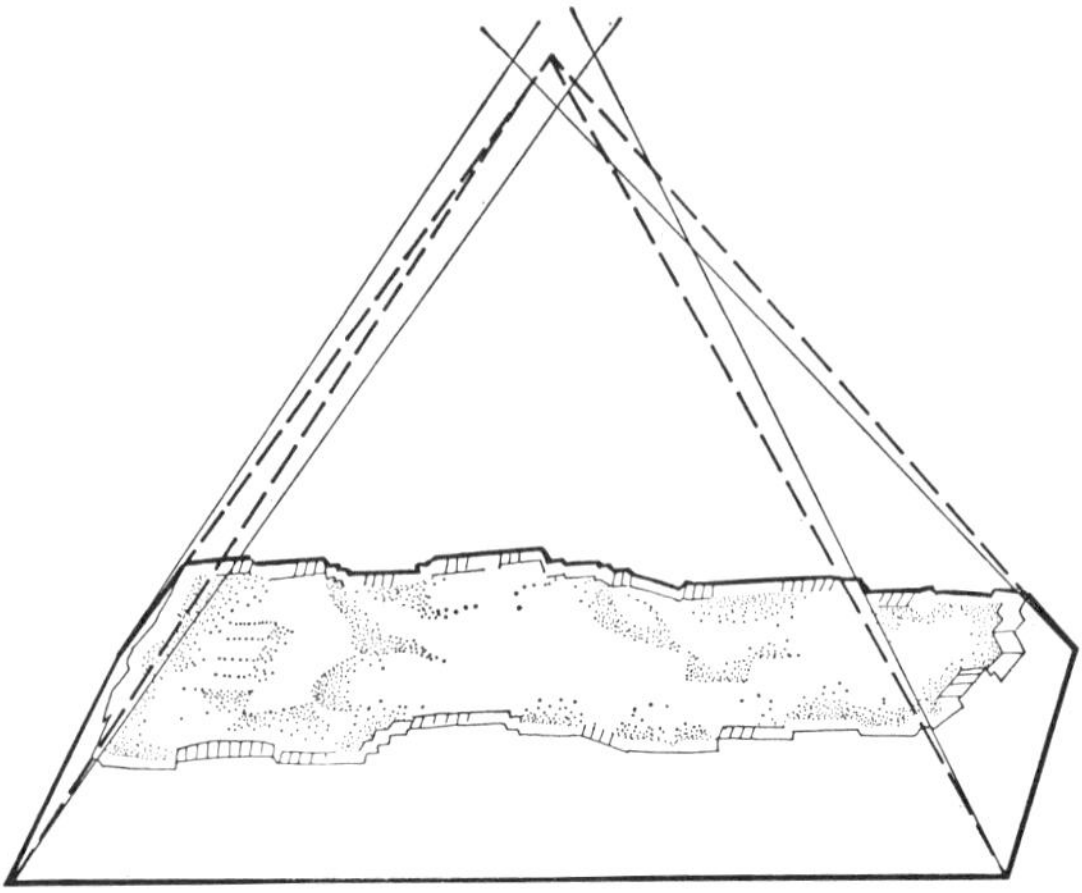

古代エジプト人は，彼らの利用し得る手段をもってしては，地面から真正ピラミッドを築きあげることは不可能であると知ったであろう．なぜなら，エッジの配列ミスはあとの工事段階では修正不能となるからだ．わずかに2°の誤差が，ギザの大型ピラミッドの一つの場合には，頂上で15メートルのずれを生むのであった。

の階段をある人は胸壁と呼び、他の人は祭壇の階段と呼ぶ」と記したのは正しいように思われる。

徐々に高くなり、しかし最初に中心の核を築かないというやり方で真正ピラミッドを建てるのが可能でないことにはもう一つの理由がある。階段ピラミッドの場合にはわずかな列石ミスはほとんど明瞭ではないものの次の段でつねに修正可能であるというのに対して、真正ピラミッドの場合には事は同じではない。真正ピラミッドの陵縁《エッジ》は直線でなければならず、同時に、建造の初期段階では空中の高いところにあって、建造作業中には届きそうにも見えないほど遠くにある唯一点に集中するのでなければならない。エジプト人が、この仕事をなしとげるために高等な計測方法や計測道具をもっていたということはほとんどあり得ないようにみえる。ギザの大型ピラミッドの規模のものを築くさいには、陵縁列石のわずか二度の誤差が、頂上においていい十五メートル以上のズレを生む。陵縁は最初から直線でなければならなかったのであるから、あとで陵縁を修正し角度のズレを正すということは不可能であった。唯一の可能な説明は、頂上中央に標識をもつ高い核建造物の存在であろう。実際、これが実行されたことはロバートによって証明された。彼は一八九九年に、メイドムの階段ピラミッドの未完成頂上部（E_2）によじのぼり、エジプト調査局のために標識旗をたてたのであった。そのとき彼は頂上部の中央に、すでに用意された深さ三〇センチの穴を発見した。ここに、だれかが、四〇〇〇年以上も前に標識を立てたのであった。それは明らかに、ピラミッドの陵縁が正確に指向し得るために必要とされた空中の照準点としての役割を果したのである。

この事実および前章で記述の観察のいくつかによって、われわれは、大型ピラミッドを建てる作業順序を跡づけることができる。最初に、建設敷地が水平にされ、I・E・S・エドワーズが徹底的に考証した方法によって基本方角にそって線がひかれたであろう。ついで、一連の控え壁によって支えられる中核石組みを軸として、階段ピラミッドの建造がはじまったであろう。この構造物が次第に大きくなってゆくのに伴って、増大する高さのために、増大する控え壁の数は中断され、連続する階段ピラミッドを生んだであろう。核のための建築材は建築用斜面によってそれぞれの段に運ばれたであろう。建築用斜面の遺残は今日に至るもメイドムとセケムケトのピラミッドに残っている。階段ピラミッド全体の完成ののち、頂上に標識が設置され、全体をピラミッド型にするように詰め石が置かれた。正しい角度は標識をねらうことによって確かめられた。ついで、あるいはたぶん同時に、外装が置かれた。それは基底部から始められ、最後に、滑らかな面に仕上げられたであろう。メイドムの廃

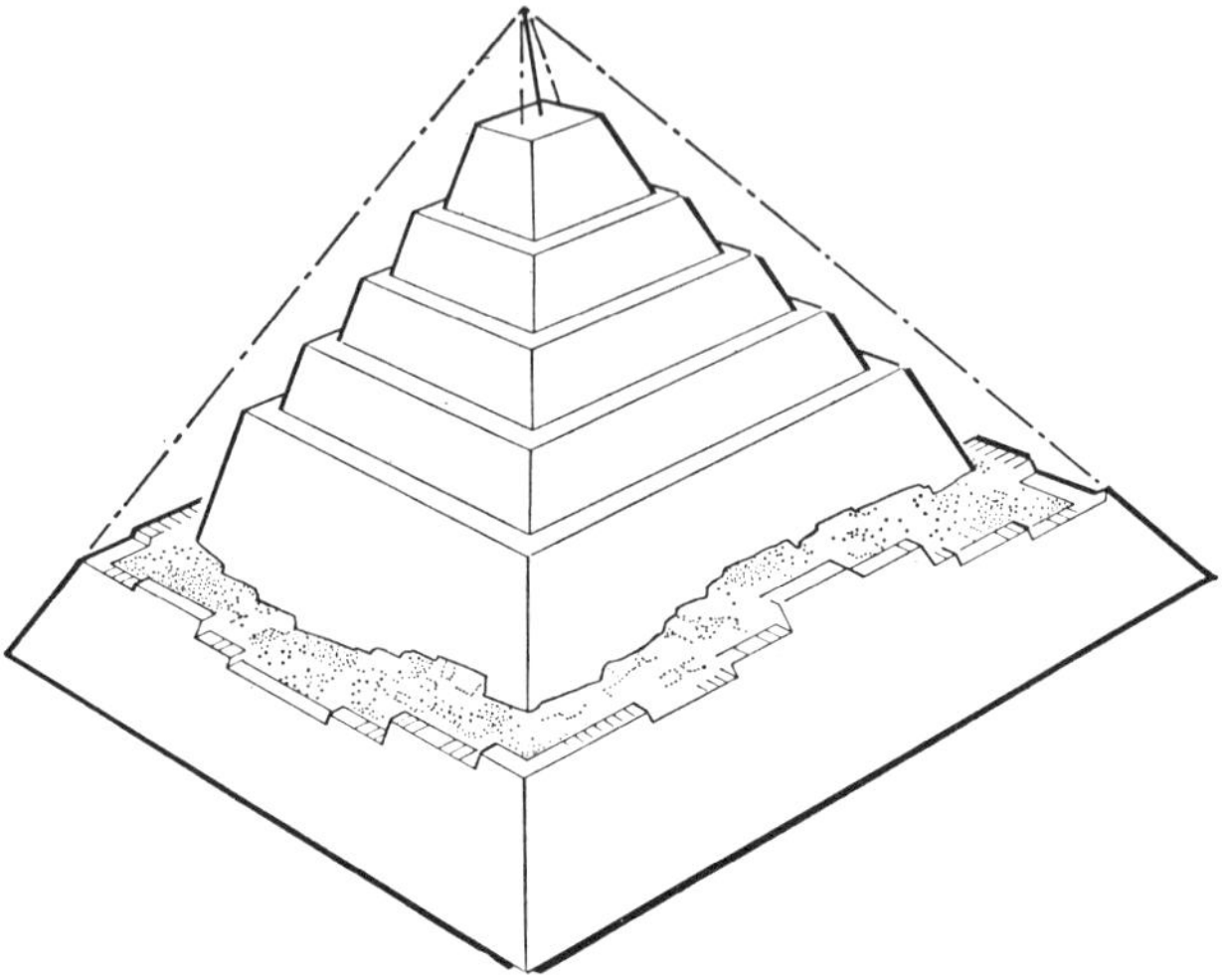

階段構造物は，すべての真正ピラミッドの核をつねに形成している．その控え壁は安定性を与えている．頂上の標識はピラミッドのエッジが正しく線をなすのに役立った。

墟の性格は、作業員がこの最後の作業のさいに同時に使われたことを示唆している。なぜなら、ピラミッド基底部に外装の仕上げがみられるのに、詰め石が上部階段になおも加えられていたからだ。

屈折ピラミッドの場合、核が約五〇メートルの高さに達したとき、勾配を五十四度半から四十三度半に下げることが決定された。それは、最終的にピラミッドの高さを一三〇メートルから一〇〇メートルに下げることとなった。この角度変化を「高さの減少」のためとする二つの説明が出された。しかし、われわれの見解では、建造物を低くすることは基本的に重要ではなかった。「角度の減少」こそが真に重要な要素であった。この段階では、たぶん四段をもつ未完の中核が存在しただけであろう。控え壁は約七十五度の角度で上っていたであろう。

菱形の第一の説明は十九世紀のはじめにJ・ガードナー・ウィルキンソン卿によって出された。彼は、王が早すぎる死をとげたので建造物を急いで完成しなければならなかった、と述べた。ペリングはこの見解を支持した。なぜなら彼は、上部におけるより小さな詰め石と注意の少ない作業ぶりは急いだ建築を示唆すると考えたからだ。この説明は、二つの理由によって説得力をもたない。第一に、ピラミッドの幾何学的形状のゆえに、角度変更によって節約できる石の量は大きくはない。このピラミッドの場合、節約量は全石材の九パーセントにすぎない。それはほとんど価値のない節約である。第二に、次のピラミッドすなわち赤いピラミッドは全面的にこの低い角度で建造された。

角度変更について支えられている第二の説明は、建造中に亀裂が増大したため上から来る重さを減らす必要があったとするものである。上部の室の杉の桁材は側面圧力に対してつっかいをして建造物をまもるために持ちこまれたという主張もまた出された。はじめはこの説明はもっともらしくみえるかもしれないが、技術上の証拠はまったく説得力を欠いている。まず第一に、前章で言及したように、建造物の残りの部分の石の重さから来る圧力効果は重大ではない。さらにまた、角度を下げることによる重量の減少はこのピラミッドの場合、二十三パーセント以上とはならない。屈折ピラミッドの場合、亀裂は小さく、漆喰で容易に埋めることのできるものであった。それは、他のピラミッドにおける、「安定《セトリング》」による亀裂より悪くはない。杉の桁材はどうかといえば、それは作用する力に対してまっすぐに向っているのであり、いずれにせよ力が加わるならば容易に折れたであろう。杉の桁材は構造物を救うために後で持ちこまれたのではなく、ピラミッド建造中に間隔をとるための横板として用いられた、というのがわれわれの見解である。それが取り外されなかったのは、屋根の形が示すように、上部室は一度として完成されたことがなかったからである。損壊するどころか、この持出し屋根

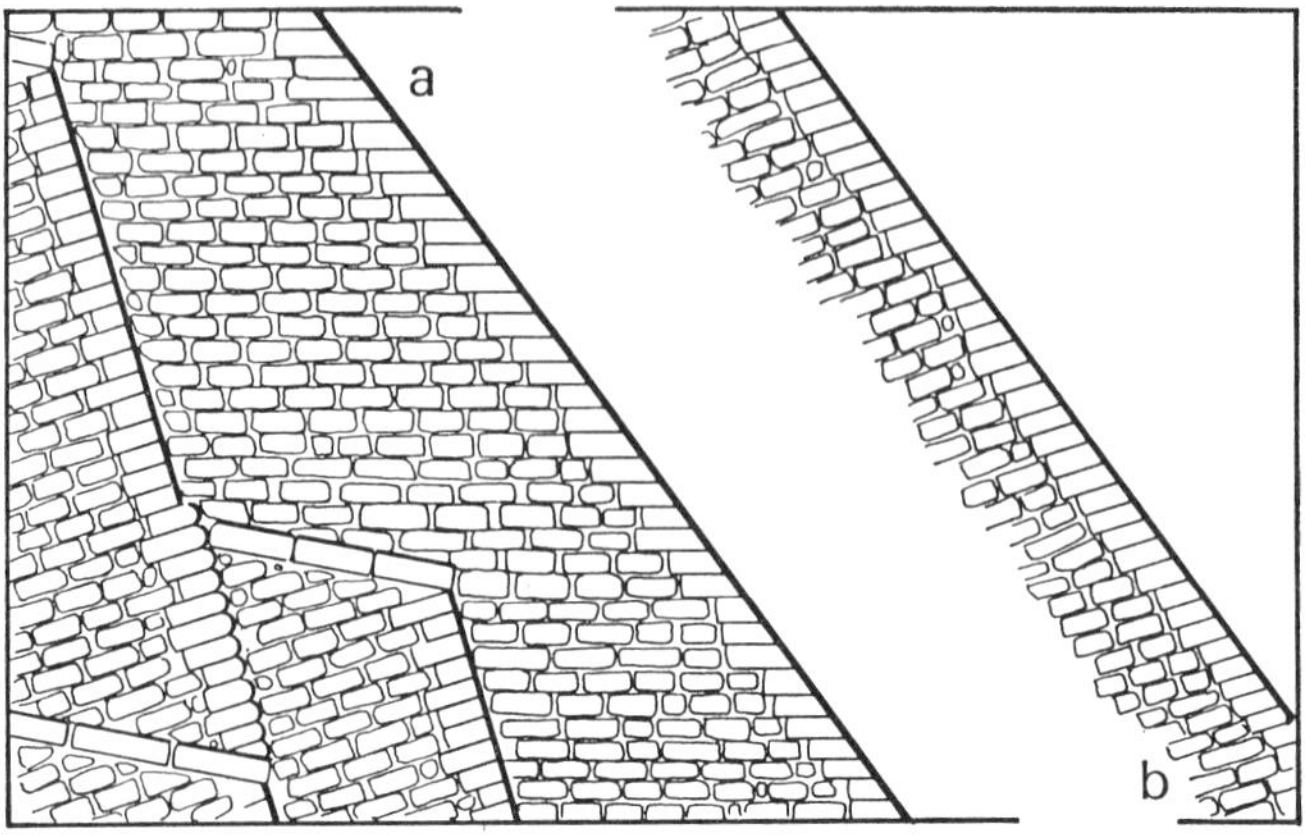

メイドム(a)と屈折ピラミッド(b)における外装石と詰め石の位置．屈折ピラミッドの外装石の内向き傾斜は，メイドムの下部階段構造物と同じ安定性を与えるために選ばれた．安定させる特徴は，メイドムのピラミッドの水平の詰め石の層では見られない．これがピラミッド崩壊に作用したにちがいない一要素である．さらにまた，詰め石は，わずかに外向きに傾斜している段では，安全に固定しなかったであろう．外装の最も外側の石は，すべて段によって直接に支えられていない．

はメイドムのピラミッドの仕上げされていない屋根板と同じ状況を呈している。偶然にここでもまた、間隔保持の杉桁が使われた。その残りはいまも原位置にある。屈折ピラミッド自体において、上から来る重さを減らすべき理由はまったくなかったのである。

　他方、危険とみなされたものは基本的に角度であって重さではなかったこと、予想された危険は内部の室が圧しつぶされることではなくて外装が辷りだすことにあったことについて、われわれは十分な証拠をもっている。メイドムにおいて災害をひきおこしたものはこの辷りだしなのであった。屈折ピラミッドの設計変更は同じ災害をダハシュルで避けようとする努力なのであった。メイドムのピラミッドが崩れたとき、半ばできあがったダハシュルの構造物では、詰め石と外装の築造を別として、いかなる変更も不可能であった。実際、このことについては明瞭な証拠がある。メイドムの階段ピラミッド（E_2）が真正ピラミッド（E_3）に改造されたとき、詰め石は水平層として各段に置かれた。さらにまた、これらの層は、補強の控え壁の外端をこえて約六メートルのところまでつづけられた。明らかにここで災害が発生したのであり、ダハシュルの建築家たちはそれの繰り返しが確実に避けられるようにしなければならなかったのである。内向き傾斜の控え壁というイムホテプの安定設計を意識していたその設計は、構造物の中心に向って傾いている石組みの層から成りたっているのであった。屈折ピラミッドの外がわの層による同様の内向き推圧を確保するために、彼らは詰め石と外装石を、水平にではなくて約六度の勾配で内向きに傾く層として置いた。

このジョセルの階段ピラミッドの構造の名残りをとどめる、明らかに古拙的である設計上の特徴のために、しばらくのあいだ考古学者たちは屈折ピラミッドの年代をメイドムのピラミッドより前に置くように誘導された。屈折ピラミッドとその河岸建造物にスネフルの名を明らかにした、その後の発見証拠によって、今日われわれは屈折ピラミッドがメイドムの建造物の後継者であることを知っている。内向き傾斜層という古い方式に建築家が帰ったのは、これが安定を増大する方法であることを知っていることの結果であった。さらにまた、屈折ピラミッドの下部と急勾配の部分の外装石はメイドムで使われた外装石よりずっと大きい。最後に、メイドムでは外装石が簡単に砂の上に乗っていたのに対し、屈折ピラミッドの外装石は石灰岩の基礎によって堅固に支えられており、その石灰岩の基礎自体が内向きに傾いている。かくして、もはや勾配を変更できない段階に来ている建造物の既設の部分において、プラスチック流出を阻止するためにすべてのことが為されたのである。

ピラミッドの上部については、核の築造は今は勾配を下げて、$4/\pi$ のかわりに $3/\pi$ の勾配で進めることが可能であった。それは詰め石と外装石の辷りだしの危険をかなり減少するものであった。石組みを内向き傾斜で築くといういくらか面倒な労働はここで免除された。またこの安全な角度では、大型の密着する石材を使う必要もなかった。それゆえわれわれは、上部においてまたしても、水平の詰め石と小型の外装石を見るのである。これらの特徴がペリングとその後続者たちの眼には、入念さの劣った急ぎの建築のしるしとみえたのであった。この印象は主として石盗人の選択された活動のせいでつくられた。なぜなら石盗人は陵縁にそって下部の石を盗んだのち下部の急勾配の外装石よりも水平層として置かれた外装石を取り外すほうがずっと容易であることを発見したからである。そこで、反り形に置かれた大型の外装石を取りはずすという仕事の難かしさのせいで、他のいかなるピラミッドの場合よりも広い面積の無傷の外装がこのピラミッドに残された。

　これらすべての特徴（下げられた勾配、内向き傾斜の大型外装石、堅固な基礎）によって、屈折ピラミッドはメイドムの建造物を襲った災害の強力な確証となっている。これら三つの特徴が屈折ピラミッドを両性建造物に変えたのであった。なぜならこのピラミッドはメイドムのピラミッドをしのぐ急勾配の真正ピラミッドとして開始されたのであるが、より大きな構造上の安定を求めて中途で変更されなければならなかったからだ。メイドムで学ばれダハシュルで実践された技術上の教訓を追跡するのは、興味あることである。

　外観の印象が小さくなるという犠牲を払ってでも安全に建造したいという望みが次のピラミッドすなわち赤いピラミッドの設計を完全に支配した。その高さは南の先行ピラミッドに同じである。もっとも後者は容積では前者より大きい。なぜなら赤いピラミッドは安全勾配の四十三度半で全体が築かれているからだ。よい保存状態と大きな容積のせいで、われわれは下の内部構造について何も知らない。にもかかわらず、これもまた階段ピラミッドとして建造され、その頂上に外装の直線陵縁を達成するために必要な標識が置かれた、と考えなくてはならない。その主構造がよく保存されているのに対して、外装はほとんど残っていない。ゆるやかな勾配のために、このピラミッドは石盗人にとって理想的な採石場となった。彼らは仕上げられた白色石灰岩の石材を安全にかつ大した困難もなしに取りはずすことができた。今日その外観は、下に横たわる赤い現地産石材の詰め石によって特徴づけられている。その色がこの建造物に名を与えたのである。

屈折ピラミッドの上部の場合と同じように、赤いピラミッドの詰め石は水平層として置かれている。ギザの次のピラミッドの石材ほど入念ではないにせよ、これらの石材はよく形をとって切られている。二つのダハシュルのピラミッドはともに、初期の小規模の石造工事の階段ピラミッドからギザの巨大な石造作品に至るまでの経過を示している。二種の石造工事の型のちがいは、古代エジプトの石造工事に関するクラークとエンゲルバッハの標準的研究の中に強調されている。彼らが指摘するように、石がわずかな人数で運びあげるのには重すぎるものとなるや否や、まったく新しい処理方法が使われなくてはならなかった。引きあげ用の複滑車の使用はまだピラミッド時代には知られていなかった。特殊な技術は第三王朝ではわずかしか必要でなかった。しかし、われわれはギザのピラミッドでは非常に大規模に特殊な技術が用いられたのを見る。

ジョセルの階段ピラミッドと比べたときでさえ、はるかに大きい赤いピラミッドは勾配の浅いことによって大きさを失う。屈折ピラミッドの上部の新しい形は「建築家に訴えるところがあったにちがいない」というファクリの説明はいささか説得力を欠いているように思われる。われわれが見たように、勾配を低くすることは純粋に安全上の配慮なのであった。この理由だけによって低い角度が赤いピラミッドのために選ばれた、ということはありそうなことであった。エジプトの建築家が急勾配の威圧的建造物をもう一度たてたいといかに熱烈に望んだかは、彼らがギザにおいて $4/\pi$ という最初の勾配に帰ったという事実によって、また、彼らがこの形をすべての未来のピラミッドのために保持したという事実によって示されている。他方、彼らは急勾配がメイドムで災害をひきおこしたこと、この繰り返しをさけるためにこの種のいかなる新事業においても構造上の修正を導入しなければならないことを十分に意識していた。それゆえ、われわれの次の段階は、ギザの大型ピラミッドの構造にこれらの修正を探求すること、そしてわれわれがダハシュルで見た慎重な建築家の敗北主義的態度を克服するために何が為されたかを発見することでなければならない。

ギザで導入された新しい特徴は、屈折ピラミッドの修正と同じように、メイドムにおける安定に関する失敗が驚くべき明晰さをもって分析されたことを示している。四五〇〇年以上ものあいだ構造上無傷でギザのピラミッドを残してきたその安定性は、第四王朝の建築家が課題遂行のさいに基礎的な物理学上・技術上の問題を的確に理解していたことを証明している。

初期およびその後の石造ピラミッドが控え壁の基本核の上に依存したのである以上、同じ設計がギザの大型ピラミッドで使われたというのは、ありそうなこと以上のものである。ボルヒャルトは、クフのピラミッドにおいて、すでにある石組みを貫いて設けられた上昇通廊の、最初の内部設計変更のところに、「帯石」の存在することを指摘して注意を惹いた。それらは大きな垂直の石板であり、そこを貫いて新しい通廊が間隔を置いて通っており、ボルヒャルトはそれを内部控え壁の部分とみなしたのであった。この見解はクラークとエンゲルバッハによって反論された。二人は、通廊がつねに全

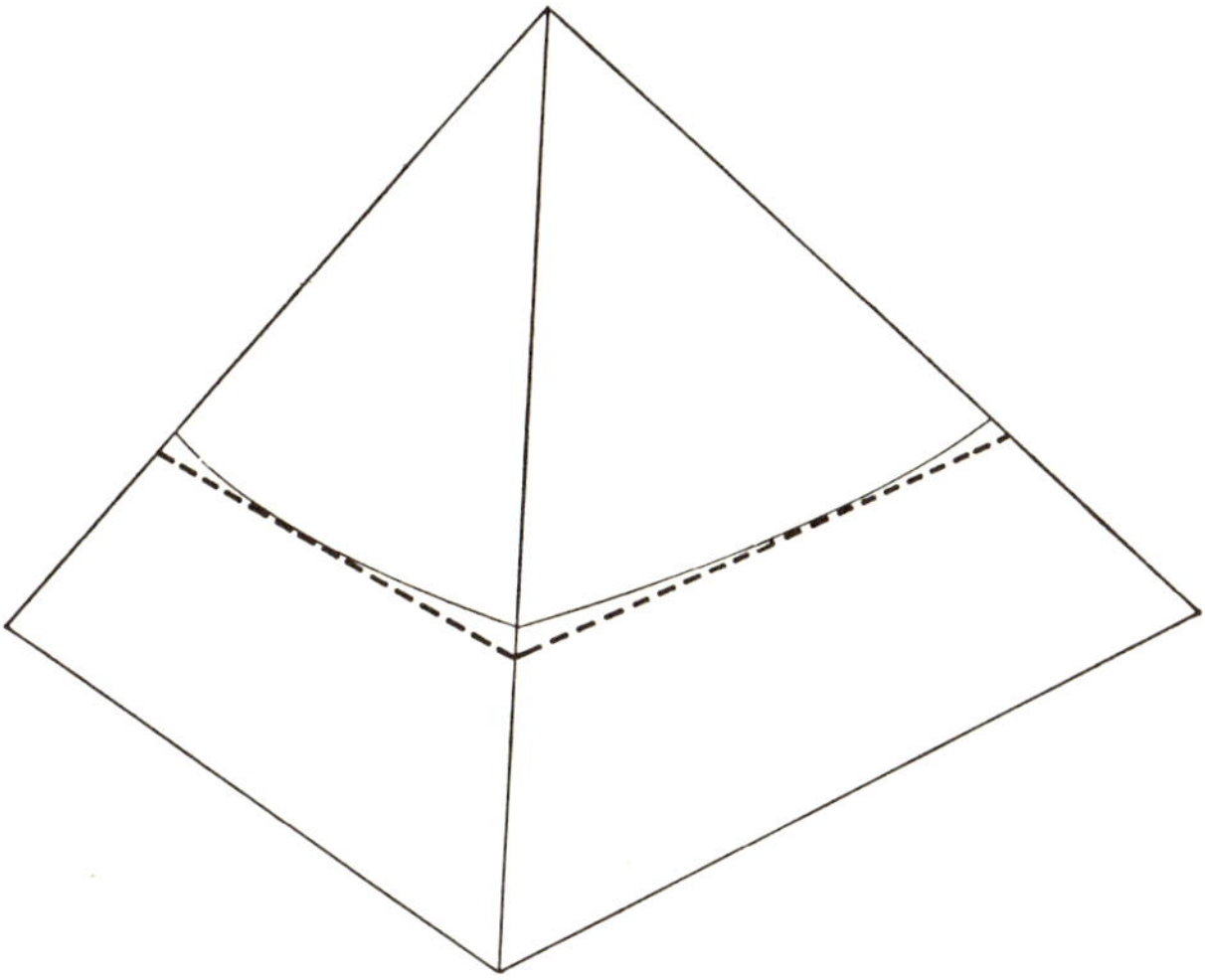

付加的安定を与えるために，クフのピラミッドの石組みの層は頂点に向ってわずかに凹むようにつくられている．

面に石を伴ったのはまったく偶然であろうと指摘した。彼らはまた、この通廊の壁はうまく接合した石でできていることを主張しており、それは正しい。たぶん両方の立場が正しいのである。通廊は明らかに新たな石工事と結びついていた。そして帯石は、最初の控え壁の部分ではないとしても、位置を標示するために置かれた。このことは、帯石が十キュビット（約五メートル）の間隔で置かれているために、またこの間隔がメイドムのピラミッドの控え壁の間隔と同じであるために、なおのことありそうなこととみえる。この控え壁のしるしは、ギザのピラミッドの核構造物に新しい特徴が何ひとつ導入されなかったことを示している。

他方、建築家たちは $4/\pi$ の急勾配をもつピラミッドが辷りだしをおこさないものとするために外被の安全性を明らかに改善した。彼らは、側面圧力の出現を阻止するための正しい方法は正しく方形に切った石材を使うことであることを、明らかに認識していた。これらの石材は入念に形をとって切られたばかりでなく、一個の重さが約二トン半に達するという非常に大きなものである。詰め石の規模と形のほかに、クフのピラミッドの建築家は安定性を確保するために付加的措置をとった。石の列の各層でゆるやかな勾配が設けられ、それによって陵縁の石は各面の中央の石よりごくわずかに高くなった。このようにして、詰め石の各層の四隅はいくらか上っており、このため、全体の層が頂点に対していくらか凹んだ形となった。この方法は付加的な内向き推圧を供給した。その推圧は側面圧力を発達させようとするいかなる要素に対しても抵抗する力となった。

最後にあげた安全措置は明らかに、苦労が多く時間のかかる設計であった。なぜなら、石を安定位置に置く前に石の選択と勾配の選択が必要であったからだ。それはギザの次のピラミッドすなわちカフラのピラミッドでは不必要な措置とみなされて、使われなかったようにみえる。そのかわりに、外装における辷りだしを防止するための新しい方法が用いられた。それは外装石材の最下段の層を花崗岩でつくるというものであった。花崗岩石材はその硬さと強さとによって外被のための信頼し得る基礎をつくるのであった。同じ位置の花崗岩はアブロアシュのダドフラのピラミッドでも用いられた。ダドフラはクフの直後に統治した王である。ギザのピラミッドの中の最後のもの、すなわちメンカウラのピラミッドにおいては、外装石の下部十六段が赤色花崗岩でできている。この特徴はつねに美化工事とみなされた。しかし、ダドフラとカフラのピラミッドの基礎部の砂を清掃したさいにほとんど見分けにくいほどの花崗岩の一層があらわれたのであり、花崗岩の機能は芸術的というよりは構造的なものであると考えるのが正しいようにみえる。

メンカウラのピラミッドもまた大きな、正しく方形に切られた石材によって築かれた。ヴァイスとベリングは「このピラミッドの大半はより大きい二つのピラミッドよりも入念に築かれた。石材はよりよく仕上げられ、かつより大きい寸法であった」と述べた。さらにまた、カリフ・ヌリク・アル・アジス・オスマンによって東面に掘られた穴は、堅固に築かれた控え壁をみせている。他方、死者神殿・参道・河岸神殿はメンカウラの後継者シェプセスカフによって劣った材料で完成された。メンカウラの巨大な石灰岩石材（一個が二〇〇トンの重さにまで達する）でつくられた死者神殿と泥煉瓦・漆喰を使う工事とのあいだには、異様なコントラストがある。興味の突然の欠如と労働の節約を示すこれらすべてのしるしは、ピラミッド時代の突然の終焉の要素をなしている。メンカウラのピラミッドの外装における、驚くべき多数の花崗岩の層は、この衰退のもう一つのしるしであるかもしれない。たぶん、クフのあとで初めて建築中および将来のピラミッドのために大量の外装石材を産出しはじめたアスワンの花崗岩採石場は、突然の需要低下におどろかされた。採石人夫頭たちは過剰な数の外装石材をもてあまし、そこでその石材がすべて第四王朝の最後のピラミッドであるメンカウラのピラミッドで使われた、といったふうにみえる。

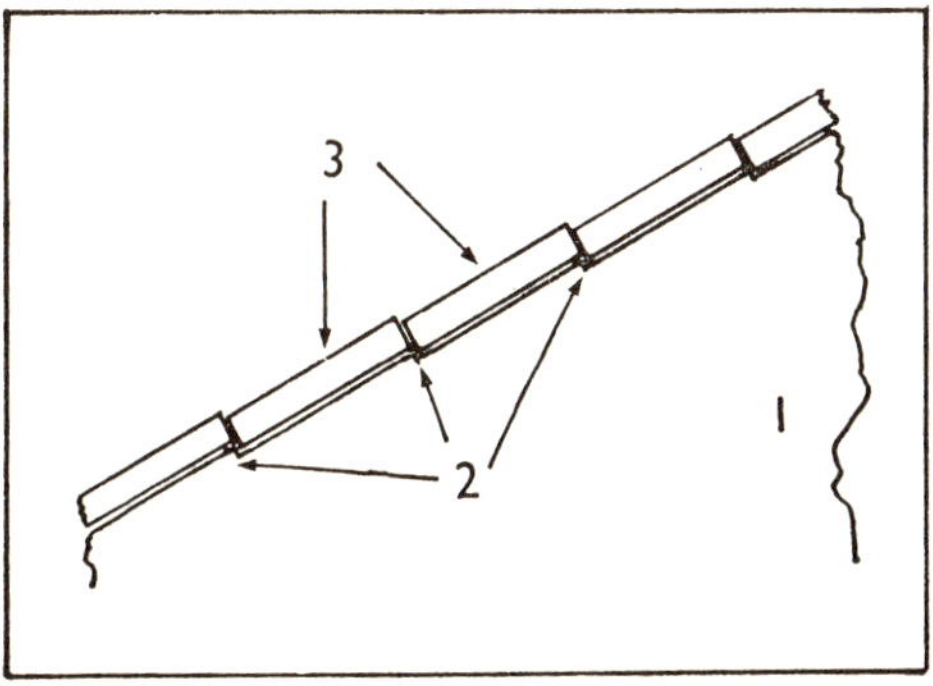

メイドムの災害ののち，辷りの危険はつねにピラミッド建築家の心中にあった．クフのピラミッドにおける「大通廊」の壁（1）は頂上部で鋸歯状のエッジ（2）をもっていた．こうすることによって，屋根石（3）が，それぞれ自立・安定した．これは屋根石の重さが累積的になるのを防いだ．

ギザ時代のピラミッドにおける他の建築上の革新は内部通廊と室の設計に関するものである。ギザにおける唯一の持出し屋根は、クフのピラミッドにおける大通廊のそれである。勾配をもつ高い通廊は、メイドムの災害のあとエジプトの建築家の中心につねにあったともみえる辷りだしへの恐怖に関して、興味ふかい証拠を提供している。屋根石は壁面頂上でそれぞれ切りこみに合わせて置かれているのであって、屋根板相互に突き合わせて置かれているのではない。これは、屋根石の重さが勾配をもつ天井の下部末端で累積されないようにするためであった。クフのピラミッドにおける女王の間の屋根およびカフラとメンカウラのピラミッドの墓室の屋根は非常に大きな石灰岩の切り妻でできている。それは時の試練に耐えてきた。これらの屋根の上に、クフの王の間の上にある重力拡散の間と同じものがあるかどうか、われわれは知らない。

$4/\pi$ の勾配で大型ピラミッドをたてるギザの建築家の努力は壮大な規模の巨石建造物を発達させることを含んでいた。方形に切られた大型石材がただ詰め石として使われることに限られていたとみなしたとしても、詰め石のためには、一個が約二トン半の重さをもつ入念に形づくられた石灰岩の立方体を七〇万個、用意することが必要であった。この石材のほかに、約一〇〇万平方メートルのよく築かれた控え壁と、ツーラの大型石灰岩石材でつくられた約二〇万平方メートルの滑らかな外装を加えなくてはならないであろう。外装の残存部の実例は、石と石との間にハガキ一枚を差し込むこともできないほどに石と石を密着させた、ということを示している。以上に述べた種々の型の石は切りだされ、運ばれ、置かれ、部品として組みたてられなくてはならなかった。それらの石は人力で持ちあげるのには大きすぎた。いずれの場合にも、梃子によって扱わねばならなかった。梃子は古代エジプト建築家に知られていた唯一の機械であった。

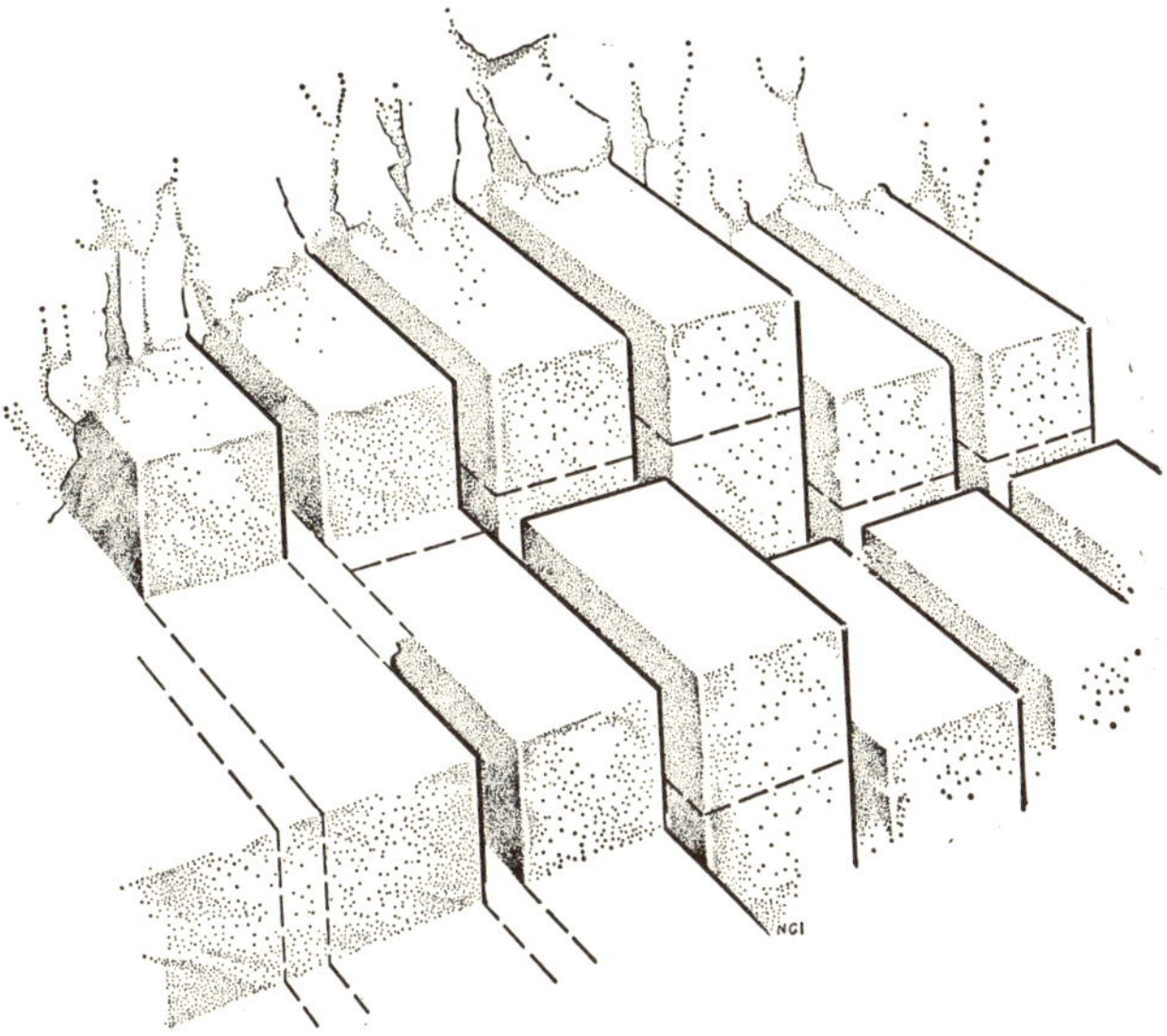

ピラミッドのために石灰岩の石塊を切りだすとき，垂直の切りこみが，銅のノミまたは閃緑岩の玉を打ちつけることによって作られた．ついで石塊は楔によって引きはなされた．楔はしばしば木製であり，水をしみこませると膨張するのであった．

このような仕事はすべて、単に驚嘆すべき労働力に依存しなければならなかっただけでなく、高度に発達した技術的組織にもまた依存しなければならなかった。行政レヴェルで解決しなければならない問題は、建築材を非常な高さのところまで積みあげるというような一般に論じられる問題をはるかに越えるものであった。もっとも印象的な特徴はメイドムの災害後におけるピラミッド建造への執着と傾斜である。さらにまた、真のピラミッド型の建造物に固執していることは意味あるものとみなさねばならない。エジプトの建築家は、メイドムの災害をひきおこしたものは階段構造物の上にピラミッドの外被を乗せた運命的決定であった、ということを十分に知っていた。ダハシュルにおいて、建築家は古い試験ずみの階段ピラミッドの設計に帰ることもできたであろう。彼らが真のピラミッドを築くという困難で冒険的なコースに踏みだしたという事実は、この特殊な形が彼らの社会の発展にとって本質的なものとなっていたことを示している。

この壮大な事業の命令を発した人々はだれであったのか。その命令をなしとげた人々はだれであったのか。今日の用語を用いるならば、エジプトの「エスタブリッシュメント」のメンバーはだれであったのか。第一の第一は、もちろんファラオであった。しかし彼の地位は最初の四王朝のあいだに相当な変化を受けたようにみえる。部族社会から立ちあがった初期のファラオは、明らかに、アフリカで今日にまで存続しているのに見られるのと同じように、神聖王権を保っていた。人民の福祉は王の健康と精力に依存していた。王ははじめは、年をとるにしたがって力を失うという事を許されなかった。しかし彼の力が衰えたとき儀式によって殺されなくてはならなかった。歴史時代になると、殺害は若返りの呪術の儀式にとってかわられた。それはヘブセド祭であり、やがて統治上の祝祭とみなされるようになった。

王の地位が魔術の力をそなえた呪術師から王冠の制度に変ったのは、明らかに、最初の二王朝をおおう四〇〇〇年の間においてだった。上エジプトと下エジプトの両王国の統一は、首都の上に成りたつ中央行政の開始を要求し、中央行政は部族長のいささか偶然的な活動よりも合理的で恒常的なものとならねばならなかった。それは必ずしも円滑な発展ではなかったとしても、たぶん漸進的な発展であり、つねに中央集権化を指向した。ペリブセンの異端が示すように、それはまだ、過去に原因をもつ宗教上の分裂によって乱される時代であった。それは、地方神がともに二流の地位に追いやられ、著しく不調和なパンテオンに吸収されている時代であった。エジプト人は極度に保守的であり、何ものをも決して投げ捨てなかった。こうして彼らはすべての部族フェティシュを保ちつづけた。しかし彼らは、統一された宗教体系の中にそれらを統合するという努力を大してしなかった。起こったことのすべては、地方神の中のあるものはある特殊な、一般に受けいれられた小さな役割を得るということだった。そこで例えば、デンデラの牝牛のトーテムであるハトホルとブバスチスの猫のバストが広く認められた愛の女神となり、河馬のツエリスは出産の女神となった。

ハヤブサのホルスの旗のもとに、侵略人種がエジプトを征服し、彼らの指導者が上下エジプトの王となるために、ついにこのトーテムの鳥と自らを一体化した。王の称名の中で最も重要なものは「セレク」の中に刻まれる彼のホルス名である。セレクは王宮の正面を象《かた》どったものであり、その上にハヤブサをいただいている。ヘブライ語の「パロ」(ファラオ)は、この王宮すなわち「大いなる館」すなわちエジプト語の「ペル・オ」の表現から偶然に生れた。王名はタブーとなり、「大いなる館」が王に言及するさいに用いられる標準の回りくどい言い方となった。地方神はそれぞれの神殿と祭司団をもっていたが、ホルスはそれらの上に立った。ホルスの優位に対抗できるのはオンボスの土着神セトだけであった。第一章で言及したように、セトは第二王朝の王ペリブセンの治世中にホルスに取ってかわることに成功したのであるが、ホルスはのちに同じ王朝の時に地位を取りもどした。とはいえ、結局カセケムイの治世中にホルスとセトのしるしがともにセレクの上に立つということで妥協が成立したことは、意味ふかい。のちに、世界の正しい分轄が祭司団によって定められ、セトは天を、ホルスは地を受けとった。このことによって、ホルスの人間化としての王はエジプトの地を妨害されずに治めることができるようになった。

第二王朝の変り目に達成された安定とともに、中央行政府としての首都は重要性をもち、そのために、地方神の祭司団は行政サーヴィスを提供する最大の源となるのは不可避のことであった。メンフィスの地方神はプタであり、プタは学問と書記の守護神となり、プタの神殿は行政府のメンバーに対して適切な聖所となり、顕著な存在となった。王は、とりわけ初期の王は大いにこの制度に依存し、この制度を育成し恩恵を与えた。もっと古い聖所がメンフィイスの北東三〇キロのところ、オンに存在した。オンはギリシャ人からはヘリオポリスと呼ばれた。その名が示すように、それは太陽神ラーの神殿であり、そのしるしは地上におりる光りをあらわす円錐形の石「ベンベン」であった。ヘリオポリスの神殿はまた天文学・数学・時間測定・暦の家でもあった。われわれのもっている実にわずかな情報は、君主制を補佐し指導することについて、ある主導権争いがプタとラーの祭司団のあいだにあったことを物語っている。

最初の二王朝のあいだプタの影響力は決定的であったようにみえる。しかし第三王朝の開始とともにヘリオポリスがたえず増大する役割を獲得した。イムホテプはヘリオポリスの上級祭司であった。したがって、サッカラの階段ピラミッドの建造に表現された科学的・建築上の知識が太陽神の学校の数学から生れたということは、ほとんど疑いの余地がない。ジョセルの墓の新設計は別として、階段ピラミッドの複合体自身は古い部族伝統によってまだ支配されている。なぜなら、ヘブセドの庭の石造模型をそなえ、呪術によるファラオの若返りを強調しているからだ。セケムケトのピラミッドの同様な囲みはこの伝統が第三王朝でも維持されたことを示している。

しかし、ファラオの地位における基本的変化が第三王朝の変り目におきたようにみえる。これについてのわれわれの証拠は、メイドムのピラミッドの設計の出発点にある。最初のピラミッドをラーのしるしとしてのピラミッドに改造するという決定がなされる前に、大きな変化が設計におきていた。墓室は穴の底に置かれなかった。設計の当初から極星指向の通廊が予定されており、広いヘブセドの囲みは省略され、参道と河岸建造物を伴っている無装飾の小神域がつくられた。エジプト君主制の意味はヘリオポリス祭司団の指導のもとに新しい形をとりつつあった。

ファラオは次第にラーと密着し、死後は、太陽とともに天空をわたる毎日の旅をすることとなった。クフのあと、ファラオが採りいれた名は「ラー」というシラブルをもつこととなった。第五王朝において全面的な力をもつこととなるヘリオポリスの守護神は、国政においても力を発揮しはじめた。たとえば、妻ノフレトとともにメイドムに埋葬された王子ラホテプは「王の息子」(たぶんフニ王の)であり、軍の指揮官であり、ヘリオポリスの上級祭司であった。やがて、ヘリオポリスの祭司団はホルスが「ハラクテ」として、すなわちラーの変身として崇拝される信仰を確立した。明らかにスネフルとともにはじまったこの地域において、太陽崇拝の影響が君主制に最初のインパクトを与えたのである。まったくちがう理由によって、ラーのしるしとしてのピラミッドを使うこと、法外な比例によってそれを誇張することが流行した。ピラミッド建造は全体として国家の最優先活動となり、ヘリオポリス祭司団によって支持された。このことはまた行政の構造と維持に作用を及ぼした。

初期の時代からエジプトの行政は二重の性格をおびており、上エジプトと下エジプトに応ずる事務所、すなわち「赤い家」と「白い家」をもっていた。王の代理者である最高官は宰相であり、彼の事務所に対して「財政の家」や「倉庫の家」のごとき各省が責任をもっていた。宰相と枢要省の長は一般に王の息子であった。最初の二王朝のあいだ、王子はまた州知事のごとき地方名士の代りをつとめた。「すべての王の仕事」の監督者としての宰相はピラミッド建造を担当したようにみえる。やがてわわれわれが見るように、ピラミッド建造は第四王朝の経済において最高の重要性をもっていた。イムホテプ自身は明らかに王の息子ではなかったが、結婚によって王家に縁をもっていたかもしれない。

第四王朝の宰相はすべてファラオの息子であった。彼らの称号と職務は彼らのマスタバ墓から知られている。建造部門を担当した最初の宰相は王の、たぶんフニ王の息子であるネフェルマアトであった。彼はメイドムに埋葬された。彼の後継者はスネフル王の息子カネフェルであった。彼の墓はダハシュルにある。彼はメイドムのピラミッドが崩れたときその建造事業を担当していたかもしれない。とはいえ、災害は彼の経歴を傷つけなかった。なぜなら、カネフェルはクフの治世にまで職務を継続したことをわれわれは知っていたからだ。彼のあとを継いだのは彼自身の息子であるヘモン王子であった。ヘモンはクフ王の従弟であり、クフの偉大な建築家であり、その印象的な力づよい肖像彫刻はドイツのヒルデスハイム博物館にある。ヘモンは一般にクフのピラミッドを建造したと見られている。しかし仕事がヘモンの職務期限内にあったようにみえるという事を除けば、そのことについて確たる証拠があるわけではない。宰相の職はついでバウフラとダドフホルに移された。二人はいずれもクフが王妃メリティエテスとの間にもうけた息子である。とはいえ、彼らは何らかの方法でダドフラ王によって排除された、という疑いがある。ダドフラの宰相は別のネフェルマアトであった。ネフェルマアトはスネフルの娘ネフェルトの子であり、スネフルの孫である。

墓がわれわれに、第四王朝の行政を実施した指導的官吏と多くのそれより下の官吏の名と肖像をさえ明らかにしているのに、同じ墓は、ヘリオポリスの祭司団の影響によってエジプト君主制に生じた変化の意味について、何ひとつ語っていない。この変化は明らかにラーの祭司に大きな力をもたらしたのであり、壮大なピラミッドの建造と密接に結びついたのであった。メンカウラとともに、この局

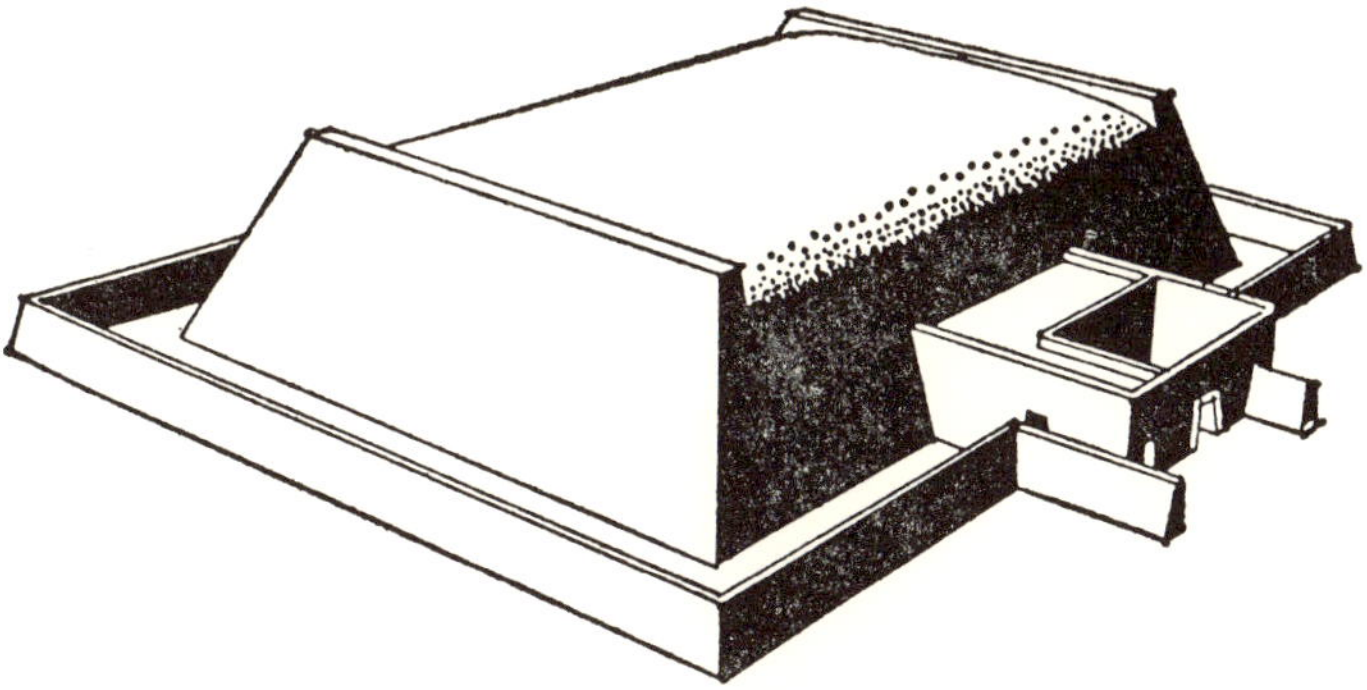

サッカラのマスタバ・ファラウン．第四王朝の最後のファラオであるシェプセスカフは自らのためにピラミッドを築かなかった．彼はアルカイックな設計の地味な構造物を建てた．

面は終りに来た。彼のピラミッドは前の巨大な努力の残りものにすぎない、といってもよい。それは、まるで存在する材料が使い果されたかのように、また労働力が急激に衰えたかのようにみえる。

当時、君主制に対するラー祭司の支配力が衰退しつつあった、という疑いがある。メンカウラの息子でありメンカウラの後継者であるシェプセスカフが自らのためピラミッドを築かなかったのは意味ふかいかもしれない。彼はまたギザの墓地を無視した。彼はサッカラの古代墓地に大型石棺の形で墓をつくった。アラブ人によって「マスタバ・ファラウン」と呼ばれているこの著しく損壊した建造物は、王子のマスタバ墓よりははるかに大きいとはいえ、ギザのピラミッドに比べれば極めて小さい。それはクフのピラミッドの石材のわずか三・五パーセントでできているにすぎない。エジプト学者は、シェプセスカフが自らの建造物のためにピラミッド型を捨てたことはファラオの地位に対するヘリオポリスの影響力の低下を反映するとみなした。初期のメンフィスの文書はプタをホルスの守護神として、すなわち王の守護神として描いている。知られているプタ上級祭司がシェプセスカフの息子プタシェプセスであったのは、意味ふかいかもしれない。

しかし、抽象的な宗教上の考察や墓の形よりも重要にみえるのは、メンカウラの建造物によって予告されたといってよい急激な建築努力の低下である。ピラミッド建造が第四王朝のエジプト人にとって抜きんでて最重要の活動であったということをわれわれは思いださなくてはならない。次の章でこの大規模な技術的事業を扱うとき、われわれは、カフラの時代までにはピラミッド建造がその効用を失い、社会にとっての利益というよりは負担になっていたということを見るであろう。国家の努力の方向を巨大な太陽の表象に導いたようにみえる太陽神の奉仕者たちは、たぶんラーの力を手のとどかないところまで押し進めた。このことのために、君主制は、自らの利益を思って強要度の少ないプタ神の崇拝へと転向したのかもしれない。

そうであったとしても、ヘリオポリスのエスタブリッシュメントは座視してはいなかった。第四王朝末期に重大な混乱に関する記録はないものの、シェプセスカフの妹であるケントカウエス女王が第五王朝の創始者となったとき、彼女はラーとヘリオポリスのラー祭司団を伴っていた。とはいえ、今ではラー祭司団はファラオの地位を神から神の子へと意味ふかく変化させていた。それはかなり円滑な引継ぎであった。プタとその祭司団は犠牲とはされず、以前の威厳はあるものの無害である地位に打ち捨てられただけのようにみえる。太陽神は有名な伝承によって復位した。その有名な神話はベルリン博物館のウエストカー・パピルスによって今日にまで残ってきている。このパピルスは中王国時代のものではあるが、明らかにその源泉は古王国時代にさかのぼる。それによれば、クフの前に超自然力を示すために連れだされたメイドムの呪術師デディは王家の未来を占った。クフの子孫はさらに

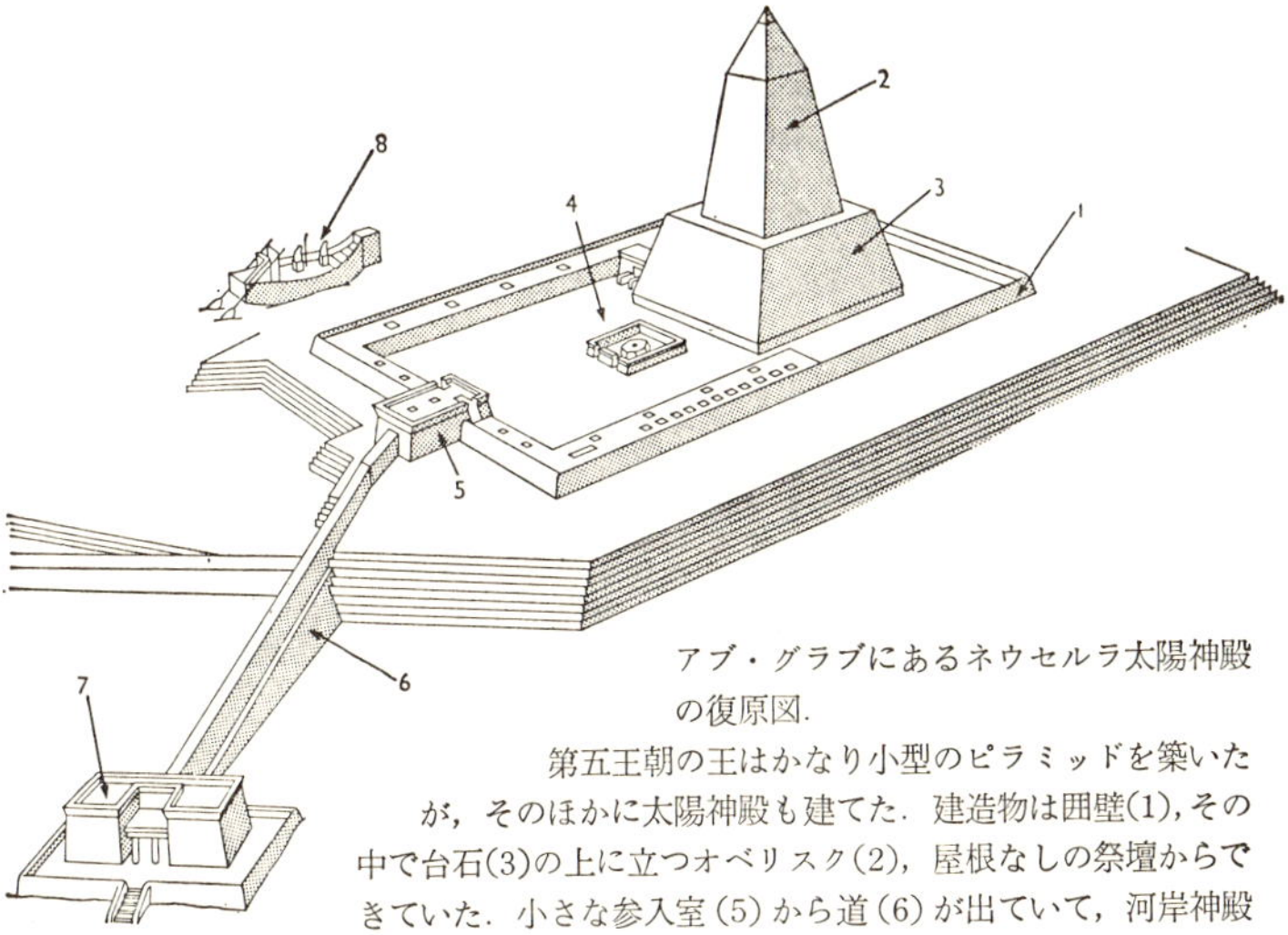

アブ・グラブにあるネウセルラ太陽神殿の復原図.

第五王朝の王はかなり小型のピラミッドを築いたが，そのほかに太陽神殿も建てた．建造物は囲壁(1)，その中で台石(3)の上に立つオベリスク(2)，屋根なしの祭壇からできていた．小さな参入室(5)から道(6)が出ていて，河岸神殿(7)に通じていた．その近くに太陽の船(8)が置かれていた．

三代にわたってエジプトを統治するであろうが、そのあとの王は、ラーによってつくられ上級祭司の妻によって生みだされる三つ児であろう、と彼は予言した。

崩れた形になってはいるものの、伝承は太陽神の子らの新王朝を光輝あらしめるためにつくられた祭司の神話の根源をとどめている。新宗教の優位は直ちに明らかとなった。単にラーの子であるということによって、ファラオはもはや驚くべき規模の建造物を必要としなかった。建造物は依然として太陽崇拝の伝統型に一致しなくてはならなかったが、今やそれはずっと地味な規模のものでよかった。実際、第五王朝と第六王朝のピラミッドはすべてかなり画一的な規模であり、それぞれがクフのピラッドの巨体の約十三分の一であった。さらにまた、これらの建造物の中のずっと小さいものは、すでにわれわれが論じたメイドムの災害で発生したような崩壊に対して、緊急の高価な措置をとる必要はなかった。その結果、控え壁を使う建築定型は守られたものの、内部の石工事は粗削りの石屑でできているにすぎない。それゆえ、これらの小型ピラミッドは、その安っぽい建築のせいで、ギザとダハシュルの巨大建造物のように時の侵略に抵抗することはできなかった。

その小さい規模と貧弱な材料で間に合わせる節約とによって、建造が著しく容易であったことを思うとき、これらのピラミッドに捧げられなければならなかった労働力はギザの構造物で気前よく使われた労働力の二パーセントないし三パーセントをこえるものではなかったと推定できる。共同の努力という点に関していえば、ピラミッド時代は決定的に終りを迎えたのであった。もっと安っぽいピラミッドがクフのあと約一〇〇〇年にわたって築かれたとはいえ、ピラミッド建造がエジプト国民の第一の仕事となることは二度となかった。

巨大墳墓の喪失に関してファラオとその宮廷に償いをするために、ヘリオポリスの祭司団は王のためにまったく新しい太陽崇拝の地位を考案した。それは、メンフィスの北の砂漠の丘の端に、すなわち今日のアブ・グラブ村の近くに、ファラオのために堂々たる神殿を築くことであった。これらの神殿へはナイル河畔の接岸地点から屋根つきの参道を通り、犠牲を捧げる囲みをこえて達することができた。犠牲の囲壁は祭壇と殺された動物の血を受けいれる一連のアラバスター製水盤をおさめていた。しかしこれらの神殿の特徴は、当然のことにラーの表象としてピラミッドに代るものとなる新構造にあった。アブ・グラブの最初のオベリスクは、そのあとの巨石柱とは違って、ずんぐりした太い巨大構造物であった。それらは観念においては新王国の神殿における細くて尖った先端をもつ柱よりはピラミッド時代のほうに近かった。またしても注目すべきことは、これらの太陽神殿を築くのに要した労働量はピラミッドで惜しみなく使われた労働量に比べれば微々たるものであった、ということである。

第六章　解　決

これまでのわれわれの研究の結果は二つの主要結論に達する。第一は建築災害を通してメイドムのピラミッドが破壊されたことである。第二は、屈折ピラミッドの菱形という形を、この災害の直接の結果として説明することである。本章の前の二つの章で、われわれはこの二つの主要結論の正しさを証明するためにかなりの数の考察と相関関係を示した。さらにまた、すべての研究の場合と同じように、この研究は主要な思考の流れとは別の結果に達した。それらの結果は一般に研究の「派生結果《フォール・アウト》」と呼ばれるものである。二つの主要結論と同じように、この派生結論はエジプト学にとってはある興味をそなえているであろう。しかし、層の厚い公衆の関心を惹きそうにはみえない。それは学問的雑誌に寄せられる報告書において適切に扱うことができるであろうが、それ自体では一般読書人に向けられた書物となることを正当化しがたいであろう。

問題が非常に大きな重要性をもちだしたのは、私が二つの初めの結論を基礎として第三の結論のあることに気づいたときであった。そのときまで、私の関心は、壮大な建築災害が約五〇〇〇年前におこったという最初の発見から生ずる直接の結果に全面的に向けられていた。それは古代建築の技術問題にひきこまれてゆく研究であったが、いかなる段階でも一体ピラミッドはなぜ築かれたかという興味をそそる謎に触れるものではなかった。第三の結論はこの最初のかなりせまい研究の様相を完全に変え、謎の答えを求めるという昂奮させる仕事とした。序章で明らかにしておいたように、この中心問題を解くという意図は私にはなかった。だから、解決に達したときに、私は完全に驚いた。

第三の結論というのは、継続するピラミッドの工事のタイミングに関するものである。ダハシュルの南のピラミッドの形を変えるという突然の決定はメイドムの災害に由来することを、われわれは見た。結論として証明することができたように、災害はメイドムの第三建築段階の中途で発生した。他方、ダハシュルのピラミッドは、傾斜角が変更されたときには予定高の約半分に達していた。このことは、先行するメイドムのピラミッドがまだ建造中であったときに屈折ピラミッドの石工事のおよそ七〇パーセントがすでにおわっていたことを意味する。当然の結論は、この二つのピラミッドの建造時期はかなり長い時間にわたってオーヴァー・ラップしていたということである。

もちろんこれは、これまで受けいれられてきた意見、すなわちいずれのファラオも王位に即くとともにピラミッド建造を開始し死ぬ前にそれを完成することを目標とするという意見と相容れない。それはピラミッドが継続する治世のあいだ継続して築かれたことを意味する。建造時期が著しくオーヴァー・ラップするということの発見は、初めは驚きとしてあらわれた。しかし、関与した技術上の努力をひとたび考察するとき、継続建築は経済的にも組織的にも不可能であることが明らかとなる。その壮大な規模のために、第四王朝でなされた規模のピラミッド建造は権利としてそれ自体の経済法則をもつ活動とならなければならなかった。それは本質的に生活のパターンを支配した。そして、いったん作業が開始されると自己維持の化学反応のように持続し拡大する傾向をもっていた。エジプトを統治するのはピラミッドであってファラオではなかった。したがって、ファラオの埋葬時になっていると否とを問わず、新しいピラミッドが建造されなくてはならなかった。ピラミッドの持続的建築が強制的であることがいったん理解されると、スネフルが三つを下らない大型ピラミッドを築いたという奇妙な事実は新しい意味をもってくる。このような主張は当然にいささか大ざっぱとみえるにちがいない。そこでこんどは、この主張が、大型ピラミッドの建造時期がオーヴァー・ラップしていたとするわれわれの結論からいかに引きだされたかを、示さなければならないであろう。

まず第一に、大型ピラミッド建造の技術的・経済的関連を仔細に見なければならない。実際、ピラミッド建造に関して多くのことが書かれた。とくに、石材が切られ、運ばれ、所定位置に置かれる手段となった斜面の形体と方法の場合にそうだった。当然のことに、それらの多くは単なる推測であった。それらの議論から、使われた労働力の規模に関していかなる結論も得られなかった。そこでは、評価は数千から三十三万人の間を動いていた。唯一の歴史的数字は、ピラミッド時代から二〇〇〇年後にエジプト人インフォーマントからヘロドトスに与えられたものである。ヘロドトスは三か月交替で働く十万人の労働力をあげている。この点についての彼自身の表現は曖昧であるが、労働者が農作業の不可能となる例年のナイル氾濫期に、毎年三か月ずつ働いたと一般に考えられている。やがて示すように、ピラミッド建造に要した労働力は非常に大きいものであった。これらの人々がすべて絶えざる作業人となって食糧生産から引きはなされていた、ということはありそうにないようにみえる。第四王朝時の労働力の規模の評価については、少なくとも二つの真剣な試みがなされた。一つはクローンによるものであり、ボルヒャルトの示唆によってなされた。それは勾配二〇度の斜面が使用されたと考えるものであった。それはメイドムのピラミッドだけを扱ったのであるが、推論は合理的に根拠づけられていた。他の一つはコジンスキーによるものであり、クフのピラミッドにおける作業を論じている。しかしこの研究における推論は残念ながら大きな価値をもつほど実際的ではない。関与した作業経過の細部模型を通じて労働力の量を知ろうと試みるのは、明らかにきわめて無益である。この作業経過に関しては、作業経過がつづいたという事実、そしてつづけるためにきわめてよく組織されていたという事実のほかには、われわれは何も知らない。エジプト人の示したみごとな設計を考えてみると、彼らは実行し得るもっとも経済的な方法を使ったと、われわれは考えてよい。たとえば、彼らはピラミッドの低部の層のために長い接近用斜面を用いたかもしれない。そして上部の層に向っては、彼らはその斜面を螺旋形に延長しただけであろう。それは実際、大した仕事ではない。

われわれの知識の乏しさのために、ピラミッド建造の正確な方法についての推論は無益でありつづけなくてはならないのであるが、単純な技術上の理論によって概数的に正しいにちがいない全労働力の評価に達するのは比較的容易である。約一〇〇年のあいだに、ほとんどを石灰岩としながらも漆喰と煉瓦をも含んでいるおよそ二五〇〇万トンの物量がメイドム、ダハシュル、ギザの丘陵砂漠に積みあげられたことを、われわれは知っている。一人の男が他の男たちと一緒に積荷したソリを曳くときに費す力は十ないし十五キログラムであるから、作業速度を数字に直すことができるならば、ピラミッド時代の労働者の平均数を計算することができる。一つの組が採石場からピラミッドまで建築材を運び所定の位置に置くのに要する時間が一日から三日のあいだと仮定するなら（それは非合理的とはみえない）約五万人という労働力を結局われわれは知る。もちろん、この所要時間は石材を積みあげなくてはならない高さに左右された。しかしわれわれは所要時間として変化し得る日程を考慮したので、このことは計算ずみである。

われわれの計算は接近用斜面を築造し解体しなければならなかった労働者を含んでいるが、石を切り仕上げる労働は含んでいない。同じような概略計算は、輸送路を補修する者、ソリに減擦水を流す者、労働者に食料と飲み水を運ぶ者、その他すべての補助労働者を加えるとき、一万人あるいは二万人という人数を示す。合計して七万人あるいはそれに近い数となるこれらの労働者はすべて季節労働者であり、三か月の確実な労働という仮定のもとに百年間にわたって全面的に雇われたのであった。このような概略計算が正確な数字を決して与え得るものでないことは、いくら強調しても強調しすぎることはない。しかし、われわれは何とか大きな過ちを犯してはいないように思われる。

季節的な、本質的に非熟練者である労働力のほかに、外装石を切り、調整し、滑らかにする熟練・半熟練の石工を使わねばならなかった。ついでにいえば、これらの石材は石切りのしるしを、時として日付けをもつ唯一の石であった。外装石材はすべて、ナイル東岸のモカタムの丘のツーラの地下採石場から来た。それらは川を渡って運ばねばならなかっただけでなく、かなりの陸上距離を運ばねばならなかった。これらの熟練石工は季節的に雇われるだけでなく、一年中を通してツーラとピラミッド建造地で働いていた。ピートリはカフラのピラミッドの近くに労働者小屋を発見した。それは四〇〇〇人を十分に収容できる、と彼は考えた。外装石材および装飾参道をつくるために関与した労働者の概略計算は、一万人に近かったであろう常雇い職人の数よりわずかに多い数字をもたらす。とはいえ、この労働力は作業全体にとっては決定的ではなかった。

すでに記したように、われわれの評価は、百年にわたって最大の効率をもってつねに使われた場合の労働力の平均数値を示していた。もちろんこれははなはだしい単純化とみなさなくてはならない。しかしそれが最低数値であることもまた記憶しなくてはならない。なぜなら、雇傭上の変化は労働者の総数を増したのであって減らしたのではないからだ。あとで論ずるはずの理由によって、実際の労働力は当初は七万人を下らない人数であり、中期にそれ以上に増え、末期にはたぶんかなり急速に衰微しただろう、とわれわれは推定してよい。

これらの多数の人数を見ながら、今度は、メイドムのピラミッドと屈折ピラミッドの建造時期がなぜこれほど著しくオーヴァーラップしたか、継承するファラオのもとで建造期が持続したという古い観念が、なぜ不可能であるかを見ることにしよう。作業が氾濫期になされたのでピラミッド時代における食糧生産の停止は重大ではなかったというのは真実であるとはいえ、国に対する全体的な経済効果は深刻であったにちがいない。われわれは単純な高度に観念化した図式によって作業の型を最もよく示すことができる。ファラオが即位とともに自己のピラミッドの建造を開始したとする受けいれられた考え方を、まず検討することにしよう。そのときファラオは建造物をできるだけ早く完成させるために利用し得る最大限の労働力を使おうと欲したであろう。これは、計画に対して利用し得る最大限の人数ができるだけ早く集められること、そして彼らがすべて十年または二十年にわたって季節に継ぐ季節という形で雇われたことを意味する。その全期間を通して、彼らは石切り、石の運搬、石の据えつけなどに忙しく働いた。しかし、そのあとで、ピラミッドが非常な高さになり、作業現場に達することが制限的になり同時に緩いペースとなったとき、一つの段階はおわった。これは、あとのシーズンでは労働力を縮小しなければならなかったこと、ピラミッドが完成されてすべての建造活動が停止するに至るまでその縮小がつづいたことを意味する。

そこで、次の王が彼の治世を開始し同じ経過がそっくりそのまま繰返されるときまで、何もおきなかった。一つのピラミッド建造期と他のピラミッド建造期との間に中断期があり、また各建造期の末

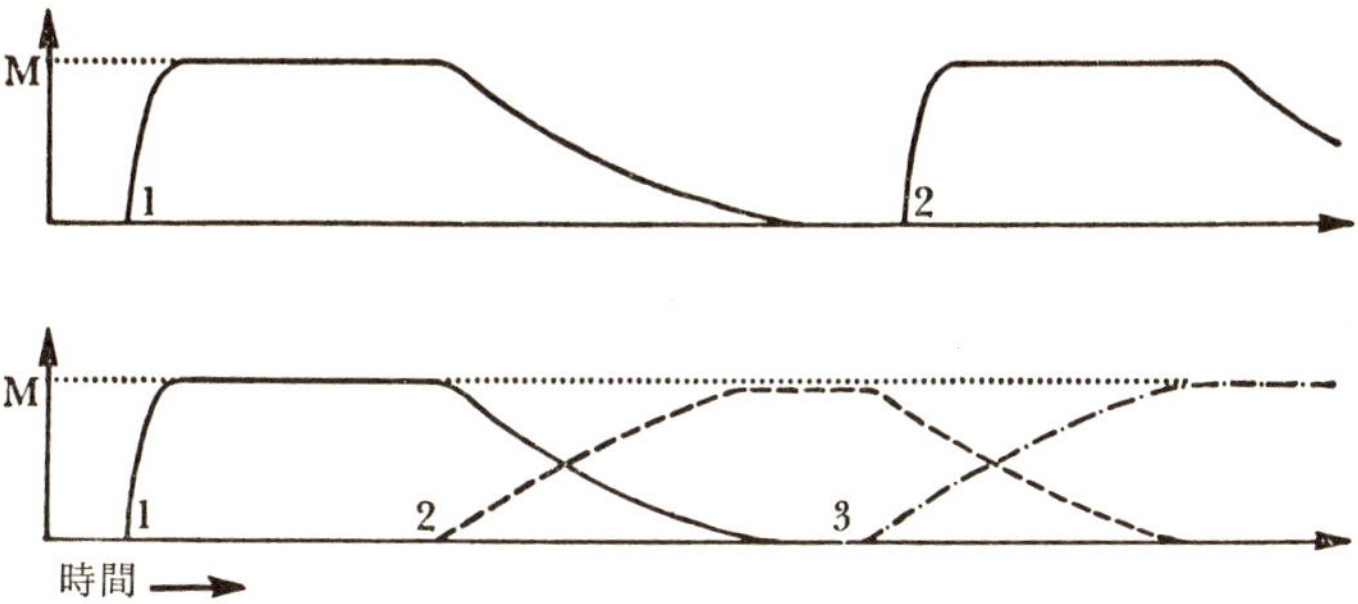

ピラミッドを継続的に建てるとき(上)とオーヴァー・ラップして建てるとき(下)の，時間比による最大可能労働力を観念的に図解したもの．ピラミッドをオーヴァー・ラップして建てるときには，使用可能の労働力は最大可能労働力Mにつねに等しい．この単純な形式では，図は使用可能労働力の変化を考慮していない．使用可能労働力は第四王朝においては徐々に増え，約一世紀のちに，かなり早く漸減した．

期に向って労働力の漸減があったので、われわれの最初の労働力計算は非常に低目である。したがって、約十五万人の労働者が季節的に、たとえば十五年間にわたって使われなくてはならなかったのであり、そのあとに彼らは同じ年数のあいだ無為にすごすのであった。このタイプの雇傭は完全に非実際的であり、経済的に実行不能であった。

七万人という低い数字でさえも五〇〇〇年前のエジプトにおいては大軍を意味したであろう。毎年三か月ないし四か月にわたるその共同の食糧・衣料の維持は国全体の生活形態を完全に変革した。十二年ないし二十年の建築工程中に、労働人口の大部分が中央行政府の法制下にはいり、完全に生活を規制された。いまやこの新しい行政府が彼らの生活に対して責任をもつこととなり、いっぽう、彼らは部族会議と村の長老に対してではなくこの新しい中央行政府に対して誓約することとなった。全体的な営みが各人の生活に余りにも決定的な変化をもたらしたので、二十年後にはだれも元の生活形態にもどることができなかった。世界のいかなる経済も、古代エジプトの経済でさえも、この厖大な労働力の稼動のあとに生き残ることはできなかった。いいかえれば、大型ピラミッドの継続建築は明快に実行不能であった。

われわれの図式にもどるならば、われわれは、労働力維持の決定的段階はピラミッドへの接近制限が労働力の縮小を要求したときに来たことを知る。この段階では、経済的ジレンマから脱けだす方法はただ一つであった。すなわち、余った労働者を次のピラミッドの起工に振りむけなければならなかった。そのときから、一つのピラミッドではなく二つのピラミッドが建造中となるのであった。まことに、これは、われわれがメイドムのピラミッドと屈折ピラミッドの同時建築において発見したとおりである。また明らかなことは、ピラミッド建造がファラオの治世の長さとは本質的に無縁であったということである。なぜなら、いったん雇傭形態が制度化されるとその形態を維持するために工事を衰弱させずにつづけなければならなかったからだ。建造期が著しくオーヴァー・ラップしていたことおよび総労働量がたぶん絶えず増えつづけたことによって、埋葬されたはずの第四王朝のファラオの数よりも多い大型ピラミッドが存在するという事実は理解可能となる。スネフル、クフ、カフラの平均治世は約二十五年であったようにみえるので、彼らが四つの、たぶん五つの、大型ピラミッドを仕上げたということは驚くに当らない。

ピラミッド建造を見込まれる治世の長さに一致させることの難かしさは、すでに十九世紀中葉のドイツの大エジプト学者リヒャルト・レプシウスによって考えつかれている。ファラオはどれだけ生きるかを知ることができないのに、いかにして死の時に完成またはほとんど完成した建造物を用意することができたのか、と彼は問うた。レプシウスの答えは彼の有名な添加理論であった。それによれば、王は墓室から工事をはじめ、その上に次第に増大するピラミッドを築いた。それゆえ、その最終規模は王の治世の長さによって決定される。

大型ピラミッドの設計が最初から決定されたということがついに発見されたとき、レプシウスの理論は排除されなければならなかった。とはいえ、彼を批判する者は、ピラミッド建造と治世の長さを関連させるという彼の提案の真の理由とその提案のふくむ問題を忘れたようにみえる。後継王が前王の建造物を完成したであろうとする彼の示唆は意味論的議論であることが明らかとなった。ファラオが自らの建造物の完成前に中途で死んだなら、後継者は自らのためのピラミッドに着手すると同時に先王のかなりの大きさの構造物を完成しなければならなかったであろう。その構造物は持続的建築のパターンとは区別のつかないものであっただろう。

実際、同時に一つ以上のピラミッドを建造するというそれ以上の証拠がある。われわれはさきに採石場に言及し、ツーラの採石場から出た外装石材に日付印のあることを述べた。ピラミッド建造の順序を決定しようとしてこれらの日付けを使うことから、多くの混乱が生じた。それらの試みの結果は人をくじけさせるものであった。いかなるときでも一つ以上のピラミッドが建造中であったことをわれわれは知っているので、今ではそれらの障碍は除去された。石材は、採石場あるいは組みたて場所で、日付けをしるされた。そして、同時に建造中のピラミッドのどちらにその石材を使うかは、あとになって初めて決められるのであった。

ピラミッド建造に要した厖大な労働力について、またピラミッド建造がなされたさいの第四王朝の王の残酷さについて、多くのことが語られた。ボルヒャルトは、その学術書の一冊の中で、建造用斜面の議論を中断して、苦役のエジプト人が監視人の鞭の波の下で石をソリにのせて曳いていることを報告している。このようなおどろくべき事業は他のいかなる方法によっても達成され得ないだろう、と彼は明らかに感じていた。しかしながら、古王国時代のエジプトは、いくらかの戦争捕虜を別として奴隷なるものをもっていなかった。さらにまた、多くの数の労働者が力づくで強制されるとする考え方は、優越した武器がないために少数が多数を支配することは不可能であったという時代に対するセンスを欠いている。来る年も来る年も、厭々ながら働く労働力が離ればなれの遠い村々から徴集されたというのは、きわめて考えにくいことである。いいかえれば、ピラミッドは本質的に自発的活動であった、とわれわれはみなさなくてはならない。

最も明白な動機は宗教的なものであり、各人の個人的利益に基礎を置いていた、と考えられている。五〇〇〇年前に支配していた精神上の観念をわれわれは余りにわずかしか知らない。いいかえれば、平均的エジプト農民をしてピラミッド建造のために自らの時間と労働を捧げさせる動機となったものが正確に何であったかについて、われわれは余りにわずかしか知らない。しかしながら、君主に対する服従と奉仕は部族全体に利益をもたらすこと、部族の幸福と維持は君主に依存していることは、アフリカの神聖王権から知られている。エジプトのアルカイック期にはじまっている信仰は共同体に対して同じ要求をふくんでいた、というのはありそうなことである。とくに、適切な埋葬によって保証されるファラオの復活は通常人の死後のためにもまた不可欠であった、とわれわれは考えてよい。共同体の幸福のために各人のなす個人的犠牲は、未開社会では一般に義務として受けいれられてきたのであり、全世界の多くの高度文明社会においても支持されてきた。われわれ自身は、ルネサンスいらい個人的主導権を理想化する傾向をもってきたが、われわれ自身の社会でさえ、愛国的戦争においては共同の幸福のために犠牲の理念に服してきた。

死後に対するエジプト人の関心が彼にとっては夢中にさせる関心事であったとはいえ、ピラミッド建造の他の側面もまた重要な役割を果したというのは、あり得べきことである。人間は信仰だけで生きるものではない。五〇〇〇年前でさえ、中央権力による食糧供給が村人に対してきわめて必要な新しい安全の観念を与えた、というのは可能である。七年の豊作のあとに七年の不作がつづくという創世記のヨセフの予言は、政府の穀物貯蔵を至上命令とするナイルの氾濫の変動を明らかに語っている。実際、われわれはギザの墓でファラオの穀物倉庫に責任をもつ官吏の肩書きを見る。ピラミッド建造のための大労働力の集結は大規模の食糧貯蔵制度をもまた必要とした、ということは明らかである。これらの穀倉は不作の年でさえも供給を確保するに十分なほど広大でなければならなかった。それゆえ、穀倉はナイルの変動に対する緩衝器の役割を果した。ひとたび制度化されると、飢饉に対することの安全措置は確かに断絶なく続けられたであろう。そして、着実なピラミッド建造の労働形態を維持するための有力な根拠としての役割を果したにちがいない。

ピラミッド計画のもう一つの重要な側面は採石場から出てきた外装石材の割符のしるしによって示されている。それらは供給を受けるはずの個々の作業チームの名称をそなえている。われわれの時代にまで残ってきたそれらの名称は次のように読まれる。すなわち、「階段ピラミッド隊」「ボート隊」「職人のクルー」とあり、特別の任務を示している。われわれはまた「スネフルはいかに精力的であるか」とか「クフの強力な白色王冠」という名のチームを知っている。それらは彼らがだれの治世中に働いたかを語っている。しかし特別な重要性をもつものは「精力隊」「持久隊」「健全隊」というような名であり、これは自負と競争の表現であるようにみえる。実際、ピラミッド計画に加わることはまるで労働者間に仲間意識を生んだかのようであり、前には互いに異邦人であった人々の間に新しい友情の基盤が発見されたかのようである。それは、大労働力がダムや橋を建てるために集められている現代中国で私の出会った現象である。そこでは、十分な労働者を得るのに決して困難はない。なぜなら、良い賃金のほかに重要で広く知られた計画のために選ばれるということに栄光が伴っているからだ。彼らが自分の村へ帰るとき、彼らは共同体の英雄である。彼らは夕べになるといかにして自分たちがダムを築いたかの話をする。

全体として、ピラミッド時代の出現に関して秘密の宗教理念のほうが食糧補給と新しい隣人関係というような地下の問題よりも真にずっと重要であったのだろうか、と人は問いはじめる。この問題に答えるためには、われわれはイムホテプの時代に、ジョセル王の葬祭記念建造物についてのイムホテプの設計に、もどらなくてはならない。統一のための断続的な企てとほとんど恒常的な国内紛争のつづく四百年ののち、ホルス神とセト神がついに和睦したときに統一段階が達成された。新しいファラオは上エジプトの王カセケムイと下エジプトの女性継承者ネマトハプとの間に生れた息子であった。ネマトハプはこうしてナイルの統一王国の最初の「大王妃」となった。ジョセル王は全国土におよぶ平和を継承しただけでなく、世界で最も文明の進んだ民族のもつ新しい潜在能力を活用する機会をもまた継承した。舞台は人間社会の次の大きなステップのために、すなわち国家の創造のために整えられていた。ピラミッドはそれを達成する手段を与えようとしていた。

イムホテプが、悪魔のような狡智によって、この目的を達成するための大量雇傭方法を発案したと考えるのは、非現実であるだろう。実際、事はそのようなものではなかったことをわれわれは容易に証明することができる。ジョセルが王位に即いたとき、首都メンフィスは存在し、他のいくつかの城砦都市が存在していた。それらのすべてはたぶん限られた都市人口をもっていた。ほとんどのエジプト人は村の農業に従事し、部族単位で生きており、部族は互いに離れていて、おそらくつねに友好関係にあったわけではない。氾濫期の無為の期間は、家畜と女を奪うために隣接共同体を襲う好機を村人に対して与えた。これは世界の至るところで実行された部族習慣である。ある税は明らかに集められたが、この行動もいささか偶発的であった。

イムホテプは、メンフィスに臨む砂漠の縁に生ける神ホルス・ネテルケト・ジョセルのために豪壮な建造物を築造することをはじめた。彼の第一目的が建築の偉大さにあったのか、あるいは氾濫期に悶着をおこす村人を雇うことにあったのか、われわれは永遠に知ることはないであろう。しかし一つのことは確かである。すなわち、大規模組織の問題が彼の頭の中で第一のものであったにちがいない。彼はその組織を前例のない程度まで使った。さらにまた、明らかに彼は効果的で複雑な民政の創始者であった。この民政は彼のすべての行動の基礎でなければならなかった。その時いらい、エジプトの中央行政は着実に膨張した。ついで中央行政はピラミッド建造と密接に結びつかなければならなかった。なぜならピラミッド建造は国の第一の中央集権的活動となったからだ。

イムホテプが最初の決定的ステップをとったのちの頭脳の動きを追うことが、五〇〇〇年後に技術上の証拠によってできるようになるというのは、ほとんど神秘的である。とはいえ、それはまさしくわれわれのできることである。最初の建造物は墓穴の上に建てられた石造マスタバであった。いかなる規模のものにせよ、それは前例のない石造構築物であった。それは六十三メートル平方、高さ八メートルで、ツーラから出た仕上げずみの石灰岩で覆われていた。この構築物のために、すべて石造の大囲壁のことは別としても、約一万トンの石を切りださねばならなかった。たぶん三〇〇〇人ないし五〇〇〇人の労働力がたえずその仕事にかかっていた。この人数はそれ以前のいかなる墓の築造の場合よりも確実に多かった。しかしそれは始まりにすぎなかった。前のある章で言及したように、そのときマスタバは小さな継続的変化を受けた。そのあと、完全に前代未聞の何かがおこった。マスタバの上に、二〇万トンを下らない石灰岩によって成る四段のピラミッドが築かれたのである。

明らかに、イムホテプは石造マスタバの築造とともに、新しい材料の建築とその材料の獲得・運搬による彼の新建築法を感じていた。泥煉瓦は石灰岩に道を譲っていた。彼と彼のスタッフはマスタバ建造中にいくつかの顕著な事実を発見したにちがいない。まず第一に、彼らは、労働力が用意できるならば石灰岩を大量に切りだし運搬することができることを知った。次に、彼らの組織は種々の作業経過をもつ複雑な仕事を管理し必要な労働力を徴募することができた。第三に、彼らは新材料の建築上の潜在能力を理解しはじめた。これらすべての要素を関連させあっているとき、彼らは突然、天にまで伸び首都を眼下に見おろす塔を建築できるかもしれないということを知った。成長中の若い社会にとってこれは心を浮きたたせる無限の可能性の展望であった。そこで彼らはピラミッドを、すなわち人工の山をつくることに決定したのだ。

もう一つの問題を解決しなければならなかった。それは崩れることのない山でなければならなかった。彼らは、未知への冒険に乗りださねばならないことを知っていた。しかし彼らはみごとな創意に完全な信頼を置いて事業をはじめた。それはイムホテプの安定用控え壁であった。未来が証明することとなるように、この創意はエジプト人をして無類の達成期を実現させたのである。

次の問題は労働力であった。イムホテプは、石造マスタバの場合よりも二十倍ないし三十倍の労働力を供給すべき行政府の能力に、みごとな信頼を置いていた。主たる季節労働者がまず雇われ、やがて新しい経済形態に達した、ということはこの状況の中でもっともありそうなことである。

四段のピラミッドが完成したとき、イムホテプとその同僚は安定計算が正確であったことを知っていた。新しい雇傭形態は実行可能であるばかりではなく、抜きんでて成功であった。この雇傭形態に満足できなかったならば、彼らはピラミッドの次の二回の拡張にほとんど乗りださなかったであろう。二回の拡張とは、一回はピラミッドを拡げることであり、他の一回はピラミッドを六段にまで高くすることである。これらの連続作業に必要とした石材量は六十五万トンに達した。それは四段のピラミッドですでに使われた石材量の三倍をこえるものであった。唯一の計画に対するこのおどろくべき努力のエスカレーションは、ほとんど疑いもなく、大量の季節雇傭が建築現場においてだけでなく、たぶん出現しつつある国家構造の統治においてもまた力を発揮したことを示している。最終的拡張とともに、ピラミッド建造は大胆な実験段階からエジプト社会の基本的労働形態に移ったのであった。

第三王朝の他の時代の技術上の証拠は、ジョセルのピラミッドの建造の場合ほど明瞭に建築家と行政官の決定を跡づけることを可能としていない。セケムケトとカバの未完の二ピラミッドは、ピラミッド建造が彼らの短かい治世のあいだにもつづけられたことを示している。ジョセルのピラミッドが彼自身の在世中に完成したかどうかを、もちろんわれわれは知らない。完成しなかったとすれば、使い得る労働力は第一にこのピラミッドの完成のために振りむけられ、むしろ小人数の労働者が新しい二ピラミッド用に残される、ということが決定されたかもしれない。とはいえ、二ピラミッドがなぜ一度も完成されなかったという理由は、たぶん労働力供給とは無関係である。王権を行使するさいの行政府の指導原理に何かがおきたのである。

第三王朝の末期に、ファラオの位置に深刻な変化が生じたようにみえる。またしても、これについての証拠は全面的に技術に関するものである。次のピラミッドすなわちメイドムのピラミッドは、われわれがすでに見たように、第三王朝の形式とはある点で徹底的にちがっている。ピラミッドが階段構造物から真正ピラミッドに改造されるより前でさえ、いくつかの意味ふかい変化が建造物全体の基本設計においてなされた。大囲壁は省略された。王宮と儀式用ヘブセドの庭の広大な複製も省略された。ジョセルとセケムケトの建造物に存在する南の墓はここでは消えており、そのかわり、主構造物の南に小さな補助ピラミッドがあらわれた。真正ピラミッドの変化とともに、葬祭神殿と河岸神殿とナイルへの道をもつピラミッド複合が創始された。それは古王国の残りの時代にとって標準型となった。

疑いもなく、その革命的変化は宗教的意味をもっていた。しかし、そのことによって生じた人民の基本信仰における方向転換は過大評価されてきた。人民はイムホテプの時代いらい為してきたように、ピラミッド建造をつづけた。ラー祭司の可能な優勢が語られてきたが、それはたぶん人民運動というよりはむしろ行政府のトップクラスにおける権力争いであった。想像できるように、王宮内にはピラミッド建造をやめようとする試みがあった。なぜなら、ピラミッド建造は主導権を神聖王から行政府の長に移す傾きをもっていたからだ。何がおきたにせよ、第三王朝末期の重大混乱についての記録は何ひとつない。いっぽう、第四王朝の初代の王スネフルは最大のピラミッド建造者となった。彼は、儀礼上のヘブセドの庭というアルカイックな飾りを自らのピラミッド複合で省略することによって、新しい王権の時代にはいった最初のファラオであった。ヘリオポリスの祭司団の影響のもとに、スネフルは呪術の力をもって超越的存在から国家の長に変ったのである。

ピラミッド計画についてのスネフルのエスカレーションは、イムホテプの例よりもはるかに強く輝いている。われわれは彼の二つの、あるいは三つでさえもあるピラミッドに、一度ならず言及した。

それはサッカラにおけるイムホテプの努力をこえるものであった。われわれはまた、高い真正ピラミッドを築造しようとするスネフルの企てを襲った不幸についても語った。この太陽神の巨大な輝く象徴の豪華さは、重要な技術上の意味をもつかもしれない建築上の変化の他の側面を覆いかくした。ピラミッド複合の新しい形式はジョセルとセケムケトの場合とは違っていた。違いは建造物自体の形においてだけではなかった。第三王朝のピラミッド複合は中央のピラミッドのほかに多くの見せかの建物をふくみ、凹所のあるパネルを施した非常に広大な囲壁をふくんでいた。これらすべての構造物は多数の熟練石工を必要とした。第四王朝のピラミッドでは、これらの補助建造物は最小限にとどめられ、同時に建造物の規模はいよいよ大きくなっていた。

これは、常傭いの職人の数（それは減っていったかもしれない）に比べて未熟練の季節労働者の数が着実に増大したことを意味する。それは、常傭いの人間の数を増やさないで農村民を増やすことを顕著に奨励したことを示している。いいかえれば、中央行政府は専門家を育成し増員することなしに、人民全体に対する支配をますます強大にしていったのである。したがって、今や国家となりつつあるものに対して一般人民の経済依存度を次第に強くしていったとき、中央行政府の動機は純粋に政治的であったようにみえる。

増大する民政権力ならびにピラミッド事業に着実にますます深入りする村人が国を貧乏にしたと考えるのは、きわめて間違ったことであろう。われわれの時代にまで残ってきたスネフル統治時代の証拠は、膨張と急速度に増大する繁栄の時代を示している。パレルモ石の断片はスネフルの治世中に建てられた神殿と宮殿を列挙している。治世十三年に、彼はスーダンに向けて遠征隊を組織し、捕虜として七〇〇〇人の男女と二万頭の牛と羊を持ちかえった。彼はまたかずかずの城砦守備陣地によって南の境界を安全にした。翌年、彼は別の遠征隊を派遣した。こんどはレバノンへ向けての四〇隻の海洋船から成る艦隊であり、杉材を入手するためであった。それは貿易についての形態を定めた。なぜなら、エジプトはほとんど木材をもたなかったからだ。屈折ピラミッドの内部の杉材の桁がこの積荷の部分であったというのは、ありそうなことである。軍事作戦は西と南の砂漠の隣接部族に対して進められた。スネフルはまたシナイに至る道を安全にした。彼の功績はワディ・マガラの刻文に記念されている。ワディ・マガラではトルコ石と銅が採掘され、砂漠をわたってエジプトに運ばれた。

エジプトの長い歴史を通じて、スネフルは仁慈の王として記憶されている。ほとんど抽象的な神としてではなしに人間存在として示す記録が、この王のとき初めてあらわれている。ウェストカー・パピルスは、王が宮廷人に「仲間」と呼びかけたことを述べており、他の史料からわれわれは彼が父の古い宰相を「わが友」と呼んだことを知っている。上下エジプトの王は通常の人間の達し得ないところにとどまっていたのに、ここではスネフルは神としてではなしに多くの人間の中の一人間としてあらわれている。ヘリオポリスの祭司は、ファラオは死後において初めて神になるということを新たに布告したのであった。王は在世中は、新しい社会形態の、すなわちわれわれが国家と呼ぶものの最高の長であった。

ピラミッド事業はかつて存在したことのない型の共同体をつくりつつあった。部族の村人たちは共同の仕事によって結びつけられ、民族の意識をもつ国民になった。彼らはたぶんこのとき初めて、自分自身を何よりもまずエジプト人として考えた。一つの行政府のもとに共に働くことによって、彼らの間の相異と互いの猜疑心は小さくなる運命にあった。スネフルの治世中の三つのピラミッドにおけるこの統一的な労働を前にして、王がどのピラミッドに結局埋葬されるかということは二義的な重要性をもつものとなったかもしれない。実際、彼の遺骸が三つのピラミッドの中のどれに埋葬されようとされまいと、大して重要でさえなくなったのである。ファオラはどのピラミッドに埋葬されたか、いずれかのピラミッドは王の遺骸をおさめていたか、という長いあいだエジプト学者を悩ましてきた謎は、われわれの考察によって解決されるものではない。またその謎は以前の意味の多くを失っている。ピラミッド建造の主目的が新しい社会秩序を目指す作業計画であったことがいったん理解されれば、ピラミッドのもつ宗教上の意味と祭儀上の重要性は後ろへ退く。どちらかといえば、これらの人工の山は新しい生活形態すなわち民族国家に向う人間の進歩の記念碑であり、民族国家はそのあとにつづく五〇〇〇年にわたって人間の社会的ホームになるのである。

スネフルのあと、より大きくさえある二つのピラミッドが出現し、またも一四〇〇万トンの石材が砂漠の丘に積みあげられた。エジプト人は、彼らのファラオが太陽と一緒に旅するように送りだしたことと同様に、彼らの生ける世界を見おろすこの驚くべき建造物に誇りをもった、と人々は思わずにはいられない。ピラミッド建造は今や一〇〇〇年に近づいていた。三世代または四世代にわたって、それはエジプト人の正常生活となっていた。そのときにはすでに、巨大な技術上の事業のもつ社会的目的は達成されていた、とわれわれは考えてよい。今や国は新しい社会的・政治的環境の中で長いあいだ生きてきたので、古い部族的生活はほとんど忘れられていた。不必要で浪費的な仕事となったものを放棄すべき時が来ていた。ピラミッド事業の衰退が最低限とみえる混乱によって達成されたことは注目さるべきである。

壮大な著しく堅固な計画の場合におきることであるが、ピラミッド時代もまたわずかばかり長すぎた。行政府は明らかにピラミッド建造という渦巻きの中にはいりこみ、そこから脱けだすことは困難であった。民政の大部分は行政府の下部に達し、数千人の官吏をかかえており、彼らの生活はピラミッド建造に依存しており、それによって生活を正当化していた。それは大きな既得権であった。このことを心にとめておけば、われわれがすでに言及し、宮廷革命として一般に説明されている王朝時代の激変はもっと深い意味をもってくる。

明らかに、クフ王の死後に、ある混乱が来た。正統継承者のカワブは死に、王位継承は彼の完全な兄弟の中の一人の手に渡った。これらの兄弟はすべてクフと王妃メリティィエテスのあいだに生れた息子であり、メリティィエテスだけが王家の血統の持主であった。ついで、王位はダドフラによって奪われた。彼はそのとき次の世代の大王妃であるヘテプヘレス二世、すなわちカワブの未亡人と結婚した。そこまではハレムの陰謀のようにみえる。ただ一点を除いて、である。すなわちダドフラはクフの建造物の完成に手をかしたものの、それ以後はギザにおける仕事はまったく止まったのである。当時クフのピラミッドは本質的に完成していたことをわれわれは知っているので、ついにはカフラによって使われることとなる次の大型ピラミッドのために、仕事ははじまっていたにちがいない。しかしダドフラはこのピラミッドを自分のために完成するということをしなかった。彼は自らの埋葬地としてアブロアシュを選んだ。彼が自らの用途のためにそこに計画したピラミッドがクフのピラミッドのほとんど十分の一であるということは意味ふかい。

ダドフラがクフを継承したのは、内縁関係から生れた息子による権力奪取とはほど遠く、ヘリオポリスのピラミッド建造エスタブリッシュメントから絶縁しようとする動きを根拠としているようにみえる。彼はわずか七年間、王位にあった。われわれは彼がどのように死んだかを知らない。ダドフラの治世中、漸減する労働力がたぶんアブロアシュの大参道の建設に使われた。このような縮小された労働力は計画された小型ピラミッドを建てることはもちろんできたが、何がしかの困難がなかったわけではない。

カフラの即位とともにギザの作業は再開された。しかし、それが最初の力強さ、あるいは勢いを一度として取りもどさなかったことは明瞭である。カフラのピラミッドは、カフラが王となったときにたぶん最終工程にはいっていたはずであるが、完成された。とはいえ、クフのピラミッドほどの入念さによってではなかった。実際、ダドフラの死後ギザで使われた労働者の数が、最初の力強さに近づくようなものにまで立ちかえったかどうか、疑わしくさえある。労働力は二度とは大増員されなかったと考え、労働力は最後の第四王朝ピラミッドすなわちメンカウラのピラミッドを築く程度の低い力に明らかに衰弱したと考えるのがより合理的であろう。次の建造物すなわちシェプセスカフのマスタバ・ファラウンの場合には、きわめて地味な人数で間にあったであろう。

ピラミッド時代末期についてのわれわれの分析が細部において正確であれと要求する人はもちろんいないであろう。とはいえ、右の結論は技術上の証拠を第四王朝末期の既知の王位継承と関連づけることによって得られたものであり、全体として、それらは意味をなすようにみえる。また、これらの結論を、全エジプト史を通して語りつがれたピラミッド建造者に関する伝承と比べるのも興味ふかい。スネフルがつねに仁慈の王として記憶されているのに対して、同じことはクフとカフラについては語られていない。ヘロドトスは、クフとカフラは冷酷で邪悪な王であって人民を圧迫し神殿を閉じたという物語、神殿を再開したのはメンカウラであったという物語を記している。民衆の伝承は、確証ある歴史報告とみなすことはむずかしいとしても、一粒の真実をしばしば含んでいる。こんどの場合、伝承はむしろ非常によく適合するものであって無視するわけにはゆかない。

行政府の既得権がピラミッド事業の効用がなくなった段階に至ってもピラミッド事業を延長するという傾向をもっていたことは、ありそうにないことではない。さらにまた、村人をこぞって共同の、報酬のある仕事にふりむけることによって、仕事は違った部族民のあいだに友好的関係を初めはもたらしたであろう。他方、この融合は、ついには彼らを組織された力に変えてゆく効果をもったにちがいない。そしてその組織された力は、エスタブリッシュメントの頭の中にある利害観念とは別の共通の利害観念を発見することができた。いいかえれば、ひとたび同質の民族がつくられると、父権制が労働組合精神に道を譲ったというのは、ありそうなことであった。新しく確立されたエジプト人の国家はそれ自体の生命を生きはじめたかもしれない。

行政府の核となり推進力となったものは、ピラミッド事業を主導し支えたヘリオポリスのラー祭司団であった。イムホテプの労働力増大のエスカレーションとともにはじまった事業は、顕著に成功した。事業は壮大なよく組織された民政を生み、民政は生活のあらゆる面に行きわたり、あらゆる面を規制した。ファラオと事業との密接な関係は宰相と高官が王子であるという事実によって保証された。それゆえ、行政府は国民の宗教上の指導者と全面的に一体化しており、すべての重要決定にさいしては彼らとの協議の機会が用意されていた。ファラオ自身は高能率の大行政府の精神上の長となり、行政府の会合はラー祭司団から来た。なぜならラー祭司団はエジプト古王国の真の政府であったからだ。

とはいえ、書記と学識者に対して支配力をもつプタ祭司団がなおも存在していた。だからメンカウラの治世の末期において明らかにおきたように、ファラオは（すなわちシェプセスカフは）ヘリオポリスのピラミッド頑固派に対抗して民衆の支持を確保したと感じたかもしれない。彼は明らかにうまくやりとおした。少なくともしばらくの間は——。クフとカフラが神殿を閉じたという伝承の中には、祭司団の分裂の残響がある。たぶんプタ神殿がそのとき存在した。一つのことはきわめて確かである。すなわち、ピラミッド建造をシェプセスカフが拒否したことは、ヘリオポリスの祭司団に反省を促したのである。彼らは壮大なピラミッドをそれ以上建造することを避け、比較的経費のかからない新しい太陽表徴を、すなわちオベリスクで満足することにした。プタ祭司団の大きな影響力の時代はシェプセスカフの治世中に一時的に出現した。しかし第五王朝の太陽信仰に向っての再転向は劇的な混乱なしに実行されたようにみえる。

シェプセスカフのマスタバに似たマスタバが王位継承者ケントカウエス王妃のために築かれた。シェプセスカフがギザの墓地を捨ててサッカラに向ったのに対し、彼の妹(あるいは姉)ケントカウエスはギザへ帰り、カフラとメンカウラのピラミッドの参道の間に墓を築いた。何らかの方法によって、たぶんヘリオポリスの上級祭司ウセルカフとの結婚によって、彼女は第五王朝の創始者となった。ウセルカフがたぶん王位奪取者ではなくて彼自身王家の血をひいていたかもしれないということに注意するのは、興味ふかいことである。とはいえ、彼はカフラ、メンカウラ、シェプセスカフの王族の家系によってではなく、母ネフェルヘテペスから王家の血をひいていたようにみえる。ネフェルヘテペスは、幾度も結婚した大王妃ヘテプヘレス二世と背教者ダドフラとの間に生れた娘であった。

われわれは、建築と社会変動において驚くべき達成をみせたピラミッド時代を去るに当って、時代の生活と民衆に眼を向けなくてはならない。ピラミッド建造者自身については、ジョセルの坐像が階段ピラミッド北側の小室から発見された。残念なことに、その顔は盗人によって著しく損壊されていた。盗人は、たぶん岩水晶でできていた眼をこわしたのであった。そうであっても、容貌は彼の後継者の特徴である高い頰骨を明示している。地下室のレリーフにはいくつかのすぐれたプロフィールの表現が残っており、その表現は力強い容貌と鷲鼻を示している。

最近に至るまで、われわれはスネフルがどんな顔であったかを知らなかった。しかし戦後のダハシュルにおける発掘は王の肖像をそなえた碑板をもたらした。彼のプロフィールは窪んだ頬の驚くべきほど軟弱な容貌を示している。クフについては、唯一の肖像がこれまでに発見されている。それは小さな象牙の彫像である。それは大してよく保存されていなかったものの、王の容貌は高い頬骨とひき締まった唇をもち、意志力を十分に示している。同様な高い頬骨と堅く閉じた口は、ルーヴル博物館のダドフラの等身大の石英岩製頭部の特徴をなしている。

これらのどれよりもはるかによく保存されたものはカフラのみごとな閃緑岩製の彫像である。これは彼のピラミッドの河岸神殿から出てきた。ここでは、古王国の彫刻家の十分な石細工が初めて示されている。芸術家は著しく人間的な肖像をつくりだした。それは同時に、日常世界から著しくはなれている。人間的な顔から、王の眼は空間をみつめ、理解しがたい神の王国をみつめている。彼の随行者は死すべき者ではなくて、ハヤブサのホルスの形をした太陽神であり、神は翼を王のまわりにひろげて王を守護している。このときファラオは人間（その形を王はとっている）と宇宙を支配する神との間の聖なる連結環となった。同じような謎のような超絶はカフラの他の生き残った肖像に、すなわちスフィンクスの頭部に表現されている。人間とその他の諸要素によっておこなわれた四〇〇〇年以上にわたる大破壊も、古代エジプトの彫刻家が生ける岩から彫りだしたさわやかな表情の威厳は損い得なかった。この顔（それはわれわれの世界から次の世界をみつめているようにみえる）の表情における技巧は数百世代にわたって人々に付きまとって離れなかった。

カフラの肖像は、神聖王権の時代と彼のあとにつづく王座の人間の時代との間に位置するようにみえる。寛やかな唇とかすかに膨らんでいる眼をもつメンカウラの肉体上の顔には、神聖なるものあるいは超自然的なるものは何ひとつ存在しない。またしても、彫刻家の不思議な技巧が、この造形表現によってファラオを地上におろしたのであり、しかも父カフラとの家族的類似を犠牲にしなかったのである。この間違うことのない類似はシェプセスカフの肖像においても保たれている。もっとも、ここでは、メンカウラの肉体上の様相はほとんど通俗という程にまで堕ちている。

大王妃の表現においては、いかなる超越的な性質も存在しない。クフの大王妃メリティエテスの頭部は、損壊している現状にもかかわらず、美と女性的暖かさを示している。ボストン美術館は幾度も結婚した王妃ヘテプヘレス二世とこれまた王家の娘であるメレスアンク三世の魅力的な複合像をもっている。母の腕はメレスアンクの肩の上に保護するように置かれている。二人はともに王朝継承権の所有者であり、ともにカフラの配偶者である。メンカウラの妹妻（あるいは姉妻）カメレルネブチ二世の場合には、彼女の兄（あるいは弟）の肉体的表現は女性的特徴によってやわらかく強調されている。第五王朝にはいると、ウルカフの顔の中に、クフとダドフラの非妥協的意志の跡を、あるいはカフラの神としての使命を探しても無駄である。それは彼の徳と弱さをすべてそなえている人間行政官の顔である。

われわれはさきにピラミッド時代における民政を扱った。第四王朝彫刻家の完成された技術が能うかぎり似ているようにせよとの要求と組みあわされて、高官たちとその妻の多くの肖像を残してくれたことは、われわれにとって幸運である。それらの中の多くは墓の中で発見された奇妙な「予備頭部」である。それらは、ミイラが壊されたときにその代理としての役割を果したかもしれない。しかし確たる目的についてはわれわれは無知である。それらの多くの上に、耳が意図的にこわされているのは驚くべきことである。ある場合には、頭部像はアフリカとの密接な結びつきを目立たせている。なぜなら、一高官の妻の顔の様相は、彼女が黒人であったことを疑いなく示しているからだ。

全体として、これらの知的で意志的な顔は現代のいかなる功績主義にもまた対応できるであろう。役人は「書記」として描かれることをしばしば好んだ。また、多くの家族グループもあり、その中に矮人《コビト》のセネブのグループがあった。矮人は財宝係りとして珍重された。なぜなら、彼らは容易に識別でき、したがって、彼らの監視下の荷物を密かに持ちにげしようと試みることは、他の人よりはありそうにないからだった。最も古い肖像彫刻の実例でさえも、たとえばスネフルの時代に生きたラホテプ王子とその妻の肖像彫刻でさえも、洗練された「現代」社会のしるしを示している。彼は今日の陸軍士官であることもできるだろう。ノフレト夫人はわれわれ自身の時代のいかなるエレガントな社会にも努力なしに加わることができるだろう。彼らの使用人と職人がどんな顔つきをしていたかをまで、われわれは死後の世界へ主人に随行していった彫像によって知っている。最後に、ライスナーによるヘテプヘレスの墓の発見は、スネフルの大王妃の家具をわれわれにもたらした。それは、黄金の純粋な優美さと抑制された使用とによってツタンカーメンの墓が明らかにしたいかなる物よりもまさっている。

古王国の文学からいかにわずかしか残っていないかということは、文化的で威厳あるこの社会の姿と一致する。プタホテプ、カゲミ、およびその他の人々の忠告は、後世の哲学者が信用することとなる地味な哲学を反映している。彼らは、上級者から与えられた命令を議論せずに受けいれ、気取ることなくそれを良心的に実行するという「沈黙の人」の理想を賞讃した。彼は自らの知識を誇ってはならず、つねに学ぶ用意を、必要とあらば、貧しい者と賤しい者からさえも学ぶ用意を整えていなければならない。彼はつねに請願者に対して親切でなければならず、決定をくだす前に彼らの事件を忍耐づよく聞かねばならない。貪欲と汚職は最悪の病いとして記されている。なぜなら、それは不治であり、きわめて伝染性がつよく、いかなる対策も不可能であるからだ。

民政奉仕者のためのこれらの厳しい訓戒とともに、その結末に確信がもてないかぎり上級者を相手として事件を持ちだすなといったようなより家庭的な忠告も非常に多い。人は宴会で控え目に食べなければならない。欲望が烈しくてたまらない（それはほんの一瞬のことだ）ときであっても、控え目に食べなければならない。なぜなら、貪欲にみえることはみっともないからだ。最後に、友人の家を訪ねる人々に対して、女に近づくなという良い忠告がある。「男は女の輝く手足によって狂わせられる。束の間の歓びはやがて苦《にが》い悔いにかわる」。

ピラミッド時代のこの短かい記述は、社会的・知的背景を示すことを含んでいた。その背景の対照としてわれわれは壮大な技術上の事業をみつめなければならない。この短かい記述は、地味で本質的に実際的であった社会（その社会の精神と反応は著しく敏感であった）を反映しており、秘儀への大きな献身というしるしはほとんど示していない。われわれが提議しているように、政治的・経済的理由のためのピラミッド建造は、一人のファラオを埋葬するためにいくつかのピラミッドを築くことに壮大な努力を傾けるということよりも、分別のある洗練された共同体という姿のほうに、はるかによく適合するようにみえるのである。

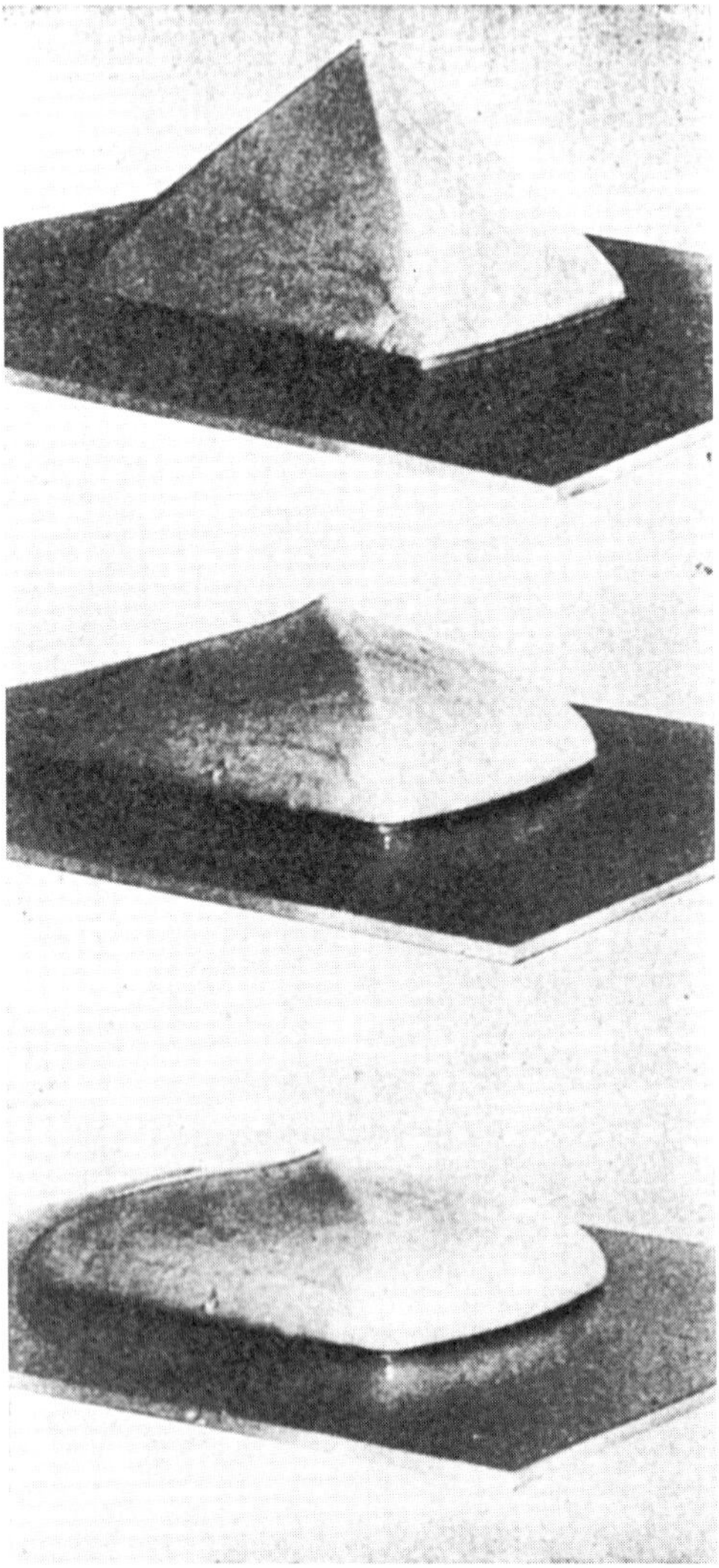

ピラミッド・モデルによるプラスチックの流出現象の実態
「第四章　メイドムの鍵」

第七章　メキシコのピラミッド

スペインのコンキスタドールが一五一八年に初めてメキシコへ旅したとき、彼らはピラミッドを見つけ、また、ピラミッドの用途をも発見した。征服のさいの勇猛な老兵であり記録者であったベルナール・ディアス・カスティリョはこの初期の遠征に少年のとき随行した。彼は沖の島を初めて訪ねたときの報告を、われわれに残した。

ボートが水に浮ぶや否や、船長フワン・デ・グリハルヴァとわれわれ兵の多くは島を訪ねるために沖へ出た。なぜなら、われわれはそこから煙が上がっているのを見たからだ。われわれは二十戸の石づくりの家を発見した。家は非常によく建てられており、いくつかの祭壇に通ずる階段を各戸がそなえていた。それらの祭壇の上には人相のわるい肉体をもつ偶像があった。まさしくその夜、五人のインディオがその偶像の前で犠牲となったのであった。彼らの胸は切りひらかれていた。彼らの腕と大腿骨は切りとられていた。壁は血におおわれていた。

これを見て、われわれははなはだ驚いて立ちどまった。われわれはこの島を犠牲島（イスラ・

デ・サクリフィコス）と命名した。こうして海図の上に、島はそのように記されている。

ディアスが簡単に「家」として語っているものは、家が石造りであって、スペイン人がそれまでに見てきたシュロの葉で屋根をふいたみじめな小屋ではなかったことを意味する。階段として言及しているものは、これらの建物が、数百年後にメキシコで発見されるような小さなピラミッドであったことを明らかにしている。

コロンブスは、西半球における彼の最初の陸地発見から十四年後の一五〇六年に死んだとき、自分はインドに到達したのだとなおも信じていた。彼と彼の船長たちが発見したアンチル諸島はアジア大陸の辺境とみなされていた。だから彼は最後の航海で「ポルトガル人のインド」に船を導くはずの海峡を探し求めていたのだった。ポルトガル人はもちろんもっとよく知っていた。彼らは最初からコロンブスの提示を拒否していた。なぜなら、彼らはコロンブスとちがって地球の周囲について正確に知っていたからだ。地球の周囲は紀元前二五〇年にエラトステネスによって確証されたのであり、ポルトガル人はこれを厳密に守られる秘密としていたのであった。エンリケ航海王によって創立されたポルトガルの探査機関は、インドを求めて西に航海するものは限りない広さの海で死ぬだろう、と正しく決めていた。彼らが知り得なかったことは、アメリカがこのような旅程の中に横たわっているということであった。

コロンブスによって発見された「インド諸国」は恩恵というよりはむしろ当惑をもたらした。宝物のかわりに、スペイン人は飢餓と熱病を発見した。原住民は、比較的従順であったものの、プランテーションで働くよりは死ぬことを選んだ。西のかたに豊かな強い国があるという根強い噂があった。

スペイン人はもちろんそれをインドであると考えた。一五一七年にエルナンデス・デ・コルドヴァが奴隷を求めてキューバからバハマ諸島に向けて航行したとき、烈しい強風に流されて航路を遠く外れ、結局陸地に着いた。インディオはそこをユカタンと呼んでいた。アンチル諸島の臆病で無力の原住民とちがって、本土の住民は好戦的であり反逆的であった。最初の上陸のとき、コルドヴァの部下はわずかばかり内陸におびきよせられ、間もなく待伏せ襲撃をうけた。そのときから、彼らは海岸へ上陸することは難かしいことを知った。あるときには、流れの出口で新鮮な水をいれようとしてもっていった樽を失うということまであった。とはいえ、村への不運な遠征のさいに、彼らは石造の建物と黄金の装飾を見た。そして、その向うには今まで見たことのないはるかに高い文明がある、と彼らは信じた。このことはキューバの知事ディエゴ・ヴェラスケスを動かし、彼はグリハルヴァを遠征隊長として派遣した。この遠征について、さきに述べたようにディアスの記録は語っている。

グリハルヴァの部下は内陸に進むことはできなかったものの、彼らは石造りの建物の存在、進んだ文化の存在、そしてとりわけ重要なことであるが、黄金の存在を確認した。次の年の次の遠征は、エルナン・コルテスの遠征であった。それはアステカの首都だけではなくモンテスマ王の帝国の全体と残りの中央アメリカを征服した。コルテスは大量の金の財宝を手にいれた。スペイン人は数世代にわたって無数のインディオを拷問し、黄金の所在地を追及した。彼らはただ真実を信ずることができないのであった。メキシコは鉱山をもっていなかった、という真実を。実際、装飾と装身具のために当然のことにスペイン人によって熔かされた黄金は、中央アメリカの川から採取されたので、長い間にわたってメキシコに貯えられていたのであった。なぜなら黄金は腐蝕しないからだ。

モンテスマの使者とコルテスの最初の会談で使者がスペイン人の黄金に対する異様な欲望の理由に

メキシコのピラミッドの頂上における人身犠牲．犠牲者は犠牲台石に四人の祭司につかまれて伸展姿勢で置かれ，五人目の祭司は石ナイフでその身体を切りひらく．

ついてたずねたとき、コルテスは殊勝な率直さとシニシズムをもって、白人は精神の病いを患っており黄金のみがその治療薬であると答えた。同じ歴史的な会食の際、アステカ人はきわめて不本意に未来の征服者に対して弱点を示した。スペイン人のほとんどは、自分たちの食べた美味いローストが風味のよい人間の血をソースとした人間の肉であることを知ったとき、大いに気持わるくなった。彼らは今や、人身犠牲の肉体から腕と脚（それをディアスが述べている）がなぜ切り落されるかを、知ったのである。数千人の人間を犠牲としたことによって、人肉食はほとんど不可避となり、きわめて一般的に実行されたのであった。純理派は、それは「儀礼」であり、宗教の部分をなすものであると述べたがる。しかし、コンキスタドールによって報告されているように、小屋の中で奴隷を肥らせることと、腕・大腿など水気の多い部分を入念に選んで切りとることとは、調理上の人肉食という側面が無視されていなかったことを疑わせる。

ピラミッドとピラミッド頂上での人身犠牲は、メキシコ全体に及ぶ日常生活の標準様相であることが、コンキスタドールによって発見された。スペインによる征服とともに人身犠牲が突然に終ったので、犠牲の実数は不確かである。しかし原住民の記録は、一四八七年のテノチチトラン大神殿の供物祭のとき二万人の犠牲が差し出されたことを示している。三十年後にスペイン人が今日のメキシコ・シティであるテノチチトランの大方形神域にはいったとき、彼らは拷問台が千の骸骨をのせているのを発見した。また、同様な保管設備がすべての他の町と村で発見された。アステカ人は好戦種族であった。彼らは多くの渇えた神々を、とりわけ、アステカ人を戦いに導くブンブンうなる鳥、ウイツィロポチトリ神をもっていた。

この神の無数の犠牲者はピラミッドの各段を導かれて登り、各人は祭壇の上で四人の祭司に腕と脚をとられて仰向けになるのであった。五人目の祭司は犠牲者の腹に石ナイフを突きさし、腹の内部を開き、胸から未だ鼓動している心臓を手ぎわよくむしり取り、太陽神のために供えた。しばしば犠牲者は最初に刺戟されて祭壇のまわりを踊った。一五二一年の六月に聖ヨハネの夜に、捕えられた彼らの仲間がそうしているのをスペイン人が見たのは、そのような行事であった。シペトテクの名誉のための犠牲者は十字架にかけられ、生きたままで皮を剝ぎとられた。祭司がその皮を身にまとうことができるようにするためであった。血煙りの立つ鏡テスカトリ

シペの神を表わす一人の祭司は，犠牲から剝ぎとった皮をまとっている．

ポカは縛られた犠牲者が真赤に燃える火の中に投げこまれ、ついで引きだされ、心臓がちぎれるようにすることを要求した。女もまた犠牲とされた。女は踊っている間に首を切られるのであった。犠牲として引きたてられる子供の涙は、必要とされる雨を意味するものとみなされた。

終ることのない多様な儀礼があり、ピラミッドはそれに対して場所を提供しなければならなかった。このことは、建築家に対して確定した要求を強いた。第一に、スペクタクルは大勢の観衆に見えるようでなければならなかった。観衆は儀礼のすべての段階を見ることができるようでなければならなかった。儀式のはじめに、犠牲者は彼が供えられる神と一体化されなければならなかった。ついで、彼は人間界を去り、ピラミッドの各段を導かれて登った。神の世界にこのようにして昇ることは、広くて印象的な参道を必要とした。この問題を解決するために、多くの思索と建築上の技巧がメキシコの建築者たちによって捧げられた。このことを、われわれはやがてくわしく論ずることとする。

犠牲者がピラミッド頂上に登ったのち、儀礼の中心的見ものすなわち犠牲者自身と聖化された死者の上演が必要であった。犠牲者は、その心臓が太陽に捧げられたとき神に一致する、と信じられていた。それゆえ、犠牲者の死の激痛の細部がすべてピラミッド区域内の群衆に観察できる、ということが重要であった。それは、ピラミッドが十分に威圧的でありながらも余りに高すぎないことを必要としたことを意味する。最後に、肉体は処理されなければならず、しかも、それがまた劇的な方法でなされなくてはならなかった。この目的のために、肉体は参道をころがりおとされた。参道は、大地へ至るまで中断のない通路を提供するように、十分に急な斜面でなければならなかった。最後に、儀礼の背景として、平場の上に祭壇がなければならなかった。それは太陽へ捧げられた祭壇であり、聖像の安置所の役を果した。首都テノチチトランのピラミッドあるいは近くのテナユカのピラミッドのように、アステカのピラミッドのいくつかは、頂上に二つの祭壇をもっており、ちがった神にそれぞれが捧げられている。これらの双子の構造物の場合には、ピラミッド自体だけが両者にとって共通であり、別々の参道がならんでそれぞれの祭壇に達している。

実際は、メキシコの谷のすべてのアステカ・ピラミッドは住宅用の煉瓦による核をもち、その外装はモルタルで接合された石でなされていた。これは各段の勾配にある制限を与えた。しかし、構造物の全高が地味であったので、かなり高い勾配を保つことができた。テノチチトランの大神殿のような最大のピラミッドでさえも、わずか三〇メートルの高さであり、ギザの大型ピラミッドの五分の一をこえない。階段は犠牲の最初の段階の舞台としての役割を果したので、観衆の興味の焦点はそこに集まらざるを得なかった。急勾配の印象は、頂上近くの欄干の強調された勾配によって一層つよめられた。

種々の材料を使ったために、ユカタンのマヤはまたもっと高くへ達する、もっと急勾配の階段を築くことができた。彼らはピラミッドを全面的に石で築き、非常に強力な石灰モルタルによって石を接着させた。できあがると、この形式の構造物は本質的に一枚岩であり、辷りだしすなわちプラスチックの流出の危険はなかった。このようにして、彼らは七十五度にまで達する勾配を実現した。それはエジプトで試みられたいかなるものよりも急であり、メイドムのピラミッドの現存部とほとんど同じくらいに急である。ウシュマルの「魔法使いのピラミッド」の大階段はほとんど五〇度の勾配で約三十五メートルの高さにまで達している。階段の勾配として、明らかにこれはまさに実用の最大限である。私はそこへ登ったとき、安全に登るために来訪者用に今日ではつくられている鉄鎖をしっかりと、つかまねばならなかった。不吉な目的のために必要であったこれらの階段の急勾配は、チチェン

・イツァにある、ククルカンのピラミッドで私に実感された。大地の高さでトンネルから出た私は、鎮まりかえっている一群のマヤのインディオに会った。階段の下には広い血の池があった。数分前に昇ってゆくのが見えたマヤ少女たちの一人は足場を踏みはずして落ち、その頭蓋は裂けていた。

このピラミッドでは、別の巧妙な設計が、階段の外見を実際よりも急勾配に見せるために建築家によって用いられた。これは、欄干を階段の頂上に向けてわずかに常線から外らすということによって達成された。観衆がピラミッドの真前に立っているとき、彼らはこの建築上のトリックに気付くことはできない。外れている欄干が認識できるのはかなり遠い距離から見たときだけである。

彼らのモルタルの大きな力は、マヤ人が石造の建物の中に空間をつくることを可能とした。とはいえ、まさしくエジプトの場合と同じように、彼らはカマボコ型天井の特性を発見しなかった。彼らもまた持出し屋根に依存しなければならなかった。典型的なマヤのアーチは頂上に向って徐々に狭くなっており、片持ちばりの原理を十分に使っている。したがって、建物の全体の規模に対する内部空間の比率は、ほぼ一枚岩的な建築にもかかわらず、かなり低い。とはいえ、アステカのピラミッドとちがって、ユカタンのピラミッドのほとんどは、しばしば優美な屋根によって美化された最上神殿をもっていた。

これまでに述べたことから、メキシコのピラミッドがいくつかの本質的特徴においてエジプトのピラミッドとはちがっている、ということは明らかである。後者は完成後には登ることができないのに、すべてのメキシコのピラミッドは、頂上部を切りとられた建造物であって、その上に達する階段をそなえている。中央アメリカの構造物の基本的な考えは、神の聖所を単純に大地より高いところに上げるということにあった。したがって、ピラミッドの目的は二つの場合では、きわめて違っていた。か

パレンケの碑文神殿は，今までのところ，墓が内部で発見された唯一のメキシコのピラミッドである．頂上の聖所は地表レヴェルの石棺の間に通じている．

なり最近に至るまで、メキシコのピラミッドは墓の役を果したことは一度としてないということが公認のこととされていた。ところが一九五一年に、内部の階段がパレンケの「碑文のピラミッド」で発見され、その階段は構造物の本体の中に深く位置する未盗掘墓に通じていた。砂礫によって埋められていた階段は下降して一つの室につながっており、その室の中には明らかに犠牲として捧げられた四人の人間の骸骨があった。室の遠い方の端の広い石の蓋を外すと、地下室が発見され、その床面は大石棺の彫刻された蓋でほとんどおおわれていた。大石棺はみごとな体格の一人の人間の骸骨をおさめており、その顔は硬玉のマスクでおおわれ、身体は硬玉の装飾をつけていた。

理解できるように、このおどろくべき発見はある考古学者にとっては、アメリカのピラミッドはすべて墓をふくんでいるかもしれないとの推測をさせるものであった。しかしこれについての証拠は今までのところ、大して強くない。きわめて多くのメキシコのピラミッドでトンネルが掘られたものの、他のいかなる墓も今までのところ発見されていない。これらの特殊な発掘の目的は、墓を探すためではなくてこれらの建造物の内部構造を知るためのものであった。エジプトの相対物とちがって、メキシコのピラミッドの多くは連続的な添加を通じて規模を大きくしていった混合建造物であった。たとえばテナユカのピラミッドは六回を下らない連続建築段階を経験しており、各建築段階は前の段階の上に積み重ねていったものである、ということが発掘によって証明されている。この建築経過の一般性はユカタンのマヤのピラミッドにもひろがっている。チチェン・イッツァにあるククルカンのピラミッドはわずかに小さい前段階のピラミッドをふくんでおり、その神殿は今日の聖所のすぐ下に位置している。今日それは古い構造物の表面にそって掘られた考古学上のトンネルによって接近可能である。この考古学上のトンネルは、赤く彩色され硬玉の大きな緑色の斑点を配したジャガーの石造彫刻をもたらした。これらの添加のうちもっとも有名は例はテオチワカンの「城砦」にある。「城砦」の中の比較的平たい建物である中央ピラミッドの発掘によって、建築初期段階の著しく装飾された正殿があらわれた。これは有名なケツァルコアトルの神殿であり、羽毛の蛇の突きでた頭と水神トラロクに飾られた美しい彫刻パネルをそなえている。

ケツァルコアトルの神殿の場合に見るように、下部の構造はしばしば部分的に破壊されている。これは、同一建造物における連続的な建築上の変化を説明する。その目的は構造物の拡大にあるというよりは外観の修正にあった。中央アメリカの人々は、彼らの世界を輪転する変化の一面を信じていた。彼らは非常に複雑な暦を用いた。それは三六五日から成る一年のほかに、二六〇日の期間をふくんでいた。この期間は一か「月」を二十日とする十三の「月」から成っていた。どのようにしてこの二つの計算が生じたかは知られていない。一方が太陽の運行に明らかに結びついているのに対し、他方は

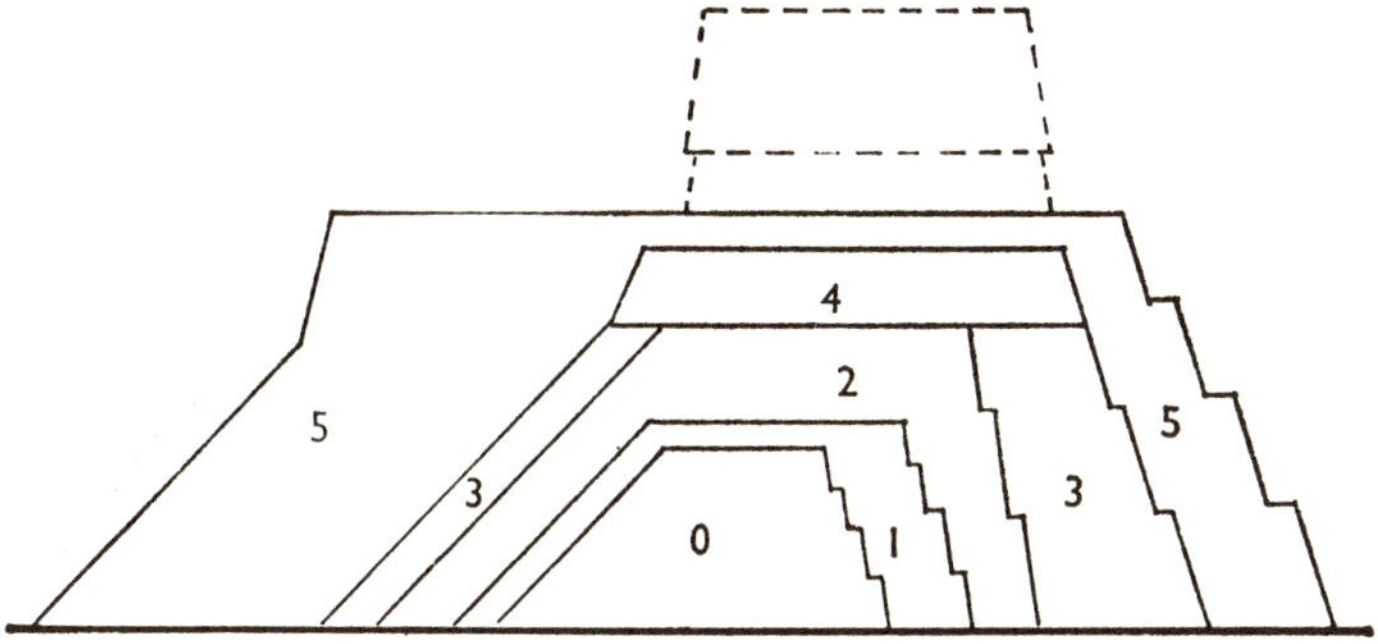

テナユカのピラミッドの断面図．連続的な拡張を示す．
最初の構造物（0）は拡張され，25年の天文学周期を記念した．（1）はたぶん紀元後1299年に，（2）は1351年に，（3）は1403年，（4）は1455年に，（5）はコルテスによる征服から数年後の1507年につくられた．

金星とその五八四日の一年に関連しているようにみえる。ここでわれわれはこの二つの計算のいささか複雑な関係に立ちいることはできない。ただ、五十二年ごとの周期の同じ位置に同じ名が繰返されるということを述べるにとどめる。この期間およびそれより長い一〇四年という計算でさえも、そのあとに世界の再生をひかえているきわめて重要な時間とみなされていた。一つの期間の終りと次の期間の始まりは瞬間的な意味をもつものと信じられ、この瞬間の接近は大いなる危険の時と信じられていた。最後の「不幸な」五日のあいだ、人々は断食し、家族のもちものをこわした。最後の夜、子供が眠っているあいだにハツカネズミに変えられるのを防ぐために、子供は眼を覚ましておかれた。

普通よりも多い犠牲が捧げられ、そのあいだアステカ人は全土のすべての火を消し、闇の予兆とともに時代の変化をまった。運命の夜、祭司たちは上に登った。その頂上で彼らは天文学的観測によって深夜の瞬間を決定した。世界が終りとならないで深夜がすぎるや否や、彼らは新しい時代の最初の炎を、新しく犠牲となった者の胸の中に適切にはめこんだ火起しぎりでおこした。松明はその火から点火かされ、かずかずの走者がその新しい火を国じゅうに運んだ。

彼らの世界におけるこれらの重要な転換点は、古い物のかわりに新しい物を置くことによって祝われた。したがって、古い神殿もまた新しくしなければならなかった。再建が五十二年の周期で至るところで実行されたかは確かでないが、テナユカのピラミッドの連続的建築段階は一二九九年、一三五一年、一四〇三年、一四五五年、一五〇七年にあらわれたということが説かれた。一〇四年の周期がもっと重要でさえある、ということもすでに述べられた。もっと長い周期が祝われたと信ずべき理由がある。その周期は習慣的建築様式のかわりにまったく新しい建築様式を実施するのに十分な意味をもっていた。

周期的変化という観念はアステカ民族の生活を支配したばかりではなく、彼らの神話信仰の基盤でもあった。彼らの考えによれば、過去において四つの世界すなわち四つの「太陽」があった。最初の世界につづいて、人間はジャガーに食われた。第二の世界はハリケーンによって、第三のものは火によって、第四のものは洪水によって、破壊された。彼ら自身の世界は地震によって滅びることになっていた。のしかかって来る破局をくいとめるためにはその太陽につねに人間の血を捧げて飲ませなければならなかった。こうして、人間の犠牲は世界を保存するために永久に必要となった。スペイン人がメキシコに来たときに、毎年殺されていた人間の数がどれほどであるか、われわれは確かには知らない。しかし、ある権威者は五万人あるいはそれ以上という大きな数字を算出した。

来る年も来る年もこれほど大きな人数が、この虐殺に対する民衆の反抗なしに暴力的な死に赴いた、ということは考えがたいようにみえる。この異常現象の理由は宗教的なものであり、死後の生活に関するアステカ人の思想に基礎を置いていた。この世の向うにはミクトランがあるのだった。それは地下世界の楽しみのない場所であった。とはいえ、天国もあった。それは神々の住むところであり、死者の中のある者はその国へのぼることができるのであった。ある者とは、戦争で死んだ者、あるいは犠牲石の上で死んだ者であった。女性もまた、出産にさいして死んだならば、すなわち未来の戦士を生むために自らの命を捨てたならば、天国へ行くのであった。犠牲者がピラミッドの階段をパレードして登ることは、彼にとっては栄光ある永生への序章であった。彼の心臓が太陽に捧げられるとき彼はその永生にはいるのであった。太陽は彼の血を待っているのであった。犠牲者自身がいかに強く自己の最高の運命を感じていたかは、スペイン人の征服のさいにおきた一場面で示された。毎日、美しく若い捕虜がテスカトリポカ神の代理となるために選ばれた。一年を通じて、彼は神のようにもてなしを受け、最後の月に可憐な四人の少女が彼の同伴者となった。犠牲の日、彼は彼女らにさよならをいいつ

一年のあいだテスカトリポカ神の代理者となった一人の若者は，犠牲となるためにピラミッドに登る道すがら，自らのフリュートをまずこわした．

づけ、ピラミッドの階段を昇りながら、使った笛を一本ずつ折って捨てた。実際の犠牲者は、コルテスが犠牲となることを彼に禁止し、彼を待つ聖化から若者をだまして引きはなしたとき、抗議した。

血と苦しみに対する信仰は死の場面に限られているのではなかった。自己拷問と儀式上の出血は神の恩寵を求めるための、また悔いを示すための共通の形式であった。祭司にとって、それは義務であった。スペイン人は、ぼろぼろの耳朶と長い血だらけの頭髪から発する悪臭を叙述した。もっとも信仰あつい人の幾人かは舌に龍舌蘭の針で糸を通すこともした。アステカ人は好戦的な人種であり、他の英雄的社会の場合と同じように、サディズムとマゾヒズムが同性愛と共存した。ディアスはスペイン人が出会った最初のアステカのピラミッドを次のように叙述している。「悪魔あるいは女の顔をした陶器製の粘土彫像と男色を犯しているインディオを示す不吉な彫像があった」。コルテスは演説の中で再三にわたって「犠牲をやめよ、同族の肉を食うことと男色の習慣をやめよ」と命じた。実際、スペイン人は売春婦をとらえてみて、男が女の服装をしていることにしばしば吐き気をもよおし、恐ろしさを感じた。

規模において、アステカとマヤのピラミッドはエジプトの後期のピラミッドに比べることができる。それらはエジプトのピラミッド時代そのものの巨大建造物よりははるかに小さい。とはいえ、メキシコ・シティすなわち古代のテノチチトランからわずか五〇キロメートルのところに二つの大きなピラミッドがある。十二世紀にアステカ人が取るに足らぬ、見下げられた部族としてメキシコ渓谷へはいったとき、これらのピラミッドは千年以上の古さをもち、その起源さえ忘れられていた。草木が全面に生い茂っていたため、ピラミッドは建造物というよりは自然の丘のようにみえた。この地点の真の性格は長さ四キロメートルの広い古代の通りによって示されていた。その通りにも隣接する丘と同じほどに草木が生い茂っていた。アステカ人はこれらのピラミッドを墓とみなした。それゆえ彼らは通りに「死者の通り」という名を与えた。二つの大型ピラミッドを太陽と月に捧げられた聖なるものであると、彼らはみなした。それは当時の伝承を基礎としたものであって、歴史的根拠によるものではなかった。地点自体を、彼らはテオチワカンと呼んだ。「人が神となった場所」という意味であった。今日もその地点はその名をもちつづけている。なぜなら、われわれは最初の住民がそこをどう呼んでいたかを知らないからだ。彼らが自らをどう呼んでいたかも、われわれは知らず、彼らがどこから来たか、いかなる言葉を話していたかも、われわれは知らない。

　コンキスタドールがメキシコに来たとき、アステカはわれわれの意味における文字をまだ発達させていなかった。白い人間の到着というニュースは、使者によってモンテスマ王に、一齣一齣が物語の断片を語る一連の絵の形で伝えられた。それらは連続漫画に非常に似ていて、人間の口から出た言葉さえも示していた。とはいえ、彼らは文字をもっていなかったので、アステカ人の吹きだしは空《カラ》であった。これらのプレコロンビア「写本」（そう呼ばれる用語にしたがう）のほんのいくつかは幸いに残った。しかしほとんどの原本は信仰心あついスペインの修道士によって焼かれた。彼らは写本を悪魔の作品と感じたのであった。それらの原本が残ったとしても、原本がメキシコの歴史についてわれわれに多くを語ったかどうかは疑問である。マヤ人は文字を早くから発達させた。ある初期の碑板の暦記号は、キリスト紀元の開始と一致する年号を記しているようにみえる。後の記号（われわれには解読できない）が口語をあらわしたかどうか、われわれは知らない。アステカの写本のように、それらは主として在庫一覧表であるかもしれぬ、と人は推定してよい。文字が哲学者と詩人によってではなく、会計係によって発明されたということは、理解されることはなはだ稀である。

メキシコの女性マルディナはコルテスの情婦となり，彼の通訳として行動した．コデス・フロレンチノの書記は彼女がアステカ人と話をしている図を吹きだしを使って描いている．

写本が受けた取扱いは、スペイン人の征服のさいになお存在していたメキシコ宗教芸術のほとんどすべてに繰りかえされた。ほんのわずかの物が一五一九年にコルテスから皇帝カルロス五世に送られ、翌年ブリュッセルで展示された。ドイツの偉大な画家アルブレヒト・デューラーはこれらを見るために生地のニュルンベルクから旅行し、彼のノートに叙述を残した。彼はこの奇妙な芸術に心からの賞讃をささげた。彼はこの芸術の力を直ちに認識したのであった。彼の評価と同じものを感じた人はたぶんほんのわずかの人たちだけだった。なぜなら、それらの物のほとんどはそのあと失なわれたか壊わされたかしたからだ。幸いに、わずかな数の物がブリティシュ・ミュゼアムへの道をとった。今それらは博物館の最大の宝物を形成している。これを別として、征服のさいに破壊されずに残ったものはない。メキシコ・シティのみごとな人類博物館の大コレクションはすべて考古学上の発見物であり、そのほとんどはかなり最近の発見物である。

マヤ絵文字に至る文字あるいは鍵がないにもかかわ

らず、メキシコの地はアメリカの先史についてあらゆる情報を提供するはずである。初期のスペインの歴史家によって採集されたアステカ伝承は漠然としたものである。血にうえたブンブンうなる鳥に導かれてメキシコ渓谷へ彼らが来たころの初期の二百年についても、そうである。彼らの神話が思いだすことのできる最古の文明は伝説的トルランであった。トルランとはトルテカ人と呼ばれる民族の首都であった。そのあと、考古学者はメキシコ渓谷からユカタンにかけてのメキシコの広大な地域にわたってトルテカ芸術の名残りを認めた。ごく最近、古代トルランの地点はイルダゴ州にあるツーラの町と同一視された。それは、一一〇〇年から一三〇〇年のあいだ栄えたようにみえる。テオチワカンはどうかといえば、アステカ伝承は何も記録していない。スペイン人がメキシコ人に向って、だれがピラミッドと死者の通りを建てたかと訊ねたとき、彼らは答えた。「神である」と。

人間はたぶん最後の氷期に、すなわちたぶん五万年前に、アメリカ大陸にあらわれた。広大な氷のひろがりの中にしめこまれた大量の水のせいで、大洋の水位は今日より低かった。シベリアからベーリング海峡を渡ってアラスカへ行くことは容易だったかもしれない。たぶんそれが、東アジアのモンゴル族に近いとみられる狩猟移動民のとった道であった。徐々に南へ動くうちに、移動民の中のあるものは、定住民となり、農業を発達させた。農業は草を基礎とするものであり、そこから彼らはたぶんアリゾナのジラ渓谷でトウモロコシを栽培した。今までのところ、これらの初期の時代についてはわれわれはほとんど知っていないのであるが、最初のアメリカ・インディオの文化はメキシコ湾の岸で開花したようにみえる。われわれが「オルメカ人」と呼ぶ民族が文化の中心地をつくり、特別な型の彫刻を残した。それは大きな石造の頭部と、めくれ上った上唇を特徴とするものである。「子供のような顔」は明らかに聖獣とみなされたジャガーの表現と一緒にあらわれている。

明日の発掘がオルメカ文化に先行する文化のために証拠を見出すかもしれないというのは大いに可能性の高いことであるとしても、メキシコ湾における初期の定住をインディオ文明の発祥と見る以上のことは現在ではできない。ラヴェンタと呼ばれる村の近くのもっとも重要な地点の一つは隣接の農業民族の信仰中心地として役割を果した。エジプトにおける最初のホルス随従者と同じように、ラヴェンタのオルメカ人は、われわれにとって起源不明であるいくつかの業績をなしとげた。とくに二つの特徴が際立っている。彼らは信仰マウンドを築いた。彼らはまた暦をつくるに足る天文学的知識をもっていた。これらの達成はともにユカタンのマヤとメキシコ渓谷へ移った。

これまでのところ、われわれはこの初期の文明がいつあらわれたかについて何も述べなかった。歴史記録がないために、考古学者は掘りだされる人工物に、とりわけ中央アメリカにおいてきわめて特徴的である粘土小像に依存しなければならなかった。それらの物のスタイルを分類することとその出土位置を関連づけることは、多くの年月のあいだカソ、リンネ、グエラ、ヴェイラントなどの考古学者が継続年代を確定しようとするときの唯一の指標であった。継続年代の確定は不確実と落し穴にみちているはなはだ複雑な企てであった。もっとも悪いことに、それはいかなる形の正確年代にも達し得なかった。同一地点についての専門家の見解は、しばしば優に数世紀というくいちがいをみせた。

これらすべては、原子物理学によって突如として変った。一九四九年に、シカゴ大学のW・F・リビー教授は放射能テストを発展させた。それは木あるいは骨といったような組織体残留物の年代を注目すべき正確さで確定することを可能とした。これによって彼は一九六〇年にノーベル賞を受けた。この方法は、原子量14（^{14}C）をもつ炭素核の放射能減衰を基礎とするものである。地球の大気に二酸化炭素として存在するほとんどすべての炭素は原子量12（^{12}C）をもっている。^{12}Cは不活性であるが、そのうち$\frac{1}{100万\times100万}$が放射性の^{14}Cから成っている。^{14}Cは大気中の窒素に中性子がぶつかって生ずる（$^{14}N+n\rightarrow{}^{14}C$）。すなわち、宇宙放射線から来る中性子が一定の比率でわれわれの惑星に衝突することから生ずる。新しくつくられた^{14}C核は不安定であり、β線を放出して普通の窒素に変わる（$^{14}C\rightarrow{}^{14}N+\beta$）。このようにして、大気の二酸化炭素にふくまれる放射能量はたえず一定である。なぜなら、それは大気中の窒素から絶えずつくられ、いっぽう、それ自体の放射性崩壊によって絶えず破壊されるからだ。

すべての生ける植物と動物は大気から炭素をとり、それによって自己の組織をつくりあげる。そのとき非常に微小量の^{14}Cもふくまれる。^{14}Cの減衰はかなりゆるやかであり、いかなる標本の場合にも、五五〇〇年で^{14}Cの半分が窒素に変わる。大気中ではこの増減は宇宙線の衝撃によって一定に保たれているが、大地に埋められた植物または動物の組織の場合は、事はもちろん同じではない。この場合には、埋められた標本中の^{14}Cの量は八〇年ごとに一パーセントずつ減ってゆくであろう。こうして、標本中の炭素の総量に対する^{14}Cの比率を測定することによって、標本の年齢を確定することが可能である。

カーボン・デーティング（炭素による年代決定）の物理学的基礎が回りくどくないのに対して、その実際的適用には非常に敏感な装置を必要とし、避けなければならない過誤におちいる可能性がつねにある。^{14}Cの含有量を示すベータ放射線の量はまことに微々たるものであり、幾世紀ものあいだに標本におきたいかなることも（たとえば、水びたし、あるいは小標本の長期にわたる大気露出）結果を変えてしまうかもしれない。それゆえ、可能なときはいつでも、同一地点でとった別の標本から検出することが賢明である。それにもかかわらず、すでにその最初の適用のさいに、カーボン・デーティングはジョセルとスネフルのピラミッドの中の検体から、歴史学的に承認されているものと一致する年代を与えることによって、その価値を証明した。それゆえ、この方法は、われわれが独立の年代を何ひとつもたないプレコロンビアンの標本の年代決定については、著しく価値のたかいものである。

メキシコ湾文明の大いなる古さという驚きを与えたのは、カーボン・デーティングであった。ラヴェンタのオルメカ遺跡からの標本は、紀元前八〇〇年と四〇〇年のあいだにこの文化が開花したことを示唆している。これは以前に推定されていたものより多くの世紀をさかのぼらせるものである。同様なテストはまた、テオチワカンの神秘的な都市に対して指標を提供した。こうして、二つの大型ピラミッドはキリスト紀元の直前に築かれたようにみえる。考古学上の証拠をカーボン・デーティングと組みあわせることによって、われわれはアメリカ・インディオ文明の初期の成長を再構成することができはじめている。マヤ文字と彼らの暦の知識の起源はメキシコ湾のオルメカ人から来たことは、今日ではかなり確かなようにみえる。しかし、マヤ人は、ラヴェンタの信仰マウンドよりも急勾配の高いピラミッドを築いたのに、テオチワカンに建てられたピラミッドのような巨大建造物の段階を一度として通らなかった。アメリカで建てられた最大の構造物であるテオチワカンのピラミッドはエジプトのピラミッド時代と強い類似を示している。

メキシコ渓谷におけるテオチワカンの先行者はクイクイルコであった。それはメキシコ・シティの現在の大学キャンパスのすぐ南にある。信仰マウンドは円形の、どちらかといえば平たい階段ピラミッドであり、基底部直径が一四〇メートルであるのに対して高さはわずか二〇メートルである。今日、平たい外観は、建物が約十メートルの高さまで、約二〇〇〇年前に爆発したクシトルの熔岩に没している事実のために、強められている。この年号はそこで発見された彫像の型とラジオカーボン・テス

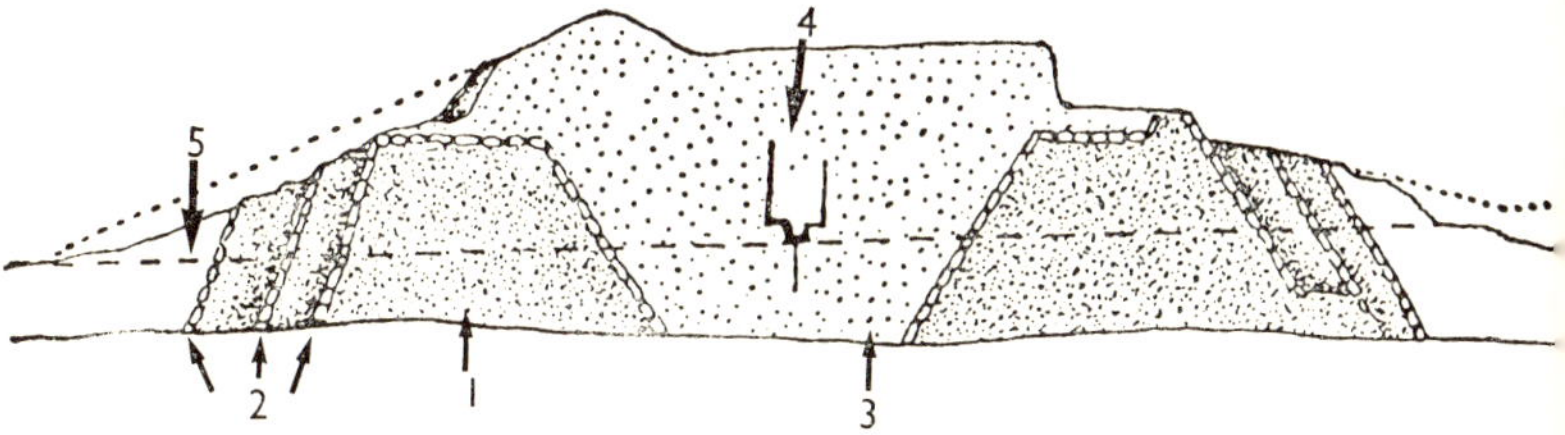

クイクイルコにある円形マウンドの断面図.

それは土と石とによって塀(1)として作られ，その上に石のおおい(2)がのせられた．中央(3)は土で埋められた．その真中で，連続する建築段階を示す祭壇(4)が発見された．マウンドは火山クシトルの爆発から出た熔岩(5)に呑みこまれた．

ト（放射性炭素テスト）と一致する。ラジオカーボン・テストはクイクイルコを約紀元前四〇〇年と年代決定している。最終段階で約七〇〇〇立方メートルに達したマウンド自体は、二つの段階で築かれた。第一段階は二つの階段であり、次の二階段があとで添加された。それは明らかに爆発のおきる前に都合よく捨てられた。

この「ピラミッド」の建造のために用いられた主な建築材料は粘土であり、粘土がところどころで川の大型丸石で強化された。建築者はプラスチックの流出と同じ危険を意識していたようにみえる。粘土の構造物は雨にさらされたときにこの危険に対して弱いからだった。マウンドはきわめて正確に平ったいものであったが、辷りだし防止のために周囲を強化することが必要であると明らかに考えられた。それゆえ、粘土の核はリング形の土堤にかこまれた。土堤は粘土と石をまぜたもので築かれ、壁面は大型石をならべてその間に粘土を詰めて固められた。モルタルは知られていなかったように思える。追加された強度は土堤に一連の外壁をそなえることによって得られた。それはサッカラの階段ピラミッドの建造のさいにイムホテプによって用いられた控え壁と似ていないわけではなかった。建造経過を再構成しようと試みるなら、外側の土堤がまずつくられ、ついで粘土詰めの作業が中央の穴に向けられた、と人は推定できるであろう。

この型の建造法を採用した主たる理由は最も効率的に労働力を展開することにあった。ありそうなこととみえるのであるが、もし大労働力を使用できたならば、ピラミッドを建てる最も速い方法は構造物の周囲で労働者を使うことであった。これは建造者のために、互いの道にはいることなしに最大限の人数を同時に使うことを可能とするだろう。

階段は東からも西からも上の壇に達した。祭壇の残りは第四段の高さと、埋まっている第二の壇に発見された。祭壇はたぶん屋根のある建物におおわれていたのであるが、それはずっと昔から消えている。クイクイルコの信仰マウンドは、スペイン人による征服時のアステカのピラミッドとは正反対のものである。いかなる種類の儀礼が祭壇で執りおこなわれたかを、われわれは知らない。しかし、平たい低い壇は、アステカのピラミッドの目的の場合のような、スペクタクルのための良い「ステージ」を提供するはずはなかった。

すべての証拠は、テオチワカンがクイクイルコよりは後であるものの大して後ではないということを示している。太陽のピラミッドはこの地点における最初の注目に値する建造物であるようにみえる。それによっておおわれた面積はクフのピラミッドの場合と正確に同じである。しかしその最初の高さはエジプトの建造物のわずかに約半分であった。もちろんこのことは、太陽のピラミッドが容積においてクフのピラミッドの半分より少ないこと、重量においてわずか半分以下であることを意味する。クフの建築家はクフの建造物のために約六五〇万トンの石灰岩を切りだし、積みあげなければならなかったのであるが、太陽のピラミッドを建てた人々は二五〇万トンの石と土を供給するだけでよかっ

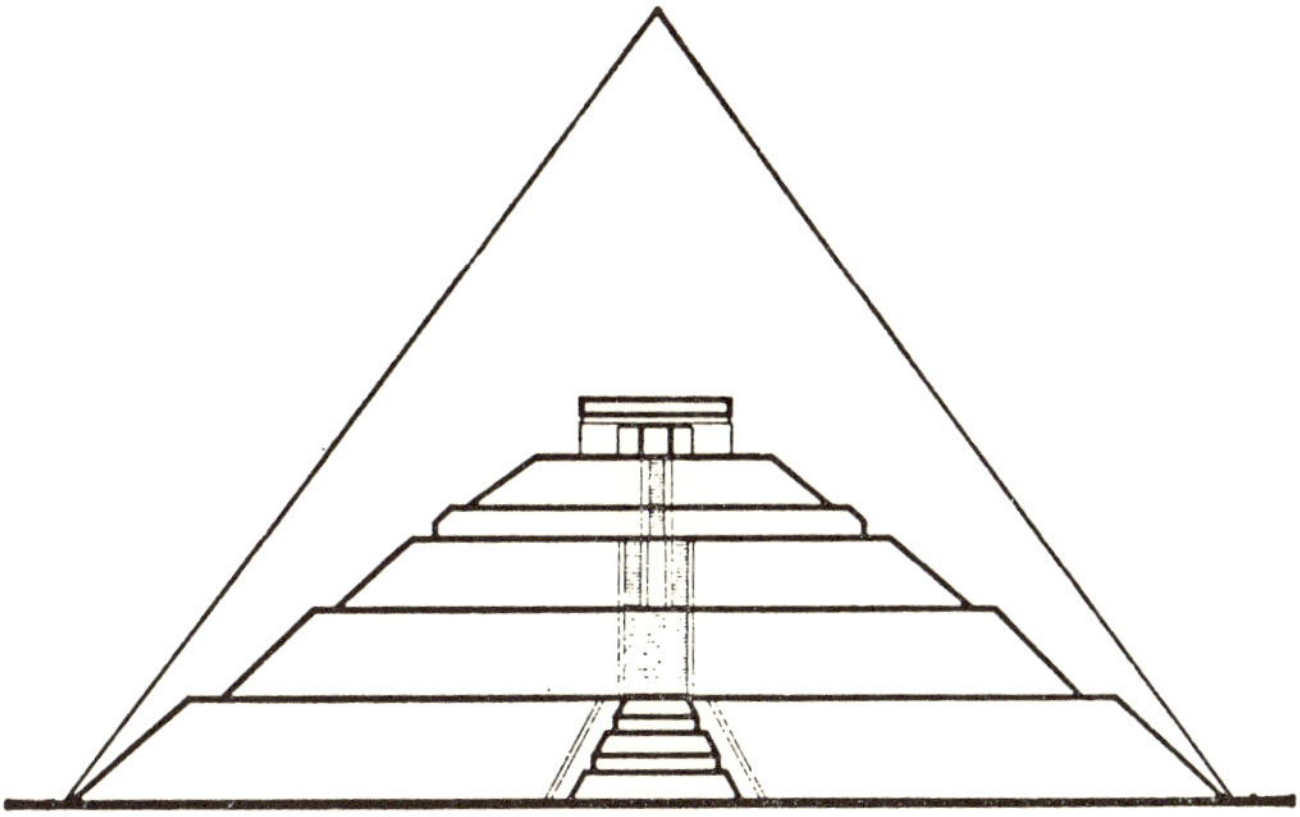

ギザのクフのピラミッド（高さ約146メートル）と，テオチワカンの太陽のピラミッドとの規模比較図.

た。テオチワカンで必要とされた労働は、ギザの大型ピラミッドの一つに捧げられた労働のたぶん三分の一であった。とはいえ、太陽のピラミッドが三〇〇〇人の労働者により三十年で建てられたとみる最近のスチールランの推計は非現実的であるようにみえる。

この推計を修正することを試みるまえに、われわれはテオチワカンの二つの大型ピラミッドの建造を叙述しなければならない。いずれも、内部の室または通廊をもたないようにみえる。われわれの知識は外部調査と内部に掘った考古学上のトンネルとに、全面的に依存している。太陽のピラミッドにおける最初の考古学上の作業は今世紀初頭にポルフィリオ・ディアス大統領の提唱でレオポルド・バトレスによっておこなわれた。それはスペイン植民地からのメキシコの解放と一八一〇年の主権国家創設の百周年に当る時であった。バトレスは大精力と大労働力とをもって仕事にかかった。彼はピラミッドを清掃し、それをおおっていた植物を取り除いた。ついで、真の表面を露出させるよう努力した。自らの熱狂におされて、残念なことに、彼は行きすぎをした。彼は、北、東、西の全面から、石・モルタル・漆喰でできた本来の外装の残存部を取りはずしたのであった。結果は惨憺たるものであった。下層の日干煉瓦は大雨のときには崩壊しはじめ、建造物全体を破壊するおそれのあるプラスチックの流出を示しはじめたのである。それは崩壊する粘土の非常に高い粘質だけによって救われた。その粘質は崩壊をゆるやかにし、そのため崩壊をとめる急ぎの補修措置が可能となったからだ。

建造物の露出した三つの面には、石とセメントによる新しい外皮が与えられた。こうして、われわれは本来の表面を西がわの正面だけに見る。そこはバトレスがほとんど手をつけずに残した部分である。彼の軽率な行為の結果は、ピラミッドが今日では本来のものよりいくらか小さくなっていること、そして、すべての本来の表面の特徴が消えたことである。外装から約七メートルの皮を剝ぎとることによって、彼はいくつかの石の壁を自由にした。それらはヒレのような形で建造物からはなれているが、本来は表面を正位置に保つという目的をもっていたのである。

二本のトンネルが太陽のピラミッドの中に掘られた。一九一七年にガミオによって掘られた最初のトンネルは、東面の中央から建造物の中へはいり、中心に達している。一九三三年にエドワルド・ノグエラによって掘られた第二のトンネルは西面の中央からはいって、ガミオのトンネルに出会う。両方とも大ざっぱにいって水平であり、ピラミッドの基底部に接して走っている。これらのトンネル調査はいくつかの非常に重要な成果をもたらした。まず第一に、古いピラミッドがあって後代のピラミッドがその上に乗せられたという構造のしるしは何ひとつなかった。これは、太陽のピラミッドが今日の規模に一挙に建てられたことを意味する。次に、内部の強化用の特徴はなく、大建造物を一体化して支える唯一の手段は粘土と石でつくられた厚さ十メートルないし二〇メートルの外皮である。建造物の上部に進むにしたがって、ヒレ型石壁が導入されたという可能性は排除できない。バトレスが手をつけずに残した露出ヒレはその部分である。ゆるんだ地盛りを支えるためのこれらのヒレ型石壁はわずかに遅れてあらわれる「月のピラミッド」でも確実に使われた。しかし、それより古い時代のピラミッドの基床レヴェルにはその痕跡は何ひとつない。トンネルの壁面に見える詰めものは粘土、石、砂利、その他種々の土、小彫像と陶片によってできている。

詰めものの各層が中心に向って傾いている事実は、建造物の下に墓がかくされていかもしれぬというしるしであると考えられたことがある。われわれはこの説を論じようとは思わないが、この内向き傾斜は建造方法の単純な結果であるかもしれない。クイクイルコのマウンドを論じたさいに、それはリング型の土堤として始まり、その中心に地盛りがなされたという可能性をわれわれは述べた。太陽のピラミッドはその基底部において著しくクイクイルコに似ている。したがって、同じ技術上の理由（その場所に最大の労働力を投入するという理由）のために同じタイプの建築法がテオチワカンで選ばれた、ということは考えられることである。

さらに大きいピラミッド（その容積においてクフの建造物をさえしのぐ）がチョルラに存在した。しかしそれはスペイン人によって著しく破壊された。彼らはその廃墟の上に教会をたてた。チョルラのピラミッドの核はテオチワカンのピラミッドとほとんど同じころに建てられたのであるが、当時、前者は後者よりははるかに小さいものであった。しかし、テオチワカンの文明が紀元一〇〇〇年より前に消えてしまったのに、チョルラはスペイン人による征服のときまで活潑な宗教上の中心地でありつづけた。一五〇〇年に及ぶその歴史を通じて、最初のピラミッドは少なくとも四回にわたって拡張

陶器に描かれたテオチワカンの蝶の神．最上段の絵は，この神が雨の神トラロクと結びついていることを示している（セジュルネによる）．

され、最後には三〇〇万立方メートルの容積によって地球上に建てられた最大の建造物となった。その複合的構造は長さ六キロメートルのトンネルによって広範囲に調査された。テオチワカン時代の埋まった面は、当時のピラミッドの外面は「蝶の神」をふくむ宗教画によっておおわれていたことを示している。「蝶の神」はテオチワカンで熱烈に崇拝されていたようにみえる。

チョルラのピラミッドの最後の形がいかに印象的であろうとも、それは太陽と月のピラミッドに対して引きさがる。なぜなら両ピラミッドは短期間で、たぶん五十年以下の時間で建てられたからだ。このことおよび他の多くの点で、両ピラミッドはアメリカ・インディオのピラミッド時代の代表であり、そのピラミッド時代はエジプト第四王朝に類似することが明らかになっている。二〇〇〇年前のメキシコ渓谷の文化的・経済的背景の中でテオチワカンに関係した大労働量をみるとき、その類似はさらに強くさえなる。

切りだし、建築地点に運び、配分し、打ちこみ、平均の高さ二〇メートルまで積みあげる建築材の総量は概算で三五〇万トンであった。ピラミッドの地盛りのほとんどは掘りだした底土でつくられたが、切りだした石と用意された日干煉瓦の相当な量もまた要求された。それらの材料のあるものは少なくとも数キロメートルのところから運ばねばならなかった。利用できる道具は、木と石の道具であった。ソリが輸送のために使われたという記録はない。輸送獣は存在しなかった。車輪は一五〇〇年後のスペイン人による征服の時代に新世界では知られていなかった。すべての荷物は、運ばねばならなかった。実際に建築作業に従事する労働者のほかに食糧と水を全作業隊に供給する他の労働者が必要であった。人々は幾世代にもわたってもちろん現地の条件に慣れていたものの、高度六〇〇〇フィートにおける少ない酸素量が重労働の効率に作用を及ぼしたことを記憶しなければならない。

これらすべての要素を考慮にいれるとき、一人の労働者が一日に扱う量は平均七十五キログラムであったとわれわれはみなしてよいだろう。もちろんこの推計は事業が必要とした種々のすべての活動をふくんでいる。さらにわれわれは、労働者はエジプトの場合と同じように農業労働者であったとみなし、食糧生産を維持するために、彼らはピラミッド建造にせいぜい年間百日を割くことができたとみなす。三十年間という建築期間の場合には、これは約一万五〇〇〇人の労働力に達する。

エジプトにおける作業に関するわれわれの算定とまったく同じように、数字は正しいと期待してはならず、概算という範囲で見なくてはならない。とはいえ、事業が副次的活動として企てたものであり得ないことは、きわめて明瞭である。いいかえれば、人口に対する大きな比率が相当に長い期間にわたって関与したにちがいない。ここでもまた、エジプトの場合と同じように、非常に大きいピラミッドは文明発達の初期にあらわれている。

ピラミッド建造のさいの条件についてのわれわれの推定は、建造材料の中に大量に埋まっていた小彫像によってさらに助けられている。これらの人工物は仕事のなされた時代を決定するのに有益であり、利用できるカーボン・デーティングの年代と一致する。太陽の神殿の中の小影像はすべて、紀元前一〇〇年ごろに終ったいわゆるツァクアリ時代に属している。さらに重要でさえあることは、違った村はわずかに違った小影像を使ったということである。ピラミッド材料の中に発見されたスタイルの分布は、ピラミッド建造者がメキシコ渓谷のかなり広い地域から来たことを示している。

これらの発見物を要約すると、大きな中心的事業のために労働力を提供した農業村落の人口の様相をわれわれは知る。クイクイルコとちがって、テオチワカンは単なる信仰上ならびに巡礼上の中心地ではあり得なかった。このことは、二つのピラミッドに関与した技術上の努力をくらべるときに明らかとなる。クイクイルコでは二万トンの物量が使われたのに対し、テオチワカンではその最初の段階で三五〇万トンの物量が投入された。前者がかなり限られた人数の部族民で完成し得たのに対し、後者はよく組織された人口を必要とした。このことについて、大量の補強証明が最近数年のあいだに集められた。

最近に至るまで、考古学者は、テオチワカンはつねに祭司社会と、小人口の維持奉仕団の住む単なる大儀礼センターであったと考える傾向にあった。その儀礼上の性格はたしかに、ピラミッド自体の大きさによってだけでなく、さらにその全体的な設計の大きさによって強調されている。中心部の特徴である死者の通りは幅四十五メートル長さ四キロメートルである。その両側には、アステカ人が墓と見誤った小さなピラミッドがある。北端に、月のピラミッドがいくつかの小さなピラミッドでかこまれた広場を見おろして立っている。西がわでは、ケツァルの蝶の宮殿が最近発掘された。太陽のピラミッドとその広大な周りの庭は中央の通りのわずか東にある。さらにその通りの南端には、別の印象的な庭がケツァルコアトルの神殿とともにある。

最近二十年間に、テオチワカンにおいて大量の考古学調査がなされた。初めて私がこの都市を訪ねたのは一九五一年である。十五年後に再訪した私はほとんど識別できないほどであった。死者の通りは全面的に清掃されていた。メキシコ国立人類学歴史学研究所はテオチワカン全域で大規模な発掘をすませていた。これらの調査結果を総合すると、テオチワカンは単なる儀式センターであったどころではなくて、最盛時には約十五万ないし二〇万の人口をかかえた大都市であった、という驚くべき事実が明らかになった。都市区域は二〇平方キロメートルを下らない面積をおおい、住宅・店・市場・神殿が軒を接して建てられていた。それはよく設計された都市であった。それは、死者の通りとその広場が示すように、二〇〇〇年も前に、活気にみちた、大規模に設計された都市であった。それは、アメリカ大陸における最初の人口密集の都市センターであった。

すでにわれわれは、テオチワカンの人々が何者であったかについて知っていないことを述べた。彼らは伝承も文字も識別可能の遺産も残さなかった。彼らは紀元前の最後の数世紀に来た。彼らは大都市を建てた。彼らの影響はメキシコ渓谷をはるかに越えてユカタンにまで拡がったようにみえる。紀元後六〇〇年ごろに彼らが消えたとき、花咲いた文明の何ものも残されなかった。彼らの建造物の廃墟のほかには——。これらの廃墟の研究と発掘は、この消えた世界について唯一の知識を与えている。ここでは、仕事は始まったばかりである。ここ数十年のうちに、われわれは、今日よりもはるかに多くのことをテオチワカンについて知るだろう、というのは先立った結論である。

テオチワカンの時代は平和であったにちがいない。城砦のしるしはなく、敵による破壊のあと都市地方の再建がおこなわれたというしるしもない。再建は聖域に限られていた。このことについて、われわれは十分な証拠をもっている。ケツァルコアトル神殿の再建についてはすでに言及した。改造は他の多くの建造物でもおこなわれたようにみえる。太陽と月のピラミッドの正面の広い壇の場合もそうである。たぶん、宗教改革あるいはきわめて重要な暦の変化が、紀元後三〇〇年ごろにおき、その結果、新しい非常に厳格なスタイルの建築が生れた。すべての神殿正面は、広い無彫刻のパネルの導入によって、また、上向きに傾いた翼を上にのせた巧妙な出梁によって、改造された。われわれが今日見るように、その効果は堂々とした単純さにおいて、明るい光りと深い影の毅然たる並列において、きわめて印象的である。

テオチワカンで崇拝された神々は、火と水と風の神であったようにみえる。最後の神は羽毛の蛇ケツァルコアトルによって表現されている。トルテカの伝承はケツァルコアトルを、初期の信仰英雄すなわち人身犠牲を禁止した知恵の神と同一視した。人身犠牲はたぶんテオチワカンで実行されたが、顕著であったわけではなく、証拠は微々たるものである。外に面して坐り姿勢で埋葬された子供の四体の遺骸が、ケツァルコアトル神殿の下から発見された。いっぽう、レロット・セジュルネは二本の上部腿の骨を発見した。彼女はそれを人肉食の証拠とみなした。とはいえ、アステカの大量犠牲の儀礼は存在したというのは、ありそうにないことにみえる。なぜなら、最古のピラミッドすなわち太陽のピラミッドは適切なステージとして役立つためには余りに高すぎるからだ。頂上における人像は大地面からみると小さくみえる。犠牲者の肉体の処分はゆるやかな、骨の折れる経過であっただろう。

テオチワカンの人々が何故そうしていかにして舞台から消えたかをわれわれは知らないのであるが、中央アメリカの文明がわれわれの一千年紀の最後の数世紀に危機を経験したことを示すしるしがある。砂漠にかこまれた谷のエジプトとちがって、中央アメリカは北からの遊牧民部族に対して広く開かれていた。侵入者の波は南に向って進んだようにみえる。トルテカ人は明らかにその最初の波の一つであった。トルテカ文明は好戦的な社会のすべての飾りをもっている。もっとも、その性格は、トルテカ人の出会ったより高い文化との接触によってある程度和らげられている。トルテカ人自身がテオチワカンを破壊したかどうかをわれわれは知らない。しかし、トルテカ人の影響がはるかユカタンにまで浸透し、平和な農耕社会に人身犠牲への好戦的な讃美の習慣を与えた。逆にトルテカ人は、野蛮なチチメカ族（アステカ人はその一つである）に取ってかわられた。

テオチワカンのみごとな都市は農業村落民から生れた。その歴史のまぎれもない冒頭に、壮大な太陽のピラミッドが立っている。エジプトのピラミッド時代との類似はまことに抗いがたい。ここ中央アメリカで、オリエントの文明とはまったく独立に、村人は壮大なピラミッドを建てるためにこぞって連れだされ、そうすることによって高度に組織化された共同体の基礎を固めた。どちらかといえば、アメリカ・インディオの発展形式はナイルの場合よりもずっと明快でさえある。人間は、農業を発達させたのち村に住んだ。それは、だれもが互いに知りあっており、互いの問題を知りあっている小さな単位であった。人口密度が高まるにつれて、村と村の間の、また部族間の境界紛争が不可避となった。このジレンマから脱けだす唯一の道は、平和を保つに足る強力で賢明な中央行政であった。それが誕生する道程を探求するとき、われわれは不思議なことを発見する。それは、最初に大ピラミッドがあった、ということである。この大規模な協同努力は、人間社会の新しい形、すなわち中央集権化された国家をつくりだす方法だったようにみえるのである。

ひとたびいくつかの大型ピラミッドが築かれると、村人を新しい、多様な社会に組織し融合することは既成の事実となった。それ以上の大規模ピラミッドの建造は必要でなくなった。今や人間の労働を多様な他の活動に結びつけることが可能となった。それらの活動のすべては中央政府によって立案された。テオチワカンの都市はアメリカ大陸における人間のこの最初の大規模組織の記念碑である。エジプト古王国の行政官が彼らの社会形態は立派なものであって永遠につづくはずだと考えていたのとまったく同じように、テオチワカンの指導者たちは、いかなるものもこの祝福された世界を変えないだろうと信じたにちがいない。いずれも、彼らのすぐれた生活形態が防衛を必要とするという考えをもたなかった。いずれも誤っていた。しかし、結局は、新しい人間組織すなわちピラミッドによって創りだされた国家は、いかなる変遷をもこえて生きのびて来た。

第八章　ピラミッドの意味

過去を調査する推理小説の終りに、われわれは来た。鑑定する時が来た。まず第一に、われわれが解決した問題を再述しよう。ピラミッドの謎は、多くの人々が受けいれがたいと感じた矛盾から生じた。それは、切りだした二五〇〇万トンの石灰岩を積みあげる努力とそれらの石の下に三人のファラオを埋葬するという唯一の目的とのあいだにある不均衡である。エジプト人がいかにつよく死後の世界に関心をもっていようとも、一人のファラオごとに八〇〇万トンの岩を用意すること、しかもすべてを整然たる形に切り滑らかに仕上げをすることは、行きすぎとみえるにちがいない。それゆえ、ピラミッドのさまざまの別の用途が提議されたのは、おどろくに当らない。とはいえ、これらの提議のすべては単刀直入な墓の理論よりもずっと受けいれがたいものであることが明らかとなった。それに、ピラミッドは墓であったとするヘロドトスの記述をわれわれはもっている。ピラミッドの中に埋葬されたものが王の肉体であったかそれとも王の魂であったかについてわれわれが疑問をもとうとも、ピラミッドの葬祭上の機能は堅固に確立されている。

私自身の解決は驚きとして（少なくとも私にとっては）あらわれた。全行動の目的は、最終作品が与えられる用途にあるのではなく、その製作にあったのだ。ファラオははるかに安い経費で埋葬されたかもしれない。実際に、そうであった。重要なことはピラミッドにあるのではなくて、ピラミッドを建造することにあったのだ。

この解決をつよく支持するいくつかの特徴がある。第一に、それは、ピラミッドは葬祭建造物であったというよく確立された事実と矛盾するものではない。第二に、それは庞大な労働についての合理的な説明である。なぜなら、庞大な規模の労働力の使用は主たる政治上・経済上の目的であったからだ。第三に、そしてとくにこれが満足すべきものであるのだが、私は自説を証明しようとして作業をはじめたのではなかった。私の関心は技術上の災害に限られていた。主要問題の解決が、求めていないのにあらわれてきたのであった。最後に、解決は完全に孤立している体系（すなわちメキシコのピラミッド）の上にテストすることができた。そして、期待以上に成功であることが明らかとなった。

一つの新理論を提唱するまえに、科学者は一般に自己の材料を批判的に調査し、弱点あるいは不統一を探し求める。いくらかの弱点あるいは不統一があるかもしれない。そうであるとしても、私自身はそれらを探しだすことはできなかった。他方、いま述べたばかりの四点の統一的性格は、私の結論が無効と証明されるときはいくつかの誤りをふくんでいるはずだと考えるよう、私にすすめる。

そこで当分は、本書で提唱されている解決が正しいものとみなすことにしよう。そして、どこからわれわれが来ているかを見ることにしよう。将来の補強証拠のことは別として——。最もよく確立された理論といえどもこの補強証拠でつねに満足するのである。実際、一つの理論が、答えたものよりも多くの問題を生まないならば、それは貧弱にして不毛の理論なのである。

最初の問いはそれ自体を直ちに示す。もし五〇〇〇年前の人間が偉大な統一的共同事業を探し求めていたとするなら、たとえば灌漑計画などの何か有用なものの代りになぜピラミッドを選んだのであろうか。この場合、答えは簡単である。灌漑事業はピラミッドよりずっと前から存在していたものの、それはつねに地域的努力であり、数村に利益をもたらすだけの事業であった。ナイルをファユームのモエリス湖に結びつけるバール・ユーセフのようなより野心的な事業でさえも、人々を一地域の中に統合することがせいぜいであっただろう。いっぽう、その事業の実行については、ある水準の水力学的技術が必要であり、第四王朝の初期においては、それは彼らの能力を優に越えるものであった。同じ議論はデルタの頂点でナイルを堰きとめるというより基本的で単刀直入的な計画についてもあてはまる。フランス人が一八六〇年ごろにカリウブでついにダムを企てたとき、ダムが恐ろしい失敗だと判明したということは、記憶に値する。彼らは基礎の下の水の滲出を過小評価したのであった。

いや、印象的な人工の山を建造することは選択の問題ではなかった。それは、大労働力を集結し、それをもって何か劇的であることを為すための、手段であるにすぎなかった。勾配五〇度の山は、われわれが見たように、彼らの扱い得る最上のものであったのだ。第六章でわれわれはジョセルの建造物のエスカレーション（その結果が階段ピラミッドだった）を通して建造物の発展を跡づけた。大きな積みあげをすることによって風景の中に際立ったしるしを築くということは、砂の城をつくる子供の欲望の中に今も残っている。その上、この原始的衝動は聖書（創世紀十一—4）の中で証言されている。「いざ町と塔とを建てその塔の頂を天に至らしめん。かくして、われら名をつくらん」。第四王朝のエジプト人は、ピラミッドを築くことによって彼らの名をつくったのである。

第二の問いは同じように明瞭である。壮大なピラミッドの建造はなぜ断絶したのであろうか。答えは、ある程度、本書の前の章ですでに示された。ピラミッド建造の経過を通してひとたび中央集権国家が達成されると、この活動を持続することにほとんど意味はなかった。ピラミッド建造は、エジプトでは王を埋葬するために、メキシコでは人身犠牲のために続いたものの、これらの後代のピラミッドは非常に規模の小さいものであり、大労働力を集結するという本来の目的は明らかに消えた。この両世界において、ピラミッド建造はその目的を達成したのであり、それを延長するということに意味はなかった。中央集権国家を創造するという目的が、それぞれ独立に両半球でひとたび達成されると、その目的は社会の発達に場所を見出した。目的はそのあと、ふたたび発明される必要はなかった。同じ単位で計ることのできる規模の唯一の事業である中国の万里の長城は二〇〇〇年遅れてピラミッドにつづいたこと、その目的は長城建設にあるのではなくてその最終成果の活用(すなわち野蛮人の侵入から国家を救うこと)にあったこと、に注意するのは興味ふかい。

最後に、われわれはピラミッド建造はもう一度おきそうであるかという問いを発しなくてはならない。ピラミッド建造は人間社会を田園村落経済から全面的に新しい共同体生活形態すなわち国家に改造するための手段であったということをわれわれは見た。村落と部族の世界は、それ以上の進歩が可能ではない状況に達していた。五〇〇〇年前にエジプトでおきたような徹底的な変化による進歩は別として——。この変化がなければ、村落と部族の世界は停滞したままで続いたであろう。アフリカの多くの地帯で、今日に至るまでそうであるように——。第四王朝の創造した国家は核であった。そこから無限の多様性をもつ発展があり、人類は今日の形態に達したのである。とはいえ、民族国家という枠組みは本質的に不変であった。やがて民族国家の存在は国家間に組織的戦争を生んだ。それは五〇〇〇年間にわたって基本特徴を変えていないパターンである。諸国家があらわれ、そして去った。諸民族がおこり、そして倒れた。しかし生活と戦いのパターンは、われわれが「力の均衡」(バランス・オブ・パワー）と呼ぶところの不安定な均衡の中に維持された。変化があった。すなわち民族戦争がほとんど廃絶された時代があった。たとえば、パックス・ロマーナ、ゲルマン民族の神聖ローマ帝国のときに、さらにパックス・ブリタニカのときでさえも――。とはいえ、これらすべても失敗しなければならなかった。なぜなら地球は余りに広大すぎるからだった。どこかから敵があらわれて人類を民族戦争の古いパターンに逆もどりさせることがあるかもしれない。

われわれの多くは生涯の中で、これらの戦争の二つが全世界をのみこみ、戦闘人員をまきこんだだけでなく何らかの方法で幾百万人もの非戦闘員を殺害する結果に及んだこと、を見た。そのとき以来、二つの重要な変化がおこった。最後の審判の日の機械が発明され、世界はひるんだ。原子力兵器庫が非常に広大なものとなったため、速かな破壊によって攻撃する国が勝利を得るだけでなく、敗れるがわの国も長く生きつづける放射性同位元素の賢明な増加によって敗者と勝者の自殺を同じ様に用意することができる。このような環境の中で、政治家でさえも、人類は他のもう一つの（一つだけの）世界戦争をおこすかもしれないこと、われわれがそれを経験しないほうがよいことを、認識している。実際、われわれは、戦争によって民族国家の主権を主張するという昔からの制度が機能を停止すべき段階に達している。こうして、人間社会の本質的形態としての民族国家を正当化することもまたおわりとなるだろう、と人は推測するのである。

世界は余りに小さなものとなったので、種々の人間の姿と言葉が個々のゲームを演ずることはできなくなっている。彼らは間違いなく、互いを苛立たせる道を発見するだろう。われわれに残された唯一のことは、ホモ・サピエンスという種の全員を組みいれている新しい生活パターンを創造することである。いいかえれば、だれにも受けいれられる非常に徹底的な変化への選択は存しないのである。

このことは、われわれが共に働かねばならないこと、互いによりよく知りあうようにならねばならないことを意味する。われわれは一緒になって新しいピラミッドを築かねばならないのである。

残念ながら、この新しいピラミッドがいかなる形と性格をもつかについては、今のところ決して明らかでない。他方、その目的は確定している。それは非常に大きな統一的な共同事業でなければならず、その衝撃は全世界に感じられるものでなければならない。提案されたさまざまの事業の中で、貧しい者を引きあげることと汚染をとめることとは第一の地位を占めている。それは人々の心の中にある価値ある主張でもある。とはいえ私は、いずれをも優先的計画とみなすと同時に、それが望まれているものを与えそうであるかについて確信をもってない。しばらく前のことだが、私は熱狂的な若者のグループについて西アフリカのジャングルの中にある大火口湖まで行った。そこへ行く道路はない。あるものはただ一台のトラックだけであり、それも雨期になると役に立たない、湖の岸にそって、白人にとっても黒人にとっても今なお墓地というべき地域に一万人の人が医療を受けないで生きている。子供の死亡率は非常に、非常に高い。

きびしい不平等に対抗して、若い布教者たちが湖に小さな病院をたてている。湖の物神は金属の存在を許さないので、彼はグラスファイバーのボートで岸辺の村々を訪ねるつもりである。彼らの努力が成功するなら人口は五年間で二倍になるだろう、そして医療を要する一万人と食糧を要する二万人がそこにいるだろう、これが私の予言である。われわれの地球上の最悪の汚染は人間という種の無管理の繁殖である。善意の熱狂者は無邪気に、そして見事に、それに貢献したことになるだろう。

きわめて価値たかい共同事業は困難にみちていることが多いことを示すために、私は意図的にこのいささか極端な例を選んだ。このような計画のすべての場合の問題は、計画が特定の最終効果を達成するために考えられるということである。ピラミッド事業の偉大な力と美は、最終成果の完全な無用性に存在する。その重要性は事業を実行することによって与えられるのであって、明示された目的を達することによってではない。エジプトとメキシコのピラミッドはそれぞれまったく異なる用途のために設計されたのであるが、その主目的は、すなわち共同事業に大人口を投入することは、両者にとって同一であった。もしわれわれが、われわれの新しいピラミッドの成功を願うならば、われわれは、最終建造物が能うかぎり無用のものであるということを、確実にしなければならない。このことは、事業におけるいかなる量の誤りも間違った指揮も許すであろう。なぜなら、その定義からして、無用の最終成果は誤りによってさらに無用となるからである。

ピラミッドについての私の論文が『ノイエ・チュリッヒャ・ツァイントング』に発表されたとき、CERNすなわちヨーロッパ核研究センターの同僚がこれはピラミッドよりも実際には彼ら自身に関係していると考えたのを知って、面白いことだと私は思った。彼らの想像はもちろん完全に根拠のないものではなかった。彼らが少なくともマグニチュード3ぐらいに自分自身を真剣に考えすぎた、という点を除けば。彼らが一つの分子（それは基本的な諸分子よりさらに基本的な分子である）を発見しようとして毎年費している五〇〇〇万ポンドは、現在の規準にてらしてみると、あわれにも、馬鹿ばかしいほど小さいピラミッドに等しい。

人が考え得る範囲では、新しいピラミッドをして結局は性格づけることのできるほど十分に壮大で十分に無用であるという可能性を提供するものは、世界にただ一つの事業しかない。それは宇宙探検である。人間が初めて月面に進んだとき、全世界はテレヴィジョンの前に釘づけになり、すべての視聴者は、自らを宇宙飛行士と同一視した。それは現代におけるいかなる他のものよりもつよく想像力をかきたてた。しばらくの間、この人間の達成に対する誇りは週休二日のかわりに三日にせよという要求を黙らせ、プエルトリコのオウム類を絶滅から救えという集合的な叫びを黙らせた。

結局のところ、宇宙探検の成果は太陽に随伴するファラオのように束の間のものである、ということになるかもしれない。金銭による努力、つまりは物による努力は壮大であるだろう。惑星宇宙に達する塔を築くことによって自らの名をつくるという人間の満足のほかには、何の刺戟も得られないだろう。五〇〇〇年前に、エジプト人は、同じように曖昧な理由のために、汗と苦労のおどろくべき犠牲を受けいれたのであり、それが人間を新しい社会に導いたのであった。たぶんわれわれは宇宙ピラミッドを築かねばならない。一緒にそうするという努力は、われわれが新しい平和な世界共同体を得るために捧げなければならない必要な犠牲であるかもしれない。

付録　天文学、予言、現実

科学者の第一の義務は真実に忠実であることである。真実に対する強制的敬意は、ヒポクラテスの医学上の誓いとちがって、道徳に基礎をおくのではなく、ただ自己保存のみに基礎をおく。「嘘は短かい脚をもつ」というドイツの諺は科学においては二重の意味をもっている。なぜなら、あなたは遅れ早かれ（たぶん早かれのほうである）見破られることになるからだ。普通は、この事は政治家を傷つけない。ところが仲間の科学者は選挙民より記憶力がよく、そのような事をほとんど許容せず、あなたの将来の仕事のじゃまをする。

このことは、いわゆるデータを「捏造する」として職業上知られているものに対する有益な防止策となっている。科学はその霊感を受けたレヴェルにおいては、観察と観察の集積以上のものを要求する。つまり、科学は、結論をまとめることと、たぶん理論をつくることをも含んでいる。この段階では、想像力が要求される。このことは、他人を欺かないことより困難なこと、つまり自分を欺かないということを含んでいる。

普通、科学者は、疑問の残る試みであっても何か理論を提示しようとする。その理論が想像力を示し新しい考え方を与えるならば――。故ウォルフガンク・パウリは、ある想像力に乏しい研究論文の評価を求められたとき、彼は頭をふって、こう言った。「これは誤ってさえもいない」。にもかかわらず、新しい考えは調べられて肯定的証拠に支えられない限り無用であることを科学者は知っている。たとえば、月が緑色のチーズでできているという考えは、宇宙飛行士がそこに行って月が岩でできていることを明らかにする前でさえも、多くの堅固な研究によって、ありそうにないこととされていた。長い間に提唱された大量のピラミッド理論は、まったくこれと同じである。

その一例として、ピラミッドの存在は、何かはっきりしない方法で、四〇〇〇年前の宇宙からの訪問に負うものである、という最近発表された考えを挙げてみよう。科学的にみて、そのような仮説的訪問は反証し得ないが、またいっぽう、そのことが起こったというような証拠もない。この考えは、理論としての地位をではなく、たぶん同じように読者の想像力を刺戟し楽しませるSFとしての地位を持っている。科学上の理論は、それを支える証拠の信頼性によって判断されなくてはならない。理論の価値は証拠の量と共にふえるが、理論の不可能なことを証明する、反論の余地のない証拠が出れば、その理論は否定さるべきである。いかなる証拠も挙げられない「理論」の信頼性はゼロである。

幸にも、信頼性ゼロの理論も信頼性百パーセントの理論も、ほとんどない。それらの価値を決定するためには証拠の重さを測らねばならない。ここでわれわれは、天文台としてのピラミッドあるいはメートル法の規準としてのピラミッドというピラミッドの用途に関する空論領域を区別しなければならない。実際、科学はそのすべての分野において、教科書が認めようとするよりもむしろ多くの不明瞭な事実領域と疑わしい理論を持っている。

エジプトのピラミッドへの私の興味は、私がベルリンにいた少年時代に読んだ書物によっておこされた。それは一八六〇年代のエジプトで副王に蒸気鋤を売ろうとして何年もいたドイツの技術者マックス・エイトの著書であった。彼の努力に対するオリエント式のやり方は、少年向けの小説を書くのに充分な暇をエイトに与えたようにみえる。彼は商売よりもこの方でずっとうまくやった。この小説は『ケオプスのピラミッドのための闘い』と題されていて、ピラミッドの石をナイルのダム建設に使おうとする者と、ピラミッドを聖なるものとして保存したいと願う者との二人の兄弟の闘いを、テーマにしたものであった。この話には、事実が少し含まれている。実際、ピラミッドの石を使ってカイロの北方のカリウブにダムを作ることが真面目に提案されたのであった。しかしこの提案は実行不可能とわかって却下された。クフのピラミッドを聖なるものとみなしたのは、ピアジ・スミスであった。彼はスコットランド天文台長であり、その頃、自分のピラミッド理論を実際の計測によって裏づけるために四か月のあいだギザに滞在していた。エイトは技術者だったので、すぐに、ピアジ言うところの、ピラミッドにひめられた奇妙な数学的関係に魅せられた。エイトは、彼の小説のある章の全体をそれに充てている。もっとも驚くべき事実は、基底部の周囲に対する高さの比率が正確に円を同面積の四角にする、ということだった。

われわれは、第三章でこの事実に触れ、長さを計るためにまわる太鼓を使うことにつき説明を記した。しかし、ピアジ・スミスはこのことを知らなかった。私もまたエイトの書物を読みはじめたときには知らないでいた。他にも私の好奇心をそそる多くの神秘があり、私は、発見の旅に燃え、少年の熱心さでそれらの神秘を証明しようとした。しかし、間もなく私はエイトの報告は混乱していることを知り、またスコットランド天文台長は度を外していることを発見した。そうでなかったなら、私は地球の直径と地球・太陽間距離のあいだに存する神秘的関係を認めなければならなかっただろう。しばらくの間、私は興味をなくしていたが、ベルリン大学に入学し、プロシア州立図書館を利用する特権を受け、ピアジ・スミスの原本を注文したが、カタログにないことが分かっただけだった。一九三三年にオクスフォードに入学し、ブラックウェルの本棚に『大ピラミッドの中のわれわれの遺産』を三冊見つけたときの私の喜びを想像していただきたい。私はそのうちの一冊を買い求め、それがきわめて有益な書物であることを知った。

おどろいたことに、私はまた、英語圏に大量のピラミッド関係文献のあることも発見した。それらはピアジ・スミスの支持者と信奉者によって書かれたものであった。それは聖書からの引用と数学との奇妙な混合に基礎をおく予言に全面的にあてられていた。実際には、それはスコットランド天文台長の発明になる方式であった。信じがたいほどに大冊で、繰返しの多い、退屈で霊感のないこれらの大量の文献については、まことに、論ずべきことは大してない。まったく、彼らは先生より段ちがいに劣っている。彼らの予言は、変化しつづける単位によってピラミッド通廊を測量することに基礎をおいている。その一例として、私は無作為に、一九二五年に初版を発行した書物（バジル・スチュアード著『大ピラミッド』）をとりあげ、複雑さの最も少ない図表をあげる。このことを説明するそれ以前の書物を買わなかったので、私は、一八四四年の一月二十五日に、実際に何がおこったかは知らない。しかし、おわかりのように、戦争が（イギリスにとってだが）一九一四年八月五日におこった。そして人類は一九一八年十一月十一日まで低い屈辱の通廊を通り、ついで聳り立つ前室にはいった。一九三一年発行の第三版で、著者は、次の暗黒期は一九二八年五月二十九日に来ると正確に予言したことを、誇らしげに述べている。したがって、神に選ばれた人々がこの予言に耳を傾けていたなら、彼らはウォール街の市場崩壊を予言することができたであろう。一九三一年版に関するかぎり、その

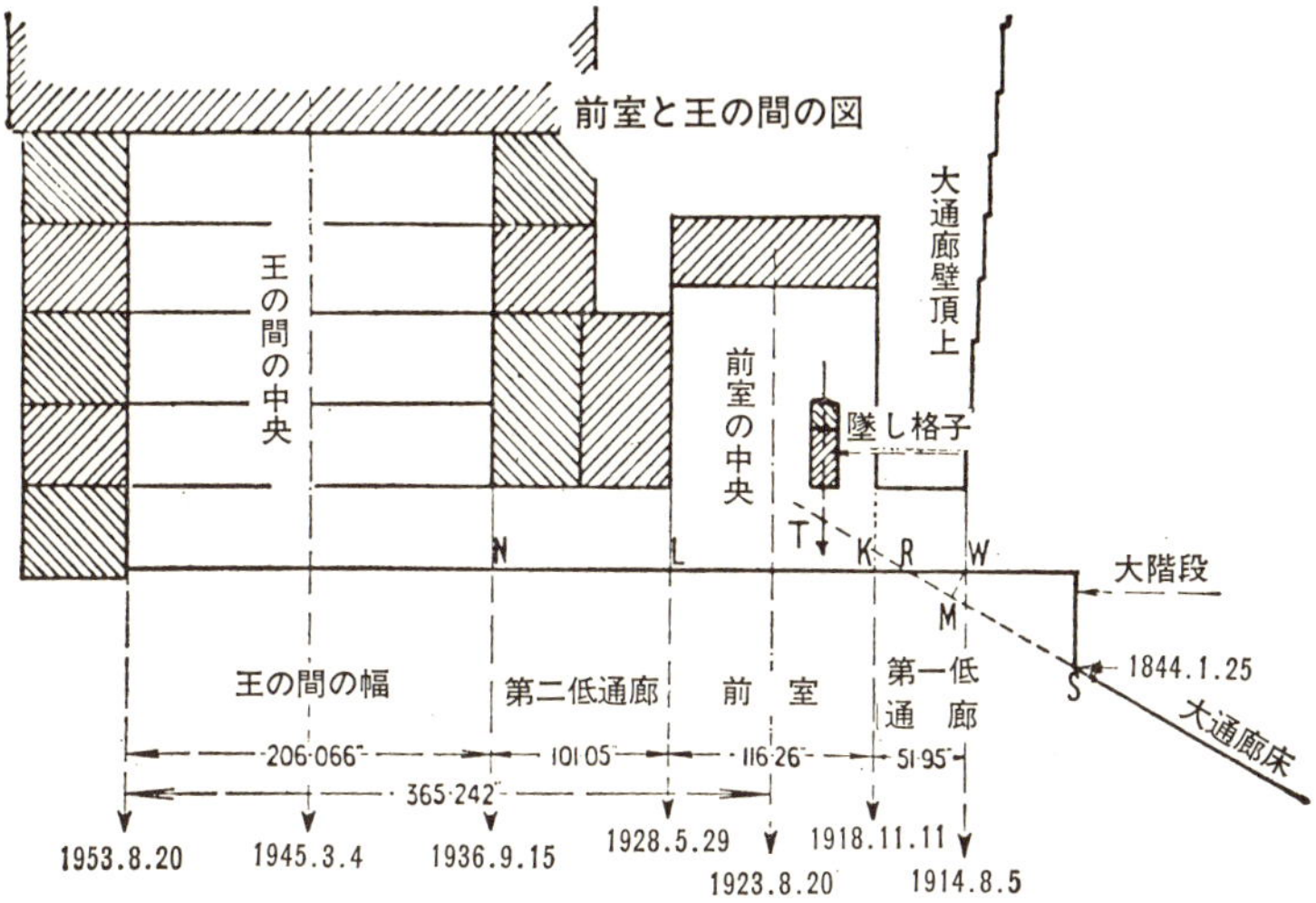

大ピラミッドにおける予言（スチュアードによる）

ときから、われわれは未来にはいっているのであって、一九三六年九月のヒトラーとムッソリーニの枢軸同盟の成立とぴったり一致し、天の国が始まるのが見える。祝福された時代の中心は、気味の悪いたった一か月のニアミスで、アルモゴルドフラット上の最初の核兵器の爆発によって印づけられている。そして今、われわれは一九五三年八月二十日に世界に終りが来た！　ということをまったく気づかずに坐っている。

この使い古されたたわごとは彼らの先生の生気のある、楽しみを感じさせる書きものとははなはだしい隔たりがある。ピアジ・スミスは誤っていたかもしれない（われわれがやがて論証するように、実際に彼は誤っていた）。しかし彼の想像と散文の生き生きした文体は独特のものである。一八一九年にナポリに生れ、W・Hスミス提督の息子である若いチャールズ・ピアジは二十六歳でスコットランド天文台長とエジンバラの教授となる。三十八歳のとき、彼はイギリス学士院に選ばれたが、十七年後には、たぶん唯一の例であろうが、彼は論文の出版に対する学士院の熱意の無さに腹を立て、学士院を辞退した。その論文がピアジ・スミスの大ピラミッドについての理論を扱ったものであったことは、いうまでもない。興味をひく問題が一つ残っている。いつ、なぜ、どのようにして、この優秀な学者、スコットランド天文台長が道を踏み外したかという問題である。

彼は、十六歳の背の高い真面目な若者として新しいケープ天文台で天文学にはいった。ジョン・ハーシェル卿は、一八三五年十月二十二日の日記に次のように記している。「ヨーロッパの手紙の束を読むのに忙しい。バルブガーデンでMのことで忙しくしているとき、マクリーンがS艦長の息子C・P・スミスをつれてきた。私は彼の新しい助手と長いあいだ話をした。彼はここでその日の残りの時間をすごした。」事実、若きチャールズ・ピアジはケープで第一助手となり、彼の前任者たちが幾人も失敗したところでうまくやった。彼の天文台での仕事への情熱は測地学上の観測への情熱と同じく、ハーシェルに強い印象を与えた。スミスは、逆に、偉大な天文学者の尊敬者となり、スペクトルの最初の写真撮影をして、ハーシェルの分光器研究に協力した。若きスミスは実際に特別の才能を持った天文学者で、良心的な働きものであった。そのような若さで、スコットランド天文台長になったり、英国学士院に選ばれたのは、ハーシェルの推薦が助けになったことは疑いない。すべてこれらのことは、運命的な一八六〇年以前に起ったことである。

ピラミッドへの関心は広まっていった。最初は、ナポレオンの遠征に同行したフランスの学者の書物を通してであり、次に一八四〇年に出版されたヴァイスとペリングの調査によってもっと大規模に広まった。天文学的に意味のある二つの事象がハーシェルの興味を引いた。第一は基本方位に対してピラミッドの四つの面が驚くほど正確に配列されていることであり、次は、極指向の通廊であった。クフのピラミッドに関するヴァイスのデータを使って、ハーシェルは建設時期の天文学的考察が可能であろうことを指摘した。地球の回転に加えて、回転する独楽でもわかるように、地軸はゆっくりした円錘運動をしている。この歳差運動はその名のとおりに、約二万六〇〇〇年の周期を持っている。それゆえ、参入通廊に立つ観測者は、彼の望遠鏡が地軸とともにゆっくりと動いているので、夜の空の非常にゆっくりと変化する部分を見る。二万六〇〇〇年後に通廊は同じ方向を再び指すであろう。エジプトの建築家は明るい星に、通廊をあわせただろうという考えが、ハーシェルにうかんだ。彼は、約四〇〇〇年前に天球の極にあったであろう明るい星をさがした。彼はアルファ・ドラコニスをさがしだし、歳差運動から、紀元前二八〇〇年ごろにはこの星がピラミッドの通廊を照らしたにちがいないと考えた。実際、これはピラミッドの年代についての現代の考古学上の証拠と合致している。

しかし、ハーシェルは、ピラミッドは天文台として使われたとは考えない、ということを指摘した。これは、一九四八年に屈折ピラミッドにおいて発見された唯一の未侵入ピラミッド通廊における最近の調査によって裏づけられている。この上部通廊を開いたとき、その長さ一杯に、取り除くのが大変に困難な石の詰めものがぴったりと満たされているのがわかった。明らかに、すべてのピラミッド通廊はこれと同じであり、その詰めもののいくつかはクフのピラミッドの上部通廊の原位置にまだある。かくして、極指向通廊が天体観測のために使われたことはあり得ない。なぜなら、通廊は塞がれていたのだから。それは明らかにファラオのため魂のためのある呪術的役割を果したのである。もちろんファラオは、詰めものを通過して見たり動いたりすることができるのであった。ピラミッドの側面と通廊の配列がいかなる目的を果すように作られていたにせよ、有用な天文学的意味を認めることはまったくできないのである。

ハーシェルは多くの活動の中で、とくに幾年ものあいだ規準委員をしていた。十進法とメートル法の計測単位をイギリスに導入しようとする幾つかの試みがあったのであるが、ハーシェルは強くこれに反対していた。彼と友人たちは、一八五五年の議会委員会での裁決を、十進法とメートル法はより便利であろうという単なる声明にまで弱めることに成功した。結局、彼は、規準委員会がメートル法導入法案に味方したので、抗議のために委員会を辞任した。ついに彼は勝った。イギリスは、十進貨幣法とセンチメートルと百分度寒暖計が導入されるまでもう一世紀またねばならなかった。ピラミッド予言のもとになったのは、この長びいた規準の争いのせいであった。

ハーシェルが彼の弟子スミスの見当ちがいの反センチメートル運動をどの程度まで支援したかは、たぶん永久にわからないであろう。ピアジ・スミスの場合、ひとたび仕事にかかると、生来のエクセントリックな気質、スコットランドの清教徒主義、聖書とイギリスとの関係を見つけたいと願う気持が完全に優先した。ピアジ・スミスは、ハーシェルの反メートル法の態度と彼のピラミッド関係著述を意識していたので、科学と神学上の議論がごちゃごちゃに混りあったキャンペーンにとりかかった。彼は自分の論理を信じていたにちがいない、と人々は感ずる。彼の方法の巧妙さがより少なかったとしても、人々は楽しく思うであろう。彼の立論の個性はそのはなはだしい単純さにある。大ピラミッドはインチによって建てられた。それの持っている十分な数学的証拠は、ピラミッド建設が直接に神から鼓舞されたものであることを示している。そのため、インチは神から授かった長さであって、「世界が今までに見たもののうち最も野蛮な、最も血に飢えた、もっとも無神論的な民族革命によって」霊感をうけたよりも当然にすぐれている。こう主張する彼と議論するのは困難である。

奇妙なことに、この論はピアジ・スミスの作ったものではない。彼はこれをジョン・テイラー氏から引きついだのである。テイラーは一八五八年に、七十九歳のとき、『大ピラミッドはなぜ建てられたか、だれがそれを建てたか』という標題の書物を出版したのであった。テイラーはエジプト学者でもなく、天文学者でもなく、引退した出版業者であった。しかし、彼はヴァイスとペリングの外装石の勾配数値を使って、周囲と高さとの比例関係は驚くほど $\frac{1}{2\pi}$ に近いことを発見した最初の人だったようにみえる。彼は、当時のエジプト人がこの無理数を知っていたことはあり得ないと正当に指摘し、建設者には神の導きがあったのであり、イギリスのインチをさえ用いていた、と結論した。まさにそのころ、初期のヘブライ人の歴史とイギリスとの密接な関係という議論は流行であった。リチャード・ブラザーズがイギリス人はイスラエルの失なわれた民の子孫であると説いてからそうなのであった。「この全能の神の甥」が王の死を予言して捕えられ、精神病院に閉じこめられたという事実も、彼の支援者が増大することを妨げなかった。

　ピラミッドの形状を決定しているという数字とならんで、ピラミッドのサイズにもまた同じ重要性を見つける必要があった。確かに、この建造物に使われた単位つまり「ピラミッド・インチ」は地軸の五億分の一ということがわかった。五という数字は意味がふかい。なぜなら、ピラミッドは五つの面をもっているから。きわめて重要なことは、ピラミッド・インチがイギリス・インチより千分の一だけ長いということである。きびしい状況の中で、失なわれた民がバビロンのサルゴン王時代以来の規準を持ってこなければならなかった、ということを考えれば、これは許容誤差であるようにみえた。イギリス・インチもピラミッド・インチも地軸によってあらわされていたという事実は、フランスのメートルが曲線上の地球の四分円を基にしているのと同じである。以上の議論はハーシェルを喜ばせたようにみえるが、彼がどの程度自分の考えとテイラーのそれを同一視したかは、われわれにはわからない。ピアジ・スミスに関するかぎり、今や彼の立論は「テイラー・ハーシェルの類似品」ということになる。

イギリス人をイスラエル人とみるブラザーズの理論に基礎をおくジョン・テイラーのピラミッド理論は、ジョン・ハーシェル卿の反メートルの立場とピアジ・スミスの熱烈な支持がなかったならば、多くの曖昧な考えにみたされた道を進んだであろう。スコットランド天文台長の立場は、うしろに有名なハーシェルという名を持っていて、すべてのことを潜在的な科学上の価値にまで高めた。今や残されていることのすべては、ピラミッド・インチを原位置に発見することであった。真の苦心はそこから始まるのである。

一八六四年〜六五年の冬、ピアジ・スミスと妻はインチを求めてエジプトへいった。クフのピラミッドの前室で、垂直の花崗岩の板の上に、彼は半円形の石造の突起物を発見した。それは明らかに石を所定の位置にあげるために残されていたものであった。それはほとんど粗石であったが、ピアジ・スミスは、これは高さ一ピラミッド・インチ、幅五ピラミッド・インチであると断定した。彼はきわめて純真であり、著書の中にこの粗石の図をいれた。もちろんそれは神から与えられた永遠の物尺という印象を与えるものではなかった。数年後に彼の支持者の一人が突起物にヤスリをかけて理論的数値に合わせようとしているのが発見されたとき、信頼性は改善されなかった。そこでピアジ・スミスは建造物の周囲を実測し、それを三六五・二四二（一年を形成する日数）によって割り、ついでこれを一〇〇で割り、ふたたびピラミッド・インチを得ることとなった。

そのときから、実測と計算が終ることなくつづき、それらを通じて、大ピラミッドはわれわれの惑星の密度、地球上に生きる人間の数（一八七〇年において）、その他多くの不思議な事柄を明かにする。われわれはそれらすべてを列記し解説することはできない。なぜなら、ピアジ・スミスが示したように、これには六一六ページが必要だったのだから。彼の報告が進むにつれて、数学はますます宗教上の意味と合体し、ピラミッド・インチによって実測された通廊の長さに由来する予言に達する。明らかにスミスは真に決定的な何かが一八八一年におきると期待していた。それが何であったにせよ、彼はそのあとに生きつづけ、一九〇〇年に八十一歳で自然死をとげた。とはいえ、さきにあげたような、やたらにピストルを打つことの好きな現代の弟子とちがって、ピアジ・スミスの数字は即刻の世の破滅を予言しているようにはみえない。この王室天文学者自身のデータを私自身の計算のために自由に使って、私は世の破滅に関して今後五〇〇〇年という数値を得ている。

彼の著作物に表現された十字軍精神ほどにこの予言者の誠意を信じさせるものは、たぶん他にはない。もちろん彼の理論の極度に弱い一点はかずかずの他のピラミッドが存在し、そのいずれもがいかなる神の啓示をも含んでいないということであるということを、彼は知っていた。彼はクフのピラミッドは最古のものであり、他のピラミッドは「模倣ピラミッド」であると言明することによってこの難点を巧みに避けた。もちろん、エジプト学者はこの説に同意しない。ついでにいえば、エジプト学者はスミスの理論にも同意しない。とはいえ、スミスはエジプト学者を「ハムの国の神秘的神話の余りに熱心な培養者であり、このキリスト教の国の博物館に、しかも公費をもって、醜悪な獣頭偶像神のいくつかをたてるときに最高に幸福となる」人として著者序文の第三ページに記し、エジプト学者を全体として認めないという十分な根拠をそこに見出していた。ピラミッドの同伴者である大スフィンクスも、彼は拒否している。なぜなら「この怪物、それ自体で偶像であるものは、最低の精神組織を示す特徴によって、大ピラミッドに反対する偶像崇拝の臭いがその本体を貫いて発散している」からだ。

エジプト学者より悪いのは、やたらに煙草をふかし「あらゆる種類の悪魔のようなアラブ人（黒、黄色、灰色の）がこぞってバクシーシ（チップ）を求めて叫ぶのに」かこまれて「赤々と火を燃やした馬鹿さわぎ」をして王の間を濆すツーリストである。彼は「教育の有無を問わずにすべての旅行者に乱雑なダンスを禁止したスコッランド国民契約のきびしい禁止条項を、文明化したアングロサクソンがモンゴル系のアメリカ・インディアンから習った野蛮、すなわちケオプスの全面的に誤って墓石とみられているものの上で燃える煙草をふかすことに対してもまた設けなければならぬ」と要求した。これらすべてはエイトのペンで描いたピアジ・スミスの肖像に一致する。それはジョセフ・シンカーとして彼の小説にほとんど地のままにあらわれている人物である。このドイツの技術者による黒スーツの高く、やせた、エクセントリックな人物の描写にはほとんど保護的といえる温かさがある。聖なる建造物の頂上の石に自らのイニシアルを刻ませて建造物を傷つけるためにツーリストがアラブ人ガイドにバクシーシを与えることを、ピアジ・スミスは憤っていたのであった。それはエイトを面白がらせた。なぜならスミスはピラミッド自体は損傷されずに残ることを知らなかったからだ。アラブ農民は仕事をより容易にするために、また新しいイニシアル用に場所をみつけるために、石の表面を柔かな新しい石灰岩で周期的に覆うのであった。

ピアジ・スミスに対する科学的反論は予期しない方面から来た。しかしそれは最終結果としては、スミスの予言とほとんど同じくらいに馬鹿げたものであった。スミスの最も忠実な支持者の一人は鉄道建設にいくらかの経験をもつ化学技師であった。彼はスミスの理論はギザにおけるより正確な幾何学的測量によって支持されなくてはならないと主張した。彼は方法と適切な道具の開発のために作業をはじめた。それは長びく仕事となった。技師の息子が成長するにつれて、息子は父の準備に加わることとなった。こうして彼らは共にエジプトへ行くことに決定した。しかし、仕事が余りに長びいたため、技師自身は老齢となりすぎて計画に加わることができなくなり、一八八〇年に息子だけが出発した。彼はギザの地点で輝かしいきわめて正確な三角測量を実施した。それは、ピアジ・スミスの計測が誤りであること、スミスの理論を支持する要素は何ひとつないことを、一点の疑いもなしに明らかにした。その若者の名はマティユ・フリンダーズ・ピートリであり、彼は彼の時代の最大のエジプト学者となった。

予想できるように、ピアジ・スミスはピートリの調査結果に大して悩まなかった。彼はただ、事柄を正しくするだけでなくより多くの啓示を発見するために修正が必要であると考えた。たえず増えてゆく支持者の数が彼の心をよろこばせ、インチに対する彼の十字軍を擁護した。彼の死後、ピラミッドの予言は衰弱しなかった。それは今日もなお見られる。テイラー・ハーシェルのピラミッド等比論いらい一世紀以上もたった今日でも――。

バビロニア人とちがって、古代エジプト人は貧弱な数学者であり貧弱な天文学者であった。彼らの計算方法は厄介な、退屈なものであった。彼らは常に実際上の必要に導かれたのであり、いかなる場合も理論を発展させなかった。天文学は天体観察から成りたち、天体の規則的な運行が価値ある時間計測を可能にする。それは昼と夜の時間だけでなく一年の季節を計ることを可能とする。星の運行は、いつ種を播き、いつ収穫すべきかを農民に教え、とくにエジプトではナイルの毎年の増水をいつ期待すべきかを教える。エジプトの天文学はたしかに、四年ごとに余剰の一日を計算にいれる正確な暦を確立することを可能にするほど十分に整っていた。

いかなる時代にも、天体の運行はまた人間の未来を占うのに使われた。ケプラーが惑星の法則を確立したとき（それはニュートンの万有引力の理論に発展した）彼は実際には、天宮図を操ることによってボヘミアの王から支払いを受けていたのである。カルデア人の場合、占星術は彼らの生活の中できわめて重要な役割を果した。実際的なエジプト人は、彼らの個人的運命に及ぶかもしれぬ不確かな星の影響よりも、正確な氾濫の予言のほうに、はるかに大きい注意を払ったようにみえる。ピラミッドの設計に対する天文学上の影響は、四つの方向に沿う線形と極星指向の通廊とに限られている。これら二つの特徴は、明らかに呪術上の目的に奉仕したのであるが、両者は互いに独立していた。極星指向の通廊をもつピラミッド構造のシンメトリーは、また、その側面が真の北に向っていることを要求した。これが達成された簡単な方法がエドワーズによって、そのエジプトのピラミッドに関する名著の中で細部にわたり論じられている。実際、ピラミッドが正確な線形を獲得したのは、極星指向の通廊を導入することだけによったのである。

メキシコのピラミッドもまた天文学上の意味をもつ特徴を示している。テオチワカンの太陽のピラミッドは、その位置によって死者の通りと全聖域複合のレイアウトを決定しており、真の北から一七度ずれた北を向いている。このことは、太陽が、天頂を通過する日にピラミッドの主要軸線に正確にはいるということを意味する。こうして、建造物はその設計の中にそれ自身の地理的位置の記録をおさめている。高度に発達した中央アメリカの暦を考慮にいれるなら、メキシコ渓谷におけるそれらの初期のピラミッドは関連データを確定するのに役立った天文台であったとみなすのは安全であるようにみえる。この機能によって、メキシコのピラミッドはエジプトのピラミッドとは確実にちがっていた。このことの故に、これら二種類の建造物が共通の起源をもっていたというのは、どちらかといえば、ありそうにない。

アメリカの文明が旧大陸に根をもつかどうかは、数世紀にわたって著しく論じられ、ピラミッドはこの論争の中で大きな役割を果した。コンキスタドール自身は、彼らの出会った奇妙な高度に発達した文化はある神秘的な方法でヨーロッパの古代から来た、としばしば信じた。十六世紀初頭のポルトガルの船乗りがルネサンスの子であったのに対して、スペイン人は知的には中世のキリスト教世界にとどまっていた。聖書は生活のあらゆる面で彼らのガイドだった。彼らはアメリカ・インディオの文明を『創世記』に由来するものにみなそうと努力したのであった。初期のスペイン人年代記作者であるベルナルディノ・デ・サハグンとフワン・デ・トルケマーダは、聖書の起源あるいはヨーロッパ起源を論証するという極端にまで走った。彼らは習慣、象徴、ある言葉における類似によってそれを証明しようとした。そのときいらい、この種の無数の説明が提出され、十字のしるし、ダヴィデの星、メキシコという地名とメシアという単語の類似に注意を引いた。

この最後の論点はメキシコがヘブライ人の相続人であるとする理論の選手であるロード・キングスボローから来た。彼はピアジ・スミスのような献身的でエクセントリックな人であった。しかし彼はスコットランド王室天文台長とちがって、悲しい死をとげた。エドワード・キングは第三代キングストン伯爵の長子であった。一七九九年に父がこの称号を継承したとき、儀礼上の扱いによって、エドワード・キングはキングスボロー子爵として知られていた。一八一四年に彼は古典学を修めるためにオクスフォードに上ったが、卒業しなかった。そのかわり、彼はボドリアン図書館のメキシコ写本に夢中となった。写本にふくまれている材料は知識世界に知らさねばならぬと信じ、アウグスチン・アギオに公刊のために写本を模写することを委託した。彼はその書物の中にサハグンの未発表手稿とメキシコに関する他の初期著述家の未発表手稿を収録した。たぶん、キングスボローの決意は数十年前にアレクサンダー・フォン・フンボルトの示した指摘によるものであった。その指摘は「どこかの政府が政府の費用でアメリカ文明の遺物を公刊することがのぞましかった」というものであった。

キングスボローの大判 (imperial folio) 九巻の書物の最終巻は簡潔な彼のノートにあてられており、メキシコでの発見物とヘブライ人の習慣、言語、聖書からの引用を比較している。それは一八三〇年のことであり、イスラエルの失なわれた部族に関するブラザーズの理論の最盛期であった。とはいえ、キングスボローの同時代人であるウィリアム・プレスコットはその大著『メキシコの征服』の中で、「いかに価値があろうともキングスボローの理論はほとんどポピュラーになることはないだろう」と記している。他方、プレスコットは「いかなる政府もたぶん実行せず、個人としてそれを実行し得るものがほとんどなかったのに、この壮大な事業をなしとげたことによって、キングスボローは科学の友のすべてから永続する感謝を受ける資格を自己に与えた」と認めている。「機械による書物の製作」を賞讃したのちプレスコットはこう指摘している。「もし文字印刷が通常サイズの書物でおこなわれたならば、購入者はいくらか無駄な出費を節約したであろうし、読者はずっと大きい不便を免除されたであろう」。二ハンドレッドウェイト (約一〇一・六キログラム) に達する九巻の書物が私の使用のために車で苦労して運ばれてきたとき、私はプレスコットに全面的に同意した。

出版物の豪華さはキングスボローの破滅をもたらした。この書物の出版は一八三一年において三万二〇〇〇ポンドを下らぬ出費をキングスボローに課した。それは、彼の払うことのできない金額であった。ある製紙業者は彼を相手どって訴訟を起し、キングスボローは逮捕され、一八三七年に、ダブリンのシェリフ監獄で、四十二歳で、死んだ。

アメリカ・インディオ文明に対して聖書的出自を主張する人々のほかに、大西洋をわたって旅行者がある時代にアメリカへ来て新世界の文化形態に足跡を印したとする理論が多く提出された。それらのほとんどは、白い神ケツァルコアトルの伝承にさかのぼっている。この神は、人間世界から消えるときに東からふたたび現われると予言したのであった。ここは、これらの諸説の信憑性について論ずる場所ではない。また、羽毛の蛇がヴァイキングあるいは葦船のエジプト人を指しているかどうかを論ずる場所でもない。後者がそのとおりであったとするなら、エジプト人が大型ピラミッドの建造をインディオに教えたということは奇妙にみえる。その建造はエジプト人自身が二〇〇〇年前に捨てた関心事であったのだから。

参考文献

原著は参考文献として九十二点をあげている。それらは英・仏・独・西の各国語による著書または雑誌論文であるが、読者のための文献というよりは著者が本書執筆のために主として参考にした文献である。その中には、前世紀の入手不能な文献から今世紀の絶版書もかなり多く含まれている。ヨーロッパの専門図書館へ行かなければ見ることのできないようなそれらの文献のリストをこの訳書の読者のために掲げても無意味であろう。そこで、訳者は、原著の参考文献リストを参照しつつ、入手可能な基本書のリストを示すこととした。(「訳者あとがき」に挙げた書名は省く。)

エジプト関係

Aldred, C. *Egypt to the Old Kingdom.* 1965. (邦訳　屋形禎亮訳『エジプト古王国』　創元社　一九七一年)

Alvarez, L. W. *Search for Hidden Chambers in the Pyramids.* Science. (Volume 167). 1970.

Breasted, J. H. *History of Egypt* (一九〇五年の初版以来、ほとんど五年ごとに重版されている)。

Cenival, J. L. *Egypte.* 1964 (邦訳　屋形禎亮訳『エジプト』　美術出版社　一九七六年)

Edwards, I. E. S. *The Pyramids of Egypt.* 1961.

Emery, W. B. *Archaic Egypt.* 1961.
Gardiner, A. *Egypt of the Pharaohs.* 1966.
James, T. G. H. *The Archeology of Ancient Egypt.* 1974.（邦訳　酒井傳六訳『エジプト考古学』学生社　一九七四年）
Lucas, A. *Ancient Egyptian Material and Industries.*（一九二六年の初版以来、この領域の最重要文献。著者の死後、一九六二年の第四版では J. R. Harris による増補がなされた。）
Smith, W. S. *The Art and Architecture of Ancient Egypt.* 1958.
鈴木八司著『王と神とナイル』新潮社　一九七〇年

メキシコ関係

Stierlin, Henri. *Mexique Ancien.* 1967.（邦訳　佐藤功訳『古代メキシコ』美術出版社　一九六八年）
増田義郎著『太陽と月の神殿』新潮社　一九六九年
Willey, G. R. & J. A. Salboff. *A History of American Archaeology.* 1974.
Coe, Michael D. *Mexico.* 1962.（邦訳　寺田和夫・小泉潤二訳『メキシコ』学生社　一九七五年）
Coe, Michael D. *The Maya.* 1966.（邦訳　寺田和夫・加藤泰建訳『マヤ』学生社　一九七五年）

訳者あとがき

古代エジプト文明はつねに人を惹きつける。とりわけピラミッドがそうだ。紀元前五世紀にヘロドトスが初めてピラミッドについて記していらい、いかに多くの著作と論文と報告が書かれたことであろう。

ピラミッドについては、かなり多くのことが解明されている。しかし多くの神秘はなおも存在しつづけている。ピラミッドの名を聞くとき、なぜ、いつ、どのようにして、だれが建てたか、という基本的な質問をだれでも出すであろう。専門家はこれについて、概略の答えを出すであろう。しかし、だれも、それが決定的な答えであるとみなすことはできない。あるときに妥当として受けいれられた説が、のちに強烈な反撃を証拠によって、あるいは理論によって受けるということは、頻繁におきている。

クルト・メンデルスゾーン氏の本書もまた定説への大胆な挑戦としてあらわれたものである。彼の出発点はメイドムのピラミッドにあった。

わが国の中学校あるいは高校の歴史の教科書は、ピラミッドの図として、例外なくギザのピラミッド群を示している。しかしエジプトのピラミッドはギザだけにあるのではなく、八十基にも及ぶピラミッドがそれぞれ固有の形態をもってエジプト各地に存在している。そして、カイロの南約八〇キロのメイドムに立っているピラミッドはその異様な形態によって、とりわけ人々の好奇心をそそる。その異様な形態の原因については、長期にわたる石盗人の活動のせいであるとの説が一般的に受けいれられてきた。

物理学者であるメンデルスゾーン氏は、いかにも物理学者らしいアプローチで問題をとらえた。山崩れの実例を、彼はメイドムの異形ピラミッドと結びつけたのであった。この異形の原因は、石盗人ではなくて、工事の最終段階における石の流出現象にあった、というのが彼の結論である。この論証は本書の核をなすものであり、まことに興味ふかい。もちろん著者は、その論証の過程で、古代エジプトの全般状況、ピラミッド時代の政治・経済・宗教・技術に言及しており、単に技術上の考察だけをしているのではない。

ピラミッドの勾配がどうして決定されるかの問題についての考察も独創的であり、著者は「メイドムの事故」を起点として論じている。メイドム以後のピラミッドは、メイドムの教訓に学んで、勾配を変更した、と彼は考えている。

ピラミッド建造の目的についても、著者の立場はユニークである。ピラミッドに宗教上の目的があったことは確かであるが、それがすべてであったのではなく、国家の建設という目標のためにピラミッドを築いた。部族社会を国家とするために、民族の統一と統治構造の確立のために、考えられる最大の事業に民族の総力を結集することが必要であった。そして、その考えられる最大の事業としてピラミッド建造が選ばれた……。彼の見解は一言にしていえば、このようになる。考察はメキシコのピラミッドにも及び「現代のピラミッド」は何であるかという議論にまで進んでいる。

著者はこの探求と考察の営みを推理小説に比べている。著者の論証の、スリリングな面白さは、もちろん、本書を読みとおしたあとでなければわからないであろう。推理小説の面白さが「帯」の紹介で分るはずはない、というのと同じである。これはエジプト学に新風を吹きいれる研究の書であると同時に、知的な刺戟を求める読書人にとって「面白い本」であるにちがいない。

本書(原書)は出版いらい、欧米で広く関心を呼び、多くの新聞・雑誌が書評にとりあげた。第一級のエジプト学者の批評としてイギリスのシリル・アルドレッド氏が Nature (Vol. 250, July 26, 1974) に載せた文章、「ピラミッドに向う物理学者」は、とくに紹介の必要があろう。彼はその文章の中で、メイドムのピラミッドの崩壊についてのメンデルスゾーン氏の説明は、「いつの日にか達成されるピラミッドの全面的発掘に伴う何かの発見がなされるまでは、最も受けいれやすいものとみなしてよいだろう」と好意的である。ピラミッドの勾配については、「著者の説を受けいれるならば、ピラミッドについてのわれわれの説をいささか変えなければならない」と述べたのち、「この問題についての部分がより挑発的でより興味ふかい」と記している。「部族社会から国家へ移行するためのピラミッド建造」というメンデルスゾーン氏の考え方については、所論を紹介するにとどめて、アルドレッド氏自身の批評を示していない。結論として彼は「われわれは、メンデルスゾーン博士が、ピラミッド時代についての既成の見解を再考するようわれわれを促していることについて、感謝しなければならない」と記し、本書への高い評価を示している。

わが国におけるピラミッド認識はどうかといえば、その名は多くの人に知られているものの、ピラミッド研究書・紹介書ということになると、日本では非常に少ない。

コットレル著　矢島文夫訳　『ピラミッドの謎』(みすず書房)

ゴネイム著　矢島文夫訳　『埋れた謎のピラミッド』(山本書店)

ロエール著　酒井傳六訳　『ピラミッドの謎』（法政大学出版局）
酒井傳六著　『ピラミッド』（学生社）
藤芳義男著　『ピラミッド』（桃源社）
の五冊があるにすぎない。メンデルスゾーン氏の著書の日本語版は、そのユニークなアプローチゆえに、日本人のピラミッドへの関心を高め、知識を深めることに大いに役立つであろう。

ここでメンデルスゾーン氏の略歴を紹介する。

クルト・メンデルスゾーン（Kurt Mendelssohn）

一九〇六年ベルリンに生まれた。ゲーテ学校を卒業後、ベルリン大学でプランク、ネルンスト、シュレディンガー、アインシュタインらの指導のもとに物理学を学び、同大学から学位を受けた。一九三三年イギリスへ移住し、オクスフォード大学の研究室にはいった。彼はイギリスでヘリウムを液体化した最初の人である。研究領域は、低温物理学、超ウラン元素、物療医学に及び、最近の十年間はエジプト学である。一九五一年イギリス学士院会員（ＦＲＳ）に選ばれ、同学士院からヒューズ賞を受けた。いっぽう、物理学研究所は彼にサイモン記念賞を贈った。

博士は科学関係の新聞・雑誌に二百篇以上の論文を発表し、ほかに五冊の単行本も著わしている。『原子力エネルギーとは何か』（*What is Atomic Energy*）は一九四六年に出版。低温研究を主題とした『絶対ゼロの探求』（*The Quest for Absolute Zero*, 1966）は十二か国語に翻訳された（邦訳は大島恵一訳「絶対零度への挑戦」）。『低温物理学』（*Cryophysics*, 1960）は専門分野の著。『中国では今』（*In China Now*, 1969）は文化革命の前と進行中の状況を描いている。『ワルテル・ネルンストの世界』（*The World of Walther Nernst*, 1970）はドイツ科学の隆盛とナチによる破壊を語っている。

彼はまた客員教授として、世界各地に出講した。これまでに出講した研究所・大学は次のとおりである。米国テキサス州のライス大学ほか多くの米国の大学、東京大学、北京科学院、ボンベイのタタ研究所、ソフィアのブルガリア科学院、ポルトガルのコインブラ大学。

現在、オクスフォードのウォルソン・カレッジの名誉教授、国際冷却研究所の低温技術委員会委員、国際低温技術委員会議長、国際技術雑誌『CRYO GENICS』(低温学)の編集人である。オクスフォードに居住し、一人の息子、四人の娘をもっている。

なお、十九世紀のドイツの大作曲家メンデルスゾーンと博士との関係の有無について問い合わせたところ、作曲家の祖父モーゼス・メンデルスゾーンの弟サウル・メンデルスゾーンが博士の先祖であるという返信を得たことを記しておく。

最後に、本訳書の出版にさいしては、文化放送出版部の五所英男さんのお世話になった。数学と物理学のくだりでは、友人西岡正君の助けを得た。感謝の意をここに記しておきたい。個人的なことになるが、私が一九五五年に初めてエジプトの地を踏み、ピラミッドに惹かれた時から、二十年になる。私にとってこのピラミッド研究書の翻訳は一つの里程標であり、格別の愛着を私はこの訳書に抱いている。

一九七五年八月　猛暑の中で、エジプトの夏を思いつつ

酒井傳六

再刊にあたって

クルト・メンデルスゾーンの『ピラミッドの謎』の邦訳初版が出てから十二年になる。幸いに文化放送版は第四刷まで進んで、かなり多くの読者に読まれた。こんど、同書が法政大学出版局から覆刊されることになったので、さらに新たな多くの読者に親しまれることになるだろうと信ずる。ただし、同出版局からロエールの『ピラミッドの謎』の翻訳書を私はすでに出していて、同一の版元から同一の書名というのも混乱を生じやすいと思われるので、メンデルスゾーンのほうはこんど『ピラミッドを探る』と改めることにした。

文化放送版初版のあと次のようなピラミッド研究書が相ついで出た。◇ツシャール著・酒井傳六訳『ピラミッドの秘密』(社会思想社)◇トンプキンズ著・吉村作治訳『失われた王墓』(日本ブリタニカ)◇マコーレイ著・鈴木八司訳『ピラミッド』(岩波書店)◇ポシャン著・青木伸美訳『ピラミッドの謎はとけた』(大陸書房)◇吉村作治監修『ピラミッド・謎と科学』(日本テレビ)。それぞれがその個性をもっているが、独創的考察という点でメンデルスゾーンの書に及ぶものはない。

一九八七年七月

酒　井　傳　六

訳　者

酒井傳六（さかい　でんろく）

1921年，新潟県に生まれる．東京外国語学校仏語部卒業．1955-57年，朝日新聞特派員としてエジプトに滞在．その後は日本オリエント学会会員として古代エジプトの研究と著述に従事．1991年8月17日逝去．著書に，『ピラミッド』，『謎の民ヒクソス』，『古代エジプト動物記』，『ウォーリス・バッジ伝』，他が，訳書に，ノイバート『王家の谷』，ロエール『ピラミッドの謎』，コットレル『古代エジプト人』，スペンサー『死の考古学』，コクロー『ナポレオン発掘記』，ルージェ『古代の船と航海』，メンデルスゾーン『ピラミッドを探る』（本書），アイヴィミ『太陽と巨石の考古学』，マニケ『古代エジプトの性』，（以上，いずれも法政大学出版局刊）などがある．

ピラミッドを探る

1987年7月25日　　初版第1刷発行
2009年7月10日　新装版第1刷発行

著　者　クルト・メンデルスゾーン
訳　者　酒井傳六

発行所　財団法人 法政大学出版局
〒102-0073 東京都千代田区九段北3-2-7
電話03（5214）5540／振替00160-6-95814

組版・印刷：三和印刷，製本：誠製本

ISBN 978-4-588-35402-1
Printed in Japan